# The Path to Deep Knowledge

# 「知」への英単語

## 英語ゼミ形式で覚える
## はじめての教養英単語

### Critical explorations of contemporary topics in English

星 飛雄馬
Huma Hoshi

［協力］トフルゼミナール

テイエス企画

# はじめに

「英語を学ぶと同時に、現代人として生きる上での教養を身につけられるような単語集を書いてみませんか？」

本書は、トフルゼミナール出版部の関戸直衛氏による上記の提案をきっかけとして世に生まれました。たいへん意義のある仕事だと思い、浅学非才の身も顧みず引き受けたものの、実際作業に入ると本書のカバーする範囲の広さもあり、執筆は困難を極めました。

そうした行き詰まりを打開したのは、トフルゼミナールの方々からのアイディアでした。会話形式にして文章を構成すれば、読者にわかりやすく内容が伝えられるのではないかというのです。さっそく私は、大学教授とその学生である太郎と花子という三人の登場人物を考え、執筆を進めました。

本書の中で登場人物たちが交わしている内容は、一つの物の見方を示したものであり、必ずしも正解というわけではありません。本書を手に取ってくださった皆さん一人ひとりが、この教材を素材として、英語力を高めるとともに自分自身の教養を深めていってくださることが、著者である私の願いです。

そして、そのように学びを深めるための一助となればという考えから、各章に対応した 12 冊の読書案内を収録いたしました。関連図書も含めたそれらの本を参照することによって、より多面的に本書で取り上げた議論を理解することができると思います。

本書の出版にあたり、たくさんの方々からお力添えをいただきました。ここにお世話になった方すべてのお名前を記すことは叶いませんが、編集を担当してくださった飯塚香氏をはじめ皆様の的確なアドバイスには、何度も助けられました。ここに記して感謝の意を表します。

2020 年 3 月　星 飛雄馬

## Chapter 1 経済 Economy 14

## Chapter 2 政治と法 Politics and Law 84

# Chapter 5 宗教と歴史
## Religion and History

282

# Chapter 6 科学と技術
## Science and Technology

344

## 本書の特長と活用法

　本書は、日常的な話題から一歩踏み込んだ知的な会話に参加するために必須の単語を約1000語掲載しています。単語を見て意味がわかるというレベルにとどまらず、これらの単語を中心に「読む」「聞く」から「書く」「話す」まで、総合的な力を身につけることを目標に、以下の5つのコーナーで段階的に学んでいきます。

**1** ダイアローグ｜教授と学ぶ27トピックの英語ゼミ

**2** 見出し語｜日本語→英語で「発信型」単語力を身につける

**3** 例文｜1000の英文で単語を使いこなす力を身につける

**4** 文法・構文｜英語の知識を深め総合力を身につける

**5** 読書案内｜さまざまな分野の背景知識を身につける

　英語力に自信のある方は、文字を見ずに音声を中心とした学習をすると良いでしょう。音声は学習の用途別に下記の4つのフォルダに分けて収録されています（ダウンロードの方法は13ページを参照）。

**❶** ダイアローグ／英語のみ（フォルダ名：Dialogues）

**❷** 見出し語／日本語 → ポーズ → 英語 → 英語（フォルダ名：Words）

**❸** 例文1／英語のみ（フォルダ名：Sample sentences-A）

**❹** 例文2／日本語 → ポーズ → 英語 → 英語（フォルダ名：Sample sentences-B）

　次ページ以降、それぞれのコーナーの構成と本書の効果的な使い方を説明していきます。

経済、政治と法、社会、国際関係、宗教と歴史、科学と技術の6つの分野で 27 のトピックを取り上げ、教授、太郎、花子の3人による「英語ゼミ」が展開されます。まとまった量の会話を通して単語の使い方を学びます。

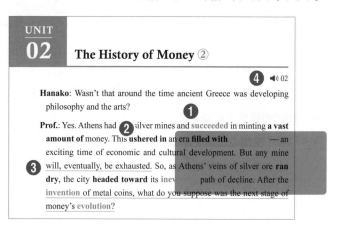

**① 見出し語**

まずは、会話の中での単語の使い方に注意しながら話の流れをつかみます。必要に応じて次ページの訳文を参照してください。次に音声を繰り返し聞き、リスニング力を鍛えます。仕上げに赤シートで単語を隠して埋めてみましょう。

**② 熟語・慣用句（表現）**

いずれもよく使われる重要な表現です。次ページの訳を参照して意味を覚え、自分でも積極的に使えるように練習します。

**③ 文法・構文**

赤い下線の部分には重要な文法事項や構文が含まれています。ページをめくった右ページに再掲して解説していますので参考にしてください。

**④ 音声（ダイアローグ）**

繰り返し聞き込み、耳に馴染んだら音読で口慣らしをすると効果的です。

単語学習の第1段階は、単語を見て意味がわかるようになることですが、さらに進んで日本語から英語への変換が瞬時にできるようにします。「読む」「聞く」はもちろん、「書く」「話す」ための単語力の構築をめざします。

### ❶ 見出し語

ダイアローグで使われた単語のリストです。英語を「読む」「聞く」「書く」「話す」ために必須の基本単語から、さまざまなトピックに特有の分野別重要単語まで1048語を掲載しています。

### ❷ 訳語

まずは赤シートで訳語を隠し、単語を見て意味がすらすら言えるようになることをめざします。

### ❸ 音声（見出し語）

日本語 → ポーズ → 英語 → 英語で収録しています。日本語を聞いたら瞬時に英語がでてくるようになるまで練習します。1単語1トラックですので、苦手な単語だけを繰り返して練習することができます。

　英語のインプット量を増やすために、ダイアローグとは別に各単語に例文を用意しました。まずは例文の意味を確認し、2種類の音声を活用してリスニング力とスピーキング力を強化します。

## ❶ 例文

　ダイアローグで使われている単語と同じ意味（訳語は異なる場合があります）で例文が用意されています。まずは日本語訳を参照して意味を理解し、音声を使ったトレーニングに進みます。

## ❷ 音声（例文1）

　英語のみを収録しています。繰り返し聞き込みリスニング力を強化します。1センテンス1トラックですので、苦手な例文だけを繰り返して練習することができます。

## ❸ 音声（例文2）

　日本語 → ポーズ → 英語 → 英語で収録しています。日本語を聞いて英語が口に出せるようになれば、本書の学習は完成といって良いでしょう。1センテンス1トラックですので、苦手な例文だけを繰り返して練習することができます。

ダイアローグの中で特に重要な文法事項・構文を含む英文を約200箇所取り上げ解説しました。苦手な項目は文法書で確認しておくと良いでしょう。

---

**UNIT 02**

### The History of Money ②

🔊 02

**Hanako**: Wasn't that around the time ancient Greece was developing philosophy and the arts?

**Prof.**: Yes. Athens had rich silver mines and succeeded in minting **a vast amount of** money. This **ushered in** an era **filled with** prosperity — an exciting time of economic and cultural development. But any mine will, eventually, be exhausted. So, as Athens' veins of silver ore **ran dry**, the city **headed toward** its inevitable path of decline. After the invention of metal coins, what do you suppose was the next stage of money's **evolution**?

---

**▌文法・構文**

● But any mine will, eventually, be exhausted.（だが、どんな鉱山もいつかは尽きるものだ。）

■ ここでのwillは単純未来ではなく「必ず～するものだ」という避けられない運命や否定のできない性質を述べる用法です。代表的な例にAccidents will happen.「事故は起こるものだ。」があります。

---

解説は単なる英文の構造や文法事項の説明にとどまらず、なぜこの表現がこの場面で使われているのかという観点から説明されていますので、その英文に含まれているちょっとしたニュアンスや表現を理解する助けになります。

　本書で取り上げているトピックに関連した参考図書を各分野2冊ずつ紹介しています。豊富な背景知識を持っていることは、英語に接する際に理解の助けになります。日頃から幅広い分野の読書をするよう心がけたいものです。

読書案内
**01** **歴史が教えるマネーの理論**

飯田泰之／著／ダイヤモンド社

　2013年から日銀によって実施されている、大規模な金融緩和政策。だが、この政策には大きな「副作用」があると指摘する論者は少なくない。

　その副作用の筆頭として挙げられるものに、ハイパーインフレーション（以下、ハイパーインフレ）がある。ハイパーインフレとは、「月率50％を超える価格上昇」のことだが、そのような急激な物価上昇は、果たして現代の日本で起こりえるのだろうか。そうした疑問に対し、本書は過去の歴史を参照するという形で、明快な解説を与えてくれる。

● 経済 …………『歴史が教えるマネーの理論』（飯田泰之／ダイヤモンド社）

　　　　　　　『構造改革論の誤解』（野口旭・田中秀臣／東洋経済新報社）

● 政治と法 ……『ほんとうの憲法』（篠田英朗／筑摩書房）

　　　　　　　『「30万人都市」が日本を救う!』
　　　　　　　（飯田泰之・田中秀臣・麻木久仁子／藤原書店）

● 社会 …………『経済成長って何で必要なんだろう？』
　　　　　　　（芹沢一也・荻上チキ編／光文社）

　　　　　　　『はじめてのジェンダー論』（加藤秀一／有斐閣）

● 国際関係 ……『イスラーム国の衝撃』（池内恵／文藝春秋）

　　　　　　　『悪と全体主義』（仲正昌樹／NHK出版）

● 宗教と歴史 …『大アジア思想活劇』（佐藤哲朗／サンガ）

　　　　　　　『仏教論争』（宮崎哲弥／筑摩書房）

● 科学と技術 …『10万個の子宮』（村中璃子／平凡社）

　　　　　　　『人工知能と経済の未来』（井上智洋／文藝春秋）

## 音声ダウンロードについて

　下記の手順にて MP3 形式の音声ファイルをダウンロードし、ご活用ください。

### パソコンにダウンロードする

❶ パソコンからインターネットでダウンロード用サイトにアクセス
下記の URL を入力してサイトにアクセスしてください。
https://tofl.jp/books/2533

❷ 音声ファイルをダウンロードする
サイトの説明に沿って音声ファイル（MP3 形式）をダウンロードしてください。

※スマートフォンにダウンロードして再生することはできませんのでご注意ください。

### 音声を再生する

❶ 音声ファイルをパソコンの再生用ソフトに取り込む
ダウンロードした音声を iTunes などの再生用ソフトに取り込んでください。

❷ 音声を再生する
パソコン上で音声を再生する場合は、iTunes などの再生ソフトをお使いください。iPhone などのスマートフォンや携帯用の音楽プレーヤーで再生する場合は、各機器をパソコンに接続し、音声ファイルを転送してください。

※各機器の使用方法につきましては、各メーカーの説明書をご参照ください。

---

**本書で使われている記号**

| 名 名詞 | 代 代名詞 | 他 他動詞 | 自 自動詞 |
| --- | --- | --- | --- |
| 形 形容詞 | 副 副詞 | 前 前置詞 | 接 接続詞 |

## Chapter 1

# 経済
## Economy

　いよいよゼミのはじまりです。Chapter 1 では、経済をテーマとした会話が繰り広げられます。経済というと抽象度の高い話題ですし、出てくる単語も monetary policy や fiscal policy といった専門用語が含まれるため、面食らってしまうこともあるかもしれません。

　でも、「挫折してしまうのでは？」といった心配は御無用。

　教授や太郎、花子たちの会話を追っていけば、それらの単語がどのような意味で使われるか、スムーズに理解できる仕組みになっています。ですから、本書を参考書として活用する際には、

必ず単語リストの部分だけでなく、登場人物たちの会話の部分も
参照するようにしてください。

　本文でその単語がどのような文脈で使用されるのか理解した後
で、その応用として単語リストの例文を参照すると、様々な角度
から単語を使う状況が理解できるようになります。そこまでくれ
ば、しめたもの。それ以降の英語学習は、大変スムーズなものと
なるに違いありません。

　はじめは少し難しく感じる単語もあるかもしれませんが、気負
わず頑張りましょう！

# The History of Money ①

◀)) 01

**Prof.**: Before money was invented, how did people "buy" things?

**Taro**: Without money, people must have traded things.

**Prof.**: That's right. In an age when the concept of currency didn't exist, people had to **depend on** bartering to acquire valuables like food. But why, we might ask, was money invented?

**Hanako**: Well, things rot or just can't be preserved. Money is much more durable.

**Prof.**: You've **hit the nail right on the head**. Currency is very easy to store. That's one advantage. Right after money was invented, various types of objects were tried as currency, but **before long**, metal coins became the primary medium of exchange. **For one thing**, they were highly portable. So, can you guess which country was the first to introduce coins as currency?

**Taro**: It has to be Egypt. Coins were probably used to pay the workers who built the pyramids.

**Prof.**: Sadly, no. Some historians believe that the oldest money **dates back to** about the seventh century **B.C.E.** The first widely circulated currency, however, was the drachma, a silver coin cast in Athens during the fifth century B.C.E.

# お金の歴史 ①

教授：お金が発明される以前、人々はどうやって物を「手に入れて」いたのだろう？

太郎：お金がなかったのなら、物々交換でしょう。

教授：そうだ。貨幣という概念のない時代、人々は、穀物などの価値あるものを得るためには、交換することに頼るしかなかった。でも、こう問うかもしれない。どうしてお金が発明されたのだろう？

花子：まぁ、物だと腐ってしまったり、単に保存することができないものもあるけれど、お金ならもっと長持ちするわ。

教授：その通り。貨幣は貯蔵するのがとても容易で、それが利点の一つだ。お金が発明された直後、様々なものが貨幣の材料として試みられたが、やがて鋳造貨が交換の主な媒体となっていった。まず、とても携帯しやすかったからね。では、硬貨は、どこの国で初めて貨幣として使われるようになったかわかるかな？

太郎：やっぱり、エジプトですよね。ピラミッドを作った労働者に賃金を支払うのにコインが使われたとか。

教授：残念ながら違う。最古のお金は紀元前 7 世紀頃にまでさかのぼると言っている歴史家もいる。だが、歴史上初めて広く流通した貨幣は、紀元前 5 世紀のアテネで鋳造された銀貨であるドラクマ硬貨なんだ。

▌熟語・慣用句（表現）

depend on　〜に頼る、〜次第である

hit the nail right on the head　的中する、うまく言い当てる

before long　やがて、まもなく　／　for one thing　一つには

date back to　〜にさかのぼる

B.C.E.（before the Common Era）　紀元前

# The History of Money ①

0001 ☐☐☐

**invent** [ɪnvént]

他 発明する

The Chinese invented paper money in the 7th century.

中国人が7世紀に紙幣を発明した。

0002 ☐☐☐

**currency** [kə́:rənsi]

名 貨幣、通貨

The euro is a relatively new currency introduced in 1999.

ユーロは1999年に導入された比較的新しい通貨だ。

0003 ☐☐☐

**barter** [bá:rtər]

自 （物々）交換する

Bartering is still used today between trading states.

物々交換は今でも貿易国の間で行われている。

0004 ☐☐☐

**valuables** [vǽljuəblz]

名 価値あるもの、貴重品

Many guests leave their valuables in the hotel room safe.

多くの宿泊客がホテルの部屋にある金庫に貴重品を入れておく。

0005 ☐☐☐

**preserve** [prɪzə́:rv]

他 保存する

Museums around the world try to preserve ancient texts.

世界中の博物館が古来のテクストを保存しようとしている。

0006 ☐☐☐

**durable** [d(j)úərəbl]

形 長持ちする、耐久性のある

Customers look for reliable and durable products.

客は信頼性のおける、耐久性のある製品を探して求めている。

0007 ☐☐☐

**store** [stɔ́:r]

他 貯蔵する、保管する

Tourists can store their baggage in lockers at the station.

旅行者は駅のロッカーに荷物を保管することができる。

0008 ☐☐☐

**object** [á:bdʒɪkt]

名 もの

Dangerous objects like knives are not permitted on flights.

ナイフのような危険な物は機内には持ち込みが許可されていない。

# お金の歴史 ①

0009 ☐☐☐

## portable [pɔ́ːrtəbl]

Some spectators take portable radios for live commentary.

形 携帯しやすい、携帯用の

実況中継を聞くために携帯ラジオを持っていく観客もいる。

0010 ☐☐☐

## circulate [sə́ːrkjəlèit]

Foreign agents were accused of circulating fake news online.

他 流通させる、広める

フェイクニュースをネット上で広めたのは外国のスパイの仕業だとされた。

0011 ☐☐☐

## cast [kǽst]

The sculpture was cast entirely in bronze.

他 鋳造する

その彫刻は全体がブロンズで鋳造された。

---

## ▌文法・構文

● ...people had to depend on bartering to acquire valuables like food. （……人々は、穀物などの価値あるものを得るためには、交換することに頼るしかなかった。）

■ had toはhave toの過去形で「〜しなければならかなった」という意味を表します。一見簡単そうですが、実はこの表現、多くの場合「実際にそうした」という含みを持つことに注意が必要です。

● Money is much more durable. （お金ならもっと長持ちするわ。）

■ much moreは比較のmoreに強調のmuchがついた形です。much more important 「はるかに重要」というフレーズでもよく使われます。

● It has to be Egypt. （やっぱり、エジプトですよね。）

■ have toはよく知られている「〜しなければいけない」の意味だけでなく、「〜に違いない、〜であるはずだ」という意味でも用いられます。

# The History of Money ②

◀)) 02

**Hanako**: Wasn't that around the time ancient Greece was developing philosophy and the arts?

**Prof.**: Yes. Athens had rich silver mines and succeeded in minting **a vast amount of** money. This **ushered in** an era **filled with** prosperity — an exciting time of economic and cultural development. But any mine will, eventually, be exhausted. So, as Athens' veins of silver ore **ran dry**, the city **headed toward** its inevitable path of decline. After the invention of metal coins, what do you suppose was the next stage of money's evolution?

**Taro**: The invention of paper money!

**Prof.**: Correct. Once money **came to** be circulated more actively, paper — much lighter and more convenient to carry — became the primary form of currency.

**Hanako**: But coins **are made of** silver and gold. **Compared with** such precious metals, paper money just doesn't feel as real, somehow.

**Prof.**: Hanako's doubts are completely reasonable. **In fact**, when paper currency was first proposed, many people had the same doubts as Hanako. **That is why** the first paper bills could be converted into their equivalent value of gold. Hence the name "convertible note."

**Taro**: Which would make paper money just as safe as its metal counterpart.

# お金の歴史 ②

花子：古代ギリシアで、哲学や芸術が発展した頃ね。

教授：そうだね。アテネは豊富な銀山を有していて、大量のお金の鋳造に成功した。こうして、経済的にも文化的にも活気のある、繁栄に満ちた時代を迎え入れた。だが、どんな鉱山もいつかは尽きるものだ。したがって、銀の鉱脈が枯渇すると、アテネの都市は必然的に衰退への道を辿っていったんだ。硬貨の発明に次ぐお金の進化には、どんなものが挙げられるだろう？

太郎：紙のお金の発明！

教授：正解。お金の流通がより活発になると、もっと軽くて持ち運びに便利な紙が貨幣の基本的形態となっていった。

花子：でも、硬貨は金や銀でできているけど、こうした高価な金属と比べて、紙のお金ってどことなく本物じゃないって気がするわ。

教授：花子の疑問は全くもっともだ。実際に、紙幣が最初に発案された頃、多くの人が花子と同じ疑問を抱いたんだ。だから、発明された当初の紙幣は額面の価値と同じ量の金と交換可能だった。ゆえに、こうした紙幣を「兌換紙幣」と言う。

太郎：それなら、紙のお金でも、金属のお金（に対応するもの）と同様に安心ですね。

▎**熟語・慣用句（表現）**

a vast amount of 莫大な量の〜 ／ usher in 迎え入れる、導く
filled with 〜で満たされる ／ run dry 枯渇する、出なくなる
head toward 〜に向かって行く ／ come to *do* 〜するようになる
be made of 〜で作られている ／ compared with 〜と比べて
in fact 事実上、実際に（は） ／ that is why... だから…である

# The History of Money ②

0012 ☐☐☐
## succeed [səksíːd]

自 成功する

Effective communicators are likely to succeed in business.

効果的にコミュニケーションを取れる人はビジネスで成功する可能性がある。

0013 ☐☐☐
## prosperity [prɑːspérəti]

名 繁栄

All countries strive to achieve peace and prosperity.

全ての国が平和と繁栄を成し遂げようと努力している。

0014 ☐☐☐
## inevitable [inévətəbl]

形 必然的な、避けられない

A period of transition was inevitable after the merger.

合併の後、移行期は避けられなかった。

0015 ☐☐☐
## invention [ɪnvénʃən]

名 発明

The invention of AI will have a profound effect on society.

AI の発明は社会に深い影響を及ぼすことになる。

0016 ☐☐☐
## evolution [èvəlúːʃən]

名 進化

Languages go through constant evolution and development.

言語は常に進化と発展を遂げている。

0017 ☐☐☐
## precious [préʃəs]

形 高価な、貴重な

Precious works of art are closely guarded.

貴重な芸術作品は慎重に警備される。

0018 ☐☐☐
## somehow [sʌ́mhàʊ]

副 どことなく、どういうわけか

Somehow, he couldn't fully trust the lawyer's advice.

どういうわけか、彼はその弁護士のアドバイスを完全に信用することができなかった。

0019 ☐☐☐
## reasonable [ríːznəbl]

形 もっともな、理にかなっている

Her objections to the deal were entirely reasonable.

その取引に対する彼女の反対は全くもって理にかなっていた。

# お金の歴史 ②

0020 □ □ □

**note** [nóʊt]

名 紙幣

You can get 5, 10, 20, and 50 pound notes in the UK.

イギリスでは 5、10、20、そして 50 ポンドの紙幣がある。

0021 □ □ □

**counterpart** [káʊntərpɑ̀ːrt]

名 対応するもの［人］

The Minister held a meeting with her Italian counterpart.

その大臣はイタリア側の大臣（に対応する人）と会合を持った。

---

## 文法・構文

● But any mine will, eventually, be exhausted.（だが、どんな鉱山もいつかは尽きるものだ。）

■ ここでのwillは単純未来ではなく「必ず～するものだ」という避けられない運命や否定のできない性質を述べる用法です。代表的な例にAccidents will happen.「事故は起こるものだ。」があります。

● After the invention of metal coins, what do you suppose was the next stage of money's evolution?（硬貨の発明に次ぐお金の進化には、どんなものが挙げられるだろう？）

■ what was...にdo you supposeが挿入された形です。同じような挿入フレーズとしてはdo you thinkやdo you believeなどがあります。

● ...paper money just doesn't feel as real, somehow.（……紙のお金ってどことなく本物じゃないって気がするわ。）

■ feelは物を主語にしてfeel as Cの形で使うと、「～はさわってみるとCのような感じがする」という意味になります。感じているのは人ですが主語が物になっていることに注意しましょう。

● Which would make paper money just as safe as its metal counterpart.（それなら、紙のお金でも、金属のお金と同様に安心ですね。）

■ このwouldは「～だったら／～なら」という意味の用法です。条件や場合を説明するときによく用いられます。また、I would...「私だったら～する」のようにアドバイスで用いることもあります。

**Prof.**: A convertible note means that if you take a 10,000 yen bill to the bank in Japan, the bank must give you the equivalent of 10,000 yen worth of gold. That currency system is known as the "gold standard."

**Hanako**: So, if we take our money to the bank, will they exchange it for gold?

**Prof.**: Unfortunately, no. The bills we use today are not convertible notes. A hundred years or so ago, at the beginning of the 20th century, many countries around the world used the gold standard. After World War I **broke out**, however, countries started to **have problems raising** money for the war and **came off** the gold standard. **This is because** the amount of convertible money issued was backed by its equivalent value in gold reserves under the system.

**Hanako**: Is the amount of currency printed by a country limited by its gold reserves?

**Prof.**: A convertible note is one that a citizen can exchange for gold; it can be converted, on demand, into its equal amount in actual gold. This means that even if everyone demands gold **in exchange for** paper bills, the banks must comply. Can anyone see the implication?

# お金の歴史 ③

**教授**：兌換紙幣なら、私たちが日本の銀行に 1 万円札を持っていけば、銀行は
　　　一万円相当の金を私たちに渡さなくてはならない。こうした貨幣制度を「金本
　　　位制」と言うんだ。

**花子**：だとしたら、私たちのお金を銀行に持っていけば金と交換してもらえるの
　　　かしら？

**教授**：いや、残念だがそうではない。現在私たちが使っているお札は、兌換紙幣
　　　じゃないんだ。およそ百年前の 20 世紀初頭には、世界の多くの国が金本位制
　　　を採用していた。だが、第一次世界大戦が勃発すると、各国は戦費調達に困窮
　　　するようになって、金本位制から離脱した。なぜなら、金本位制のもとでは、
　　　兌換紙幣の発行量は、同じ価値の金の保有量に裏打ちされていたからね。

**花子**：各国の貨幣の発行量が、その国の保有する金の量に制約されてしまう？

**教授**：兌換紙幣は、それを国民が金に交換できるというものだ。つまり、国民が
　　　希望すればいつでも、その額面と同額の実際の金と交換することが可能だ。だ
　　　から、皆が紙であるお札を金に換えたいと要求したら、銀行はそれに応じなく
　　　てはならない。この意味がわかるかな？

▌**熟語・慣用句（表現）**

break out　起こる、勃発する

have problems -ing　～することに問題がある

come off　～から離脱する、～をやめる

this is because...　これはなぜなら…　／　in exchange for　～と引き換えに

# The History of Money ③

0022 ☐☐☐

**worth** [wɔ́ːrθ]    名 相当

Approximately $25,000 worth of watches were stolen.

およそ 25,000 ドル相当の時計が盗まれた。

0023 ☐☐☐

**exchange** [ɪkstʃéɪndʒ]    他 交換する、両替する

A lot of travelers exchange their currency at the airport.

多くの旅行者が空港で通貨を両替する。

0024 ☐☐☐

**unfortunately** [ʌnfɔ́ːrtʃənətli]    副 残念だが、あいにく

Unfortunately, his request for a raise at work was declined.

あいにく彼の昇給願いは却下された。

0025 ☐☐☐

**back** [bǽk]    他 裏打ちする、支援する

He was successful because he was backed by the CEO.

彼は CEO に支援されたので成功した。

0026 ☐☐☐

**value** [vǽljuː]    名 価値

The value of the investment declined over the last month.

その投資の価値は過去一カ月で減少した。

0027 ☐☐☐

**reserve** [rɪzə́ːrv]    名 保有量、貯蔵量

The UK has significant coal and gas reserves.

イギリスは傑出した石炭とガスの貯蔵量だ。

0028 ☐☐☐

**citizen** [sítəzn]    名 国民

She became a citizen after passing the naturalization test.

彼女は帰化試験に合格してその国の国民になった。

0029 ☐☐☐

**bill** [bíl]    名 お札

Police found $1 million in $100 bills hidden in the wall.

警察は壁に隠された 100 万ドル相当の 100 ドル札を発見した。

# お金の歴史 ③

0030 ☐☐☐
## comply [kəmplái]

Companies must comply with advertising rules or face fines.

自 応じる、従う

会社は広告ルールに従わなければいけない。さもなければ罰金が科せられる。

0031 ☐☐☐
## implication [ìmpləkéɪʃən]

The implication is that machines will replace human workers.

名 意味、示唆

機械が人間の労働者に取って代わるということが示唆されている。

---

## ▌文法・構文

● Is the amount of currency printed by a country limited by its gold reserves? （各国の貨幣の発行量が、その国の保有する金の量に制約されてしまう？）

■ printed by...はcurrencyを修飾する過去分詞句、limited by...は受け身（主語はthe amount of currency...country）です。

● A convertible note is one that a citizen can exchange for gold... （兌換紙幣は、それを国民が金に交換できるというものだ。）

■ ここでのoneは代名詞で手前のa convertible noteを受けます。a＋名詞の繰り返しを避けるために用いられています。そして、直後のthatは関係代名詞としてoneがどのようなものかを説明します。

● ; it can be converted, on demand, into its equal amount in actual gold. （つまり、国民が希望すればいつでも、その額面と同額の実際の金と交換することが可能だ。）

■ on demand が converted into の間に割り込んでいます。話し手が it can be converted まで言い終えて、into を言い始める前に on demand を先に言おうとしているためです。

● This means that even if everyone demands gold in exchange for paper bills, the banks must comply. （だから、皆が紙であるお札を金に換えたいと要求したら、銀行はそれに応じなくてはならない。）

■ even if SVは「仮にSVだとしても」の意で、「どうであっても、状況は変わらない」ということを強調して言いたいときに用います。ここではthe banks must complyが「変わらないこと」にあたります。

# The History of Money ④

🔊)) 04

**Taro**: This means that the banks can't just carelessly print more money.

**Prof.**: Exactly. But countries eventually abandoned the gold standard and began to print money that could not be exchanged with an equivalent value in gold. Such currency is called inconvertible paper money.

**Hanako**: So, is the money we use now convertible, or inconvertible paper money?

**Prof.**: The notes issued by the Bank of Japan that we use today are inconvertible. If we take a 10,000 yen note to our local bank, they won't exchange it for gold.

**Hanako**: If the banks won't give us gold for our paper money, just what guarantees the value of our bills?

**Prof.**: The government that issues the currency backs it. **In the case of** Japan, the Japanese government secures the value of our money. The value of inconvertible notes hinges on our trust in the government. If the government prints too much money, inflation will result. Conversely, if the demand for money exceeds its supply, deflation will result. So, the value of our currency, which is not backed by gold, will fluctuate **depending on** how much, or how little, is issued by the government.

# お金の歴史 ④

太郎：むやみにお金の発行量を増やせないんですね。

教授：そうなんだ。だがやがて各国は、金本位制を廃止し、額面と同額の金と交換することのできないお金を発行するようになった。こうした貨幣を、不換紙幣と言う。

花子：今、私たちが使っているお金は兌換紙幣なんですか？　それとも不換紙幣？

教授：現在私たちが使っている日本銀行券は、不換紙幣だ。一万円の日本銀行券を各地の銀行に持っていっても、一万円分の金と交換してもらえるわけではない。

花子：銀行で紙幣を金に交換してもらえないのなら、いったい何がお札の保証になるのかしら？

教授：それを保証するのは、それらの貨幣を発行している国の政府だ。日本の場合、日本政府が私たちのお金の価値を裏付けている。不換紙幣の価値は政府への信頼に基づくものであって、もし政府が必要以上に大量にお金を発行するとインフレーションを起こす結果となる。逆にお金の需要が供給を上回ると、デフレーションになる。金と交換できない貨幣の価値は、政府がどれくらい多く、または少なく発行するかによって変動するんだ。

┃**熟語・慣用句（表現）**

in the case of　〜の場合

depend on　〜に頼る；〜次第である

# UNIT 04

## The History of Money ④

🔊 0032 - 0042

0032 ☐☐☐
## carelessly [kéərləsli]

副 むやみに、浅はかに

Some politicians carelessly ignore environmental issues.

浅はかにも環境問題を無視する政治家もいる。

0033 ☐☐☐
## abandon [əbǽndən]

他 廃止する、断念する

The government abandoned the new policy due to the costs.

政府はコストを理由にその新しい政策を断念した。

0034 ☐☐☐
## standard [stǽndərd]

名 本位、基準

Production standards help to ensure quality control.

生産基準は品質管理の確保に役立つ。

0035 ☐☐☐
## inconvertible [ɪnkənvə́ːrtəbl]

形 不換の

Inconvertible paper money was more prevalent 100 years ago.

100年前は不換紙幣の方がより一般的だった。

0036 ☐☐☐
## secure [sɪkjúər]

他 裏付ける、保証する

Monthly savings helped to secure a comfortable retirement.

毎月の貯金が快適な老後を保証するのに役立った。

0037 ☐☐☐
## hinge [híndʒ]

自 基づく、決まる

The direction of future policy hinges on the election.

今後の政策の方向性は選挙で決まる。

0038 ☐☐☐
## result [rɪzʌ́lt]

自 結果となる、もたらされる

The peace treaty resulted from significant concessions made.

その平和条約は大いなる譲歩によってもたらされたものであった。

0039 ☐☐☐
## conversely [kənvə́ːrsli]

副 逆に、反対に

He votes Conservative. Conversely, his wife votes Labor.

彼は保守党に投票する。反対に、彼の妻は労働党に投票する。

30

# お金の歴史 ④

0040 ☐☐☐

## exceed [ɪksíːd]

他 上回る、超える

Construction was halted as costs exceeded the set budget.

費用が当初の予算を超えたため工事は中止された。

0041 ☐☐☐

## supply [səplái]

名 供給

The quick supply of fresh water is crucial after a disaster.

災害の後はすぐに新鮮な水を供給できることが非常に重要だ。

0042 ☐☐☐

## fluctuate [flʌ́ktʃuèɪt]

自 変動する

Sales of the new product have fluctuated in recent months.

その新製品の売り上げはここ数カ月で変動している。

---

### ▌文法・構文

● This means that the banks can't just carelessly print more money.（むやみにお金の発行量を増やせないんですね。）

■ justの位置に注意する必要があります。just can'tの場合、「単に〜できないだけだ」という意味になるのに対し、can't justの場合は「単に〜するということはできない」という意味になります。

● The notes issued by the Bank of Japan that we use today are inconvertible.（現在私たちが使っている日本銀行券は、不換紙幣だ。）

■ issued by the Bank of Japanがthe notesを修飾し、the notes ... Japan全体をthat we use todayが修飾している形です。

● If the banks won't give us gold for our paper money, just what guarantees the value of our bills?（銀行で紙幣を金に交換してもらえないのなら、いったい何がお札の保証になるのかしら？）

■ このように副詞節のif節の中にもwillは現れることがあります。このときwillは「どうしても〜する」という意思の意味を表します。ここでは「銀行の紙幣を金に交換することはない」という姿勢が「意思」として語られています。

# The Importance of Monetary Policy ①

 05

**Hanako**: I often hear the phrases "strong yen" or a "weak yen" on the news, but I really don't understand what that means.

**Prof.**: OK, let me pose a question. If the Tokyo Foreign Exchange Market reported today that the dollar had moved from 118 yen to 115 yen, would that indicate a strong yen or a weak yen?

**Taro**: A shift from 118 to 115 is a decrease in yen, so that indicates a weak yen, yes?

**Prof.**: Well, **let's see**. You could trade 118 yen for a dollar yesterday, but today, it would take just 115 to get a dollar. This means that the cost of a dollar had fallen by 3 yen and the value of the yen had risen by 3 yen. So, the correct answer is a strong yen.

**Hanako**: That is so counterintuitive.

**Prof.**: Converting yen into dollars — one yen equals how many dollars — **is referred to as** the exchange rate. It's a little confusing, so we can summarize it briefly in the following way as shown on the screen.

---

A shift of 1 dollar = 118 yen to 1 dollar = 115 yen:

Strong Yen/Weak Dollar

A shift of 1 dollar = 115 yen to 1 dollar = 118 yen:

Weak Yen/Strong Dollar

---

# 金融政策の大切さ ①

花子：よくニュースで「円高」や「円安」といった言葉を聞くけれど、いったいどんな意味なのかよくわからないわ。

教授：では質問を出すよ。もし今日、東京外国為替市場が、1 ドル＝ 118 円から 115 円に動いた、と報じた場合、これは円高か、それとも円安を示しているのかわかるかな？

太郎：118 から 115 に変化することによって円の数字が減ることになるから、円安でしょう？

教授：さて、考えてみよう。これは、昨日は 118 円で 1 ドルと交換できたのが、今日は 115 円あれば 1 ドル手に入るということなんだ。つまり、「ドルの値段が 3 円下がって、円の値段が 3 円上がった」ことになる。だから正解は、円高になる。

花子：なんだか、ピンと来ないわね。

教授：円からドルへの換算、すなわち「1 円は何ドルと同じ価値があるのか」というのが為替レートだ。ややわかりにくいので簡単にまとめると、画面に示されているように、次のようになる。

---

「1 ドル＝ 118 円」から「1 ドル＝ 115 円」方向への変動：円高・ドル安

「1 ドル＝ 115 円」から「1 ドル＝ 118 円」方向への変動：円安・ドル高

---

▌熟語・慣用句（表現）

let's see　考えてみよう

be referred to as　〜と呼ばれる、〜と言われる

# The Importance of Monetary Policy ①

🔊 0043 - 0051

0043 ☐☐☐

## pose [póuz]

他 出す、生じさせる

Differences in opinion pose a challenge to the agreement.

意見が異なると同意に困難が生じる。

0044 ☐☐☐

## shift [ʃíft]

名 変化すること、転換

We should encourage a shift into sustainable energy sources.

持続可能なエネルギー源への転換を推奨すべきだ。

0045 ☐☐☐

## decrease [dí:kri:s]

名 減ること、減少

There has been a decrease in the number of tourists.

観光客の数が減少している。

0046 ☐☐☐

## cost [kɔ́(:)st]

名 値段、費用

The costs of graduating from university continue to rise.

大学を卒業するためにかかる費用は増加し続けている。

0047 ☐☐☐

## counterintuitive [kàuntərɪnt(j)ú:ətɪv]

形 ピンと来ない、常識に反する

The research results were surprising and counterintuitive.

その調査結果は驚くべきもので常識に反するものだった。

0048 ☐☐☐

## convert [kənvə́:rt]

他 換算する、改める

Some people convert religions after marriage.

結婚を機に宗教を改める（改宗する）人もいる。

0049 ☐☐☐

## rate [réɪt]

名 レート、率

The net migration rate is continuing to climb.

純移動率は増加し続けている。

0050 ☐☐☐

## confusing [kənfjú:zɪŋ]

形 わかりにくい

For many students, math is a confusing subject.

多くの学生にとって数学はわかりにくい科目だ。

# 金融政策の大切さ ①

0051 ☐☐☐

## summarize [sʌ́məràɪz]

他 まとめる、要約する

You have to summarize your key points in a presentation.

プレゼンテーションでは主要なポイントを要約しなければならない。

---

**文法・構文**

● ...I really don't understand what that means.（……いったいどんな意味なのかよくわからないわ。）

■ really を否定の前に置くと「本当に〜ない」という感じになり、「〜ではない」という主張を強調することになります。ただし、not really の語順にすると、「あまり〜でない」という意味になることに注意が必要です。

● You could trade 118 yen for a dollar yesterday, but today, it would take just 115 to get a dollar.（これは、昨日は118円で1ドルと交換できたのが、今日は115円あれば1ドル手に入るということなんだ。）

■ couldが出てきたらまず「〜できるかも」という現在の意味を疑ってほしいのですが、yesterdayように過去を表す語があった場合は当然「〜できた」という意味になります。ただし、過去を表すcouldは必ずしも「実際にやった」ということを意味しません。

■ このwouldは「〜だったら／〜なら」という意味の用法です。条件や場合を説明するときによく用いられます。今回は「今日であれば」という意味を伝えるために使われています。「〜だったら／〜なら」の部分が何にかかっているのかをよく意識しておきましょう。

● This means that the cost of a dollar had fallen by 3 yen and the value of the yen had risen by 3 yen.（つまり、「ドルの値段が3円下がって、円の値段が3円上がった」ことになる。）

■ had fallen、had risenの部分は過去完了（had＋過去分詞）です。過去完了はある出来事が、別の出来事よりも昔に起こったということをはっきり伝えたいときに用いられます。

■ byには「〜差で」という意味があります。比較や数字の増加・減少を説明する表現とともによく用いられます。他にも「〜単位で」という意味もあり、かなり手強い単語です。

# The Importance of Monetary Policy ②

 06

**Taro**: I wonder which benefits us more, a strong yen or a weak yen?

**Prof.**: Whether we benefit from a strong yen or a weak yen **depends upon** our situation. Can you think of a case where a strong yen helps us?

**Hanako**: When we travel abroad!

**Prof.**: That's right! **Let's say** we go to America. If the yen/dollar rate were 118 to 1, a 100 dollars' worth of goods would cost us 11,800 yen. Then, if the dollar were worth 115 yen, a hundred-dollar purchase would cost us 11,500 yen. We'd save 300 yen.

**Taro**: **I get it**.

**Prof.**: Conversely, in what situation would a weak yen benefit us?

**Taro** My dad works for a car manufacturer, and he told me they really had a rough time when the yen shot up under the DPJ * administration.

**Prof.**: At that time, around the year 2011, I believe, the yen went up to 80 yen a dollar. When the yen/dollar exchange rate was 80 yen to the dollar, how much would it cost to export a Japanese car worth 10,000 dollars to the US?

**Hanako**: 800,000 yen!

**Prof.**: Correct!

* DPJ : Democratic Party of Japan

# 金融政策の大切さ ②

太郎：じゃあ、円高と円安、僕たちにとって得なのはどっちなんだろう。

教授：円高や円安が私たちにとって得かどうかは、その人の立場によって決まるんだ。円高が役立つ場合を思いつくかい？

花子：海外へ旅行に行くとき！

教授：その通り。アメリカへ行ったとしよう。1 ドル = 118 円の相場のとき、100 ドル相当の品物に対して、私たちは 11,800 円支払うことになる。次に、1 ドル = 115 円のとき、100 ドル分の購入によって私たちが支払うのは、11,500 円だ。300 円分節約したというわけだ。

太郎：なるほど。

教授：反対に、円安になって、得な場合はどんなときだろう？

太郎：僕の父親は、自動車メーカーに勤めているんだけど、民主党政権で円が上昇した時は大変な時期だったと言っていました。

教授：民主党政権の 2011 年ごろは、1 ドル = 80 円に上昇したのだったかな。円とドルの為替レートが 1 ドル = 80 円のとき、日本の自動車 1 台を 1 万ドルでアメリカに輸出すると、いくらになるだろう？

花子：80 万円！

教授：正解だ。

**Figure 1. Changes in Exchange Rate (1980-2018)***

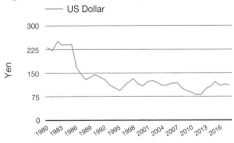

* 図 1：為替レートの推移（1980–2018 年）（出典：世界経済のネタ帳）

┃ **熟語・慣用句（表現）**

depend upon　〜に頼る、〜次第である

let's say...　例えば…だとしよう　／　I get it　わかった、なるほど

# The Importance of Monetary Policy ②

🔊) 0052 - 0063

0052 ☐☐☐

## situation [sìtʃuéɪʃən]

名 立場、状況

The political situation is starting to improve.

政治の状況は改善しつつある。

0053 ☐☐☐

## case [kéɪs]

名 場合、事例

This case highlights the importance of strong leadership.

この事例は強力なリーダーシップの重要性を浮き彫りにしている。

0054 ☐☐☐

## abroad [əbrɔ́ːd]

副 海外へ

Study abroad programs are vital for language development.

言語能力を高めるために海外学習（留学）プログラムは欠かせない。

0055 ☐☐☐

## goods [gʊ́dz]

名 品物

Imports of luxury goods have started to decline.

贅沢品の輸入が減少し始めた。

0056 ☐☐☐

## purchase [pə́ːrtʃəs]

名 購入、買い物

Homes and cars are two of the most expensive purchases.

家と車は最も高い買い物の二つだ。

0057 ☐☐☐

## save [séɪv]

他 節約する、貯金する

I try to save at least a quarter of my salary every month.

私は毎月の給与の少なくとも4分の1を貯金しようとしている。

0058 ☐☐☐

## manufacturer [mæ̀njəfǽktʃərər]

名 メーカー

Germany and Japan have the world's best car manufacturers.

ドイツと日本には世界でもっとも優れた車メーカーがある。

0059 ☐☐☐

## rough [rʌ́f]

形 大変な、つらい

Divorce and loss of family are rough times to go through.

離婚や家族を失うことは経験するのにはつらい時間だ。

# 金融政策の大切さ ②

0060 ☐☐☐
## shoot [ʃúːt]

Sales shot through the roof after the ad campaign.

自 上昇する

広告キャンペーンの後、売り上げは急上昇した。

0061 ☐☐☐
## administration [ədmìnəstréɪʃən]

The new mayoral administration will prioritize health care.

名 政権、行政

新しい市長の行政は医療を優先するつもりだ。

0062 ☐☐☐
## export [ɪkspɔ́ːrt]

The country mainly exports avocados to the European market.

他 輸出する

その国は主にアボカドをヨーロッパの市場に輸出している。

0063 ☐☐☐
## correct [kərékt]

Some websites do not provide you with correct information.

形 正解の、正確な

ウェブサイトの中には正確な情報を与えてくれないものもある。

---

### ▌文法・構文

● Whether we benefit from a strong yen or a weak yen depends upon our situation.（円高や円安が私たちにとって得かどうかは、その人の立場によって決まるんだ。）

■ weather SVは「〜であろうとなかろうと」という意味と、「〜であるかどうか」という意味の両方を持ちます。今回は後者の意味で、このときwhether節は名詞句として働きます。

● Can you think of a case where a strong yen helps us?（円高が役立つ場合を思いつくかい？）

■ 関係副詞whereは具体的な場所以外にも比較的柔軟に用いることができます。具体的に言えば、in whichで修飾できる場合はwhereで言い換えることが基本的に可能です。

# The Importance of Monetary Policy ③

 )) 07

**Prof.**: Now then, if the current exchange rate were 118 yen to the dollar, how much would it cost us to export a Japanese car worth 10,000 dollars to America?

**Taro**: 1,180,000 yen!

**Prof.**: That's right. At the rate of 118 yen to the dollar, it would cost us 1,180,000 yen; at the rate of 80 yen to the dollar, it would be 800,000 yen.

**Hanako**: That's **a huge difference** in price!

**Prof.**: It is! So, an unusually strong yen will adversely affect the Japanese economy, at least **in terms of** trade.

**Hanako**: I guess that means we can't be too happy about a strong yen just because it makes our trips abroad cheaper.

**Taro**: But then, is it possible to maintain a stable exchange rate?

**Prof.**: The exchange rate is determined by the relative quantities of yen and dollars that are printed. Monetary policy determines the amount of money, yen or dollars, that is supplied to the economy. If the monetary policy is applied appropriately, then the exchange rate will, accordingly, be appropriate.

**Hanako**: Who determines monetary policy?

**Prof.**: Monetary policy is usually decided by each nation's central bank. **In the case of** Japan, that is, of course, the Bank of Japan.

# 金融政策の大切さ ③

**教授**：では現在の為替レートが 1 ドル＝ 118 円だとしたら、日本の自動車 1 台を
　　　 1 万ドルでアメリカに輸出すると、いくらになるかな？

**太郎**：118 万円！

**教授**：その通り。つまり、1 ドル＝ 118 円の相場なら 118 万円支払うことになる
　　　 車が、1 ドル＝ 80 円だと、80 万円になってしまうんだ。

**花子**：随分、値段が違うのね。

**教授**：そう。だから少なくとも貿易のことを考えると、異常に高い円は日本経済
　　　 にとって悪く影響するんだ。

**花子**：つまり、海外旅行に安く行けるからって、円高をあまり喜んでいちゃいけ
　　　 ない、ということだと思うわ。

**太郎**：でもそれなら、安定した為替レートを維持することってできるんですか？

**教授**：為替レートは、発行される円やドルの相対量で決まる。金融政策によって、
　　　 経済に供給する円やドルのお金の量が決まるんだ。金融政策が適切に適用され
　　　 ていれば、為替レートも、それに応じて適切なものになる。

**花子**：その金融政策は、どこで決められているんですか？

**教授**：金融政策は通常、各国の中央銀行によって決められる。日本の場合、もち
　　　 ろん日本銀行が中央銀行になる。

▎**熟語・慣用句（表現）**

a huge difference　大きな違い　／　in terms of　〜に関して、〜の点から
in the case of　〜の場合

# The Importance of Monetary Policy ③

🔊 0064 - 0075

0064 ☐☐☐

## current [kə́:rənt]

形 現在の

Solving the current refugee crisis is a top priority.

現在の移民危機を解決することは最優先事項だ。

0065 ☐☐☐

## unusually [ʌnjúːʒuəli]

副 異常に、いつになく

February temperatures have been unusually high this year.

二月の気温が今年はいつになく高い。

0066 ☐☐☐

## adversely [ædvə́:rsli]

副 悪く

The new road adversely affected visitors to the town.

その新しい道は町にやってくる人たちに悪影響だった。

0067 ☐☐☐

## guess [gés]

他 思う

He guessed that he would have to relocate after the merger.

彼は会社が合併した後で転勤しなければならないだろうと思った。

0068 ☐☐☐

## maintain [meɪntéɪn]

他 維持する

The countries have managed to maintain diplomatic relations.

その国々は外交関係をなんとかして維持してきた。

0069 ☐☐☐

## stable [stéɪbl]

形 安定した

The President has developed a strong and stable economy.

大統領は強固で安定した経済を発展させた。

0070 ☐☐☐

## monetary [mɑ́:nətèri]

形 金融の、金銭的な

Monetary penalties are given to companies that break rules.

ルールを破った会社には罰金が科される。

0071 ☐☐☐

## policy [pɑ́:ləsi]

名 政策

Education policy needs to be modernized.

教育政策は現代化される必要がある。

# 金融政策の大切さ ③

0072 ☐☐☐
## apply [əplái]

The new employment law will be applied from 2023.

[他] 適用する

雇用に関する新しい法律が2023年から適用される。

0073 ☐☐☐
## appropriately [əpróupriətli]

Candidates have to dress appropriately for interviews.

[副] 適切に

候補者は面接では適切な服装をしなければならない。

0074 ☐☐☐
## accordingly [əkɔ́:rdɪŋli]

After a needs analysis, the course is tailored accordingly.

[副] それに応じて

ニーズ分析の後、コースはそれに応じて調整された。

0075 ☐☐☐
## central [séntrəl]

Many HQs are located in the central business district.

[形] 中央の、中心の

多くの本社が中心業務地区に位置している。

---

## ┃ 文法・構文

● ...how much would it cost us to export a Japanese car worth 10,000 dollars to America?（……日本の自動車1台を1万ドルでアメリカに輸出すると、いくらになるかな？）

■ このwouldは「〜だったら／〜なら」という意味の用法です。条件や場合を説明するときによく用いられます。今回は「日本の自動車1台を1万ドルでアメリカに輸出する場合」を説明していることになります。

● I guess that means we can't be too happy about a strong yen just because it makes our trips abroad cheaper.（海外旅行に安く行けるからって、円高をあまり喜んでいっちゃいけない、ということだと思うわ。）

■ 使役動詞makeのmake O C「OをCにする」という用法です。ここではOがour trips abroadで、Cがcheaperです。

# The Importance of Monetary Policy ④

**Hanako**: Does a country's monetary policy only affect the exchange rate?

**Prof.**: No, it has an *influence* on **a variety of** other sectors. Before we *dive* into that, let's understand some of the *basics*: the terms inflation and deflation. Inflation refers to a rise in the price of goods in general. Conversely, a fall in the general price of goods is deflation.

**Taro**: Lately, I noticed a fall in the price of beef bowls. <u>Since this is an example of something whose price has decreased, can we say it's deflation?</u>

**Prof.**: <u>General price levels refers to the cost of goods as affected by economic activity overall.</u> <u>So, even if the price of one thing falls, we can't call it deflation.</u> A cheaper bowl of beef **has nothing to do with** deflation.

**Hanako**: Which one indicates a healthy economy: inflation or deflation?

**Prof.**: Excessive inflation isn't good, but a *moderate* level of inflation **may not necessarily** be so bad. Deflation, **on the other hand**, is bad **no matter what** the degree.

**Taro**: What makes deflation so terrible?

**Prof.**: During *deflationary* periods, demand is *sluggish*; **in turn**, *domestic* productivity decreases, *unemployment* rises, and people's salaries fall. <u>Having our cities filled with the unemployed is not a good thing</u>, so we can say that deflation is always *detrimental* to the economy.

# 金融政策の大切さ ④

花子：金融政策が影響を与えるのは、為替レートだけですか？

教授：いや、金融政策は、他の様々な分野にも影響を与える。その話に入ってい
く前にまず、基本のいくつか、インフレーションとデフレーションという言葉
を理解しよう。インフレーションとは、一般物価の上昇のことを言う。反対に、
一般物価が下落することを、デフレーションと言う。

太郎：最近、牛丼の値段が、安くなっていることに気づきました。これは物価が
下がっているということだから、デフレーションと言えるかな？

教授：一般物価水準とは、経済活動全体の物価水準のことなんだ。だから、個別
の物の値段が下がっても、デフレーションとは言えない。牛丼の値下げは、デ
フレーションとは関係ないんだ。

花子：インフレーションとデフレーション、どっちのほうが良い経済状況を示し
ているのかしら？

教授：過度なインフレーションは良くないが、適度なレベルのインフレーション
なら、必ずしもそれほど悪いとは言えないだろう。一方、デフレーションはど
んな程度でも悪いものだ。

太郎：どうしてデフレーションはそんなに悪いんですか？

教授：デフレーションの時は需要が低迷する。それに次いで、国内の所得が低下
したり、失業が増大したり、皆の給料が減ったりするんだ。失業者が街にあふ
れるのは良いことではないので、デフレーションは経済にとって常に有害であ
る、と言えるね。

---

▌熟語・慣用句（表現）

a variety of　様々な〜　／　have nothing to do with　〜と関係がない
may not necessarily　必ずしも〜とは限らない（かもしれない）
on the other hand　一方では　／　no matter what...　たとえどんな…でも
in turn　次に、今度は

# The Importance of Monetary Policy ④

0076 ☐☐☐

## influence [ínfluəns]

名 影響

Social media is having a strong influence on young people today.

今日、ソーシャルメディアは若者に強い影響を及ぼしている。

0077 ☐☐☐

## dive [dáɪv]

自 入っていく、切り込む

The politicians had to dive straight into the key issues.

政治家たちは主要な問題に単刀直入に切り込むしかなかった。

0078 ☐☐☐

## basic [béɪsɪk]

名 基本、基礎

The textbook covers the basics of international relations.

そのテキストは国際関係の基礎をカバーしている。

0079 ☐☐☐

## moderate [máːdərət]

形 適度な

Moderate amounts of pressure can make you productive.

適度なプレッシャーがあると生産的になれる。

0080 ☐☐☐

## deflationary [dɪfléɪʃənèri]

形 デフレーションの

Deflationary spirals resulted from the economic crisis.

デフレスパイラルは経済危機が原因だった。

0081 ☐☐☐

## sluggish [slʌ́gɪʃ]

形 低迷している

The tough economic climate has led to sluggish job growth.

厳しい経済情勢が原因で雇用は低迷している。

0082 ☐☐☐

## domestic [dəméstɪk]

形 国内の

Domestic tourism is common in Japan to Hokkaido and Okinawa.

北海道と沖縄への国内の観光は日本で一般的なものだ。

0083 ☐☐☐

## unemployment [ʌ̀nɪmplɔ́ɪmənt]

名 失業

Unemployment rates have fallen to a record low this year.

失業率は今年史上最低まで下がった。

# 金融政策の大切さ ④

0084 □ □ □

## detrimental [dètrəméntl]

形 有害な

Smoking and drinking are detrimental to
people's health.

喫煙と飲酒は人の健康に有害だ。

---

**┃ 文法・構文**

● Since this is an example of something whose price has decreased, can we
say it's deflation? (これは物価が下がっているということだから、デフレー
ションと言えるかな？)

■ 接続詞のsinceは通例、既知の事柄に使います。ここでは物価が下がっている
ということが話し手と聞き手の間で了解されているためsinceが用いられてい
ます。

● General price levels refers to the cost of goods as affected by economic
activity overall. (一般物価水準とは、経済活動全体の物価水準のことなんだ。)

■ 前置詞のasの大事な意味の一つとして「～として」があります。この意味で使
われるasは今回のrefer A as B「AをBであるとする」のように動詞の語法の一
部であることがよくあります。

● So, even if the price of one thing falls, we can't call it deflation. (だから、個
別の物の値段が下がっても、デフレーションとは言えない。)

■ even if SVは「仮にSVだとしても」の意味で、どうであっても、状況は変わら
ないということを強調して言いたいときに用います。

■ call O C「OをCと呼ぶ」は最も基本的な項目の一つです。ここではit が O、
deflation が C ですね。

● Having our cities filled with the unemployed is not a good thing... (失業者
が街にあふれるのは良いことではない……)

■ have O C「OをCの状態にしておく」の形です。ここではour citiesがO、filled
with the unemployedがCです。

## UNIT 09

# The Importance of Monetary Policy ⑤

 ◀)) 09

**Hanako**: Deflation is scary.

**Prof.**: And yet here in Japan, deflation has continued for the past 20 years since the 1990s.

**Taro**: What?! Isn't that bad for us?

**Prof.**: Taro is right. That's why, in 2013, the government and the Bank of Japan advocated the goal of "2% Inflation," attempting to break the deflationary trend. **In other words**, the government has adopted a deliberate policy to shift from deflation to inflation.

**Hanako**: How can they induce inflation?

**Prof.**: If the money supply in the market increases, the relative value of goods will rise. That is why, since 2013, the Bank of Japan has adopted an easy-money policy to increase the quantity of money supplied to the market.

**Hanako**: Did that really work?

**Prof.**: At first, stock prices rose. Since 2013, when the Bank of Japan started implementing an easy-money policy as I have mentioned, stock prices continued to rise. So, when foreign investors realized that the government and the Bank of Japan were seriously attempting to **break free of** deflation, they began to aggressively invest in Japanese stocks. You can see this clearly when you trace patterns in the stock market.

# 金融政策の大切さ ⑤

花子：デフレーションって怖いのね。

教授：ところが、日本は 1990 年代以降、約 20 年近くもデフレーションの状態が続いているんだ。

太郎：えっ、それってまずいんじゃないですか？

教授：太郎の言う通りだ。そこで、2013 年、政府と日本銀行はデフレ傾向からの脱却を目指し、「物価上昇率 2%」という目標を唱えた。政府はデフレーションからインフレーションへ転換するための計画的な政策を採った、ということだ。

花子：どうすれば、インフレーションを誘導することができるんですか？

教授：市場でのお金の供給が増えれば、物の相対的価値が上がることになる。そのため、日本銀行は 2013 年から、市場に出回るお金の量を増やすための金融緩和政策を行っている。

花子：実際に、うまくいったのかしら。

教授：まず、株価が上がった。日本銀行が今述べたような金融緩和政策を始めた 2013 年から、株価は継続的に上がり続けている。つまり、政府と日本銀行が、デフレ脱却に本気で取り組んでいると気づいた海外投資家が、積極的に日本株に投資したんだ。株式市場の値動きのパターンをたどってみると、はっきりわかるよ。

**Figure 2. Changes in The Nikkei Stock Average (1980-2018)**＊

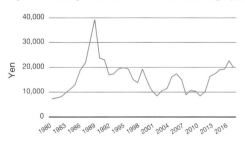

＊ 図 2：日経平均株価の推移（1980–2018 年）（出典：世界経済のネタ帳）

▌熟語・慣用句（表現）

in other words　言い換えれば　／　break free of　〜から脱する

# The Importance of Monetary Policy ⑤

◀)) 0085 - 0096

0085 ☐ ☐ ☐

## advocate [ǽdvəkèit]

他 唱える、支持する

More people today advocate the use of public transport.

今日多くの人々が公共交通機関の使用を支持している。

0086 ☐ ☐ ☐

## deliberate [dilíbərət]

形 計画的な、意図的な

Police reported the crime as a deliberate act of violence.

警察はその犯罪を意図的な暴力行為として報告した。

0087 ☐ ☐ ☐

## induce [ind(j)úːs]

他 誘導する、引き出す

Regular exercise is a natural way to induce positivity.

定期的な運動は積極性を引き出す自然な方法だ。

0088 ☐ ☐ ☐

## quantity [kwάːntəti]

名 量

Significant quantities of alcohol were sold at the festival.

その祭りではものすごい量の酒が売れた。

0089 ☐ ☐ ☐

## work [wə́ːrk]

自 うまくいく、効果がある

The new approach solved the problem, so it worked well.

その新しいアプローチは問題を解決したので、十分に効果があった。

0090 ☐ ☐ ☐

## stock [stάːk]

名 株

Stock markets around the world reacted to the announcement.

世界中の株式市場がその発表に反応した。

0091 ☐ ☐ ☐

## mention [ménʃən]

他 述べる、言及する

The Professor mentioned the theory earlier in the lecture.

教授は講義の序盤でその理論に言及した。

0092 ☐ ☐ ☐

## investor [invéstər]

名 投資家

Funds were raised from angel investors for the project.

プロジェクトのエンジェル投資家から資金が集められた。

# 金融政策の大切さ ⑤

0093 □□□

**realize** [ríːəlàɪz]　他 気づく

The new hires realized that hard work was not enough.

新入社員たちは努力するだけでは不十分だということに気づいた。

0094 □□□

**seriously** [síəriəsli]　副 本気で

I'm seriously considering taking the job in Shanghai.

上海での仕事を受けようか本気で検討している。

0095 □□□

**aggressively** [əgrésɪvli]　副 積極的に

The election campaign aggressively targeted young voters.

その選挙運動は積極的に若い有権者をターゲットにした。

0096 □□□

**trace** [tréɪs]　他 たどる

The report traces the market decline over the last 50 years.

その報告書は過去50年間の市場の衰退をたどっている。

---

**文法・構文**

● And yet here in Japan, deflation has continued for the past 20 years since the 1990s.（ところが、日本は1990年代以降、約20年近くもデフレーションの状態が続いているんだ。）

■ yetには逆接の接続副詞としての用法があります。「そうとはいえ」という意味で比較的強い、改まった響きがあります。

● That's why, in 2013, the government and the Bank of Japan advocated the goal of "2% Inflation," attempting to break the deflationary trend.（そこで、2013年、政府と日本銀行はデフレ傾向からの脱却を目指し、「物価上昇率2%」という目標を唱えた。）

■ ここは分詞構文になっています。SV, -ing.ときたら、基本的には「SVして〜する」「〜しながらSVする」くらいの意味になります。

# The Importance of Monetary Policy ⑥

◀)) 10

**Hanako**: Wow! Stock prices have more than doubled since the LDP*
came into power.

**Prof.**: That's the effect of an easy money policy.

**Taro**: But has this easy money policy only caused the prices of stocks to
rise?

**Prof.**: No, it is not only stocks that have seen a boost. Along with a
general economic recovery, the unemployment rate has seen a dramatic
improvement.

**Hanako**: So, the unemployment rate during the LDP's time in power is
also very different **than before**.

**Prof.**: America's Federal Reserve Bank, that country's central bank,
aims to maximize the employment rate with its policy. The Bank of
Japan, however, does not do it with only the goal of maximizing
employment. Nevertheless, it is extremely important to the happiness
of the nation that we lower the unemployment rate.

**Taro**: Fewer people with jobs would certainly lead to more problems.

**Prof.**: That's right. **No matter how** substantial our social security
systems are, programs such as unemployment insurance and the like, it
is not healthy to be **out of work**. Work isn't just something we do to
**keep a roof over our heads**. Work can give our lives meaning, and it
can be a great source of our self-esteem.

* LDP : Liberal Democratic Party

# 金融政策の大切さ ⑥

花子：すごい。株価が、自民党政権になってから二倍以上になっている。

教授：これが、金融緩和政策の効果なんだよ。

太郎：でも、金融緩和政策の効果って、株価が上がったことだけなんですか？

教授：いや、上昇したのは株価だけではない。全般的な景気回復に伴って、失業率にも劇的な改善が見られているんだ。

花子：じゃあ、自民党政権時代の失業率も以前とは大違いね。

教授：アメリカの中央銀行に当たる FRB は、その政策として雇用率を最大化することを目指している。だが日本銀行は、雇用の最大化のみを目標にしているわけではない。それでも、失業率を下げることは、国民の幸福にとって極めて重要なことだ。

太郎：仕事のある人が減ると、問題が増えることになるのは確かですね。

教授：そうだ。いくら、失業保険などの社会保障制度が充実していたとしても、失業している状態というのは健全ではない。仕事は、ただ生活をするためだけのものでなく、人生に意味を与えてくれたり、自尊心を大いに芽生えさせてくれたりするものだからね。

**Figure 3. Changes in Unemployment Rate (1980-2018)\***

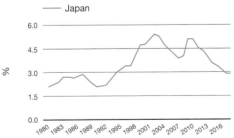

\* 図3：失業率の推移（1980–2018 年）（出典：世界経済のネタ帳）

▌熟語・慣用句（表現）

come into power　政権を握る、権力を握る

than before　以前より　／　no matter how...　どんなに…でも

out of work　失業して　／　keep a roof over one's head　住まいを確保する

# The Importance of Monetary Policy ⑥

◀)) 0097-0106

0097 ☐☐☐
## double [dʌ́bl]
自 二倍になる

The workforce is expected to double in the next 12 months.

従業員数は今後 12 カ月で二倍になると見込まれている。

0098 ☐☐☐
## effect [ɪfékt]
名 効果、影響

The breakdown in relations had a negative effect on trade.

関係性が崩壊したことは貿易に悪影響を与えた。

0099 ☐☐☐
## boost [búːst]
名 上昇、増加

There was a boost in sales after the celebrity endorsement.

有名人のお墨付きをもらったあと売り上げの増加が見られた。

0100 ☐☐☐
## improvement [ɪmprúːvmənt]
名 改善

The improvement in teacher training led to better grades.

教員研修の改善によって成績が向上した。

0101 ☐☐☐
## maximize [mǽksəmàɪz]
他 最大化する

Countries can maximize influence by joining regional blocs.

国は地域圏に参加することで影響力を最大化することができる。

0102 ☐☐☐
## substantial [səbstǽnʃəl]
形 充実した、多大な

A substantial investment helped to avoid bankruptcy.

多大な投資のおかげで倒産は免れた。

0103 ☐☐☐
## social [sóuʃəl]
形 社会の

The government introduced several social welfare schemes.

政府は複数の社会福祉計画案を導入した。

0104 ☐☐☐
## healthy [hélθi]
形 健全な

Most people have a healthy distrust of cold-calling methods.

ほとんどの人は勧誘電話というやり方に健全な不信感を持つ。

# 金融政策の大切さ ⑥

0105 ☐☐☐

## meaning [mí:nɪŋ]

名 意味

Paraphrasing helps language learners to check meaning.

言い換えは言語の学習者が意味を確認するのに役立つ。

0106 ☐☐☐

## self-esteem [sélfɪstí:m]

名 自尊心

Studies have shown that daily social media usage lowers self-esteem.

研究は毎日のソーシャルメディアの使用が自尊心を引き下げることを示した。

---

**┃ 文法・構文**

- Stock prices have more than doubled since the LDP came into power. （株価が、自民党政権になってから二倍以上になっている。）

  ■ more thanはこのように「倍」の意味を含む動詞の前につけることができます。基本的にはmore than double「二倍以上になる」が使えるとよいでしょう。

- No, it is not only stocks that have seen a boost. （いや、上昇したのは株価だけではない。）

  ■ it is not only A that...で「…なのはAだけではない」という意味です。thatの後ろにはSVもしくはVが来ます。

- Fewer people with jobs would certainly lead to more problems. （仕事のある人が減ると、問題が増えることになるのは確かですね。）

  ■ このwouldは「〜だったら／〜なら」という意味の用法です。条件や場合を説明するときによく用いられます。今回は「仕事のある人が減ったら」という意味を伝えるために使われています。

- Work can give our lives meaning, and it can be a great source of our self-esteem. （仕事は、人生に意味を与えてくれたり、自尊心を大いに芽生えさせてくれたりするものだからね。）

  ■ ここのcanは「あり得る」という意味で可能性を表します。この用法のcanは可能性が0でさえなければ使うことができ、それだけでどれくらい可能性が高いかという情報は持ちません。

# 01 歴史が教えるマネーの理論

飯田泰之著／ダイヤモンド社

2013年から日銀によって実施されている、大規模な金融緩和政策。だが、この政策には大きな「副作用」があると指摘する論者は少なくない。

その副作用の筆頭として挙げられるものに、ハイパーインフレーション（以下、ハイパーインフレ）がある。ハイパーインフレとは、「月率50%を超える価格上昇」のことだが、そのような急激な物価上昇は、果たして現代の日本で起こりえるのだろうか。そうした疑問に対し、本書は過去の歴史を参照するという形で、明快な解説を与えてくれる。

歴史上最も有名なハイパーインフレは、第一次世界大戦後のヨーロッパで起こった。高インフレが発生したのはドイツ、オーストリア、ハンガリー、ポーランドの四カ国で、大戦における敗戦国側の国々だった。

なぜこれらの国々でインフレが生じたのか？　まず考えられる理由として、これら敗戦国は大戦後のサン＝ジェルマン条約により莫大な額の賠償金を課されたことが挙げられる。巨額の賠償金の捻出を迫られたオーストリア政府は、国債の中央銀行直接引受という手段に出る。

1921年に国債の中央銀行直接引受が始まると、それと軌を一にしてオーストリアで物価の上昇が始まった。だが、ハイパーインフレと呼ばれるような物価上昇は、長くは続かなかった。1922年9月を境に、オーストラリアの物価は安定期を迎える。

なぜオーストリアのハイパーインフレは終息したのか。1922年9月、敗戦国のハイパーインフレに懸念を抱いた戦勝国は、四カ国の救済を決定する。その結果として、オーストリア国民の間に「今後もインフレが続く」という予想がなくなり、物価が安定したのである。

現在、日銀は2%の物価目標を掲げ、大胆な金融緩和を実行している。物価目標には2%という明確な数字が設定されているため、この数字が達成された

暁には、金融緩和は停止される。2% の物価目標に達すれば、「今後もインフレが続く」という予想がなくなるため、インフレは止まる。人々の予想なくして、ハイパーインフレの定義にあるような、月率50% を超えるような物価上昇が引き起こされるようなことは考え難い。それ故、金融緩和の副作用として、ハイパーインフレが起こるなどということは、あり得ないのだ。

アメリカでもリーマン・ショック以降、現在日本で実施されているのと同様に、2% の物価目標を据えて金融緩和を行ってきた。しかし、2017 年に物価目標が達成されると、金利の引き上げを行い、金融緩和政策を停止へと導いている。当然のことながら、アメリカでハイパーインフレは発生していない。

本書の特徴は、このように経済学を歴史的な事例から解説するところにある。そこでは「マネーと物価」「為替レート」「金融政策」といったテーマが、江戸幕府の政策や昭和恐慌などの具体的な歴史的エピソードによって、わかり易く解説されている。

こうした工夫された記述の背景には、歴史を「ツールとして利用する」ことによって、より平易に金融政策に対する理解を深めてほしいという、著者の願いが込められている。歴史を学ぶと、為政者の金融政策への不理解が、多くの悲劇を招いたことが良くわかる。こうした悲劇を繰り返さないためにも、私たち国民一人一人が金融政策への理解を深め、自分たちの代表である政治家を正しく選ぶことが必要になってくるのである。

### 関連図書

- 『世界一わかりやすい 経済の教室』飯田泰之著／中経出版
  高校レベルの知識があれば読める、やさしい経済学の入門書。マンキューの教科書が難しく感じた方におすすめ。

- 『本当の経済の話をしよう』若田部昌澄・栗原裕一郎著／筑摩書房
  インセンティブ、トレード・オフ、トレード、マネーという４つのキーワードから、経済学の基本を解説している。対話形式なので読みやすい。

- 『円高の正体』安達誠司著／光文社
  為替レートの考え方について、極めてわかりやすく解説されている。『歴史が教えるマネーの理論』の為替レートに関する章が難しく感じた方におすすめ。

# What is Fiscal Policy ①

**Hanako**: Monetary policy is so important.

**Taro**: But can we expect the economy to improve just by having a strong monetary policy?

**Prof.**: Certainly, monetary policy is the most important thing, but the economy can improve even further when, **in addition**, we employ the right fiscal policy.

**Hanako**: Fiscal policy?

**Prof.**: Fiscal policy is what the government uses when demand is anemic. I realize that it's hard to understand, so let me **put it into** more concrete terms. Primarily, fiscal policy is comprised of two things: a reduction in taxes, and, spending on public works.

**Taro**: Lower taxes should make a lot of people happy.

**Prof.**: Lower taxes means more disposable income, which means an increase in consumption, which in turn bolsters demand.

**Hanako**: But what do you mean by public works?

**Prof.**: Public works projects use government funds for infrastructure development that the public needs, **such as** roads and dams. Unlike a reduction in taxes, the country uses our money and by doing so offsets a slump in demand.

**Hanako**: So, tax reduction and public spending have the same effect?

**Prof.**: Basically, the same, yes, but public works spending has its downsides, too.

**Taro**: But isn't it a good thing if a boost in public works spending makes our lives more convenient?

# 財政政策とは何か ①

花子：金融政策って大事なのね。

太郎：でも、景気って、金融政策だけしっかりやっておけば、良くなるものと期待していいんですか？

教授：金融政策が最も重要なのは間違いないが、それに加えて正しい財政政策を採用すると、もっと景気が良くなるんだ。

花子：財政政策？

教授：財政政策とは、需要の不足に対して政府が取る政策だ。そう言ってもわかりにくいと思うから、より具体的に表現してみよう。財政政策は主に、税金の削減と公共事業への投資の二つから成る。

太郎：税金が安くなるのは、多くの人にとってうれしいですね。

教授：税金が安くなれば、国民が自由に使える所得が増えるから、消費も増え、次いで、需要を強化することになるというわけだ。

花子：公共事業というのは？

教授：公共事業とは、国の資金を使って、道路やダムといった、国民の生活に必要なインフラを整備することだ。減税の場合と異なり、国が私たちのお金を使うわけだが、そうして、需要の落ち込みを埋め合わせるんだ。

花子：じゃあ、減税でも公共投資でも、効果はどちらでも同じなんですか？

教授：基本的には同じだが、公共事業への投資には欠点もあるんだ。

太郎：えっ、公共事業への投資が増えたら、生活が便利になるんだからいいんじゃないですか？

▌熟語・慣用句（表現）

in addition　加えて　／　put ... into　…を～で言い表す

such as　～など

# What is Fiscal Policy ①

🔊》 0107-0117

0107 ☐ ☐ ☐
## employ [ɪmplɔ́ɪ]

他 採用する、用いる

Doctors employ a number of methods to treat addiction.

医者は中毒を治療するために複数の方法を用いる。

0108 ☐ ☐ ☐
## fiscal [fískl]

形 財政的な

The fiscal disaster was a direct result of the bad policy.

財政的な災難はよくない方針の直接的な結果であった。

0109 ☐ ☐ ☐
## concrete [kɑ:nkríːt]

形 具体的な

Concrete evidence was presented to make the conviction.

判決を下すにあたって具体的な証拠が示された。

0110 ☐ ☐ ☐
## comprise [kəmpráɪz]

他 構成する、占める

International students comprise 35% of the discussion class.

そのディスカッションクラスのうち35%を留学生が占める。

0111 ☐ ☐ ☐
## reduction [rɪdʌ́kʃən]

名 削減

A reduction in CO2 emissions is a target for most nations.

二酸化炭素排出の削減は多くの国にとって目標である。

0112 ☐ ☐ ☐
## disposable [dɪspóʊzəbl]

形 自由に使える

He doesn't have much disposable income after paying bills.

請求書の支払いをすると彼には自由に使える所得があまり残らない。

0113 ☐ ☐ ☐
## consumption [kənsʌ́mpʃən]

名 消費

Energy consumption rises when states become more developed.

国々がより発展していくとエネルギー消費が増加する。

0114 ☐ ☐ ☐
## bolster [bóʊlstər]

他 強化する

The minister flew in to bolster the troops' morale.

大臣は部隊の士気を強化するために飛んでやってきた。

# 財政政策とは何か ①

0115 ☐☐☐

**offset** [ɔ(ː)fsét]　　　　　　　　　他 埋め合わせる、相殺する

The company could offset Asian losses by profits in Europe.

その会社はヨーロッパでの利益によりアジアでの損失を相殺することができた。

0116 ☐☐☐

**slump** [slʌ́mp]　　　　　　　　　名 落ち込み、不振

Job losses are inevitable after the economic slump.

景気が不振になったあとに失業は避けられない。

0117 ☐☐☐

**downside** [dáʊnsàɪd]　　　　　　名 欠点

The advantages of group study outweigh the downsides.

グループ学習の利点はその欠点を上回るものだ。

---

**▎文法・構文**

● ...the economy can improve even further when, in addition, we employ the right fiscal policy.（……それに加えて正しい財政政策を採用すると、もっと景気が良くなるんだ。）

■ evenは比較級を強調する際に用いることができます。「そのレベルにとどまらずさらにもっと」というニュアンスを持ちます。他に比較級を強調できる語としてはmuchやstillがあります。

● Fiscal policy is what the government uses when demand is anemic.（財政政策とは、需要の不足に対して政府が取る政策だ。）

■ 関係代名詞のwhatはwhat SV/Vという形で「SV/Vするもの・こと」という意味になります。名詞の意味（ここではfiscal policy）を説明するときに便利です。

● Lower taxes means more disposable income, which means an increase in consumption, which in turn bolsters demand.（税金が安くなれば、国民が自由に使える所得が増えるから、消費も増え、次いで、需要を強化することになるというわけだ。）

■ このwhichは手前で述べられた内容全体を受けるものです。「そして、そのことは」という感覚で用いられます。今回のようなwhich means「そしてそれが意味するのは」という使い方は非常に便利です。

◀)) 12

**Prof.**: The source of these funds for public works is our taxes, so we can't just wildly throw money at infrastructure projects. Of course, some of these public works are necessary, such as reinforcing roads and other construction projects that would mitigate or prevent damage from disasters such as earthquakes. But to build roads in far-flung parts of the country with hardly any traffic, or building unnecessary public facilities, which is mockingly referred to as "hakomono policies," lead to a waste of tax money and a policy the public would find laughably excessive.

**Hanako**: Hmm. Then, what would be a good way to improve the economy?

**Prof.**: You both may be too young to remember, but when Aso was the Prime Minister, a fixed-sum stipend was distributed to those who qualified. People under the age of 19 and over the age of 64 were provided 20,000 yen, and the others were given 12,000 yen. If such a supplementary windfall had no adverse effects, we might call it an effective fiscal policy.

**Taro**: Isn't this close to **pork barrel spending**?

**Prof.**: The press often painted it as such, calling it shameful. But look at it with an analytical eye. A supplementary windfall plan would benefit all equally, while public works projects benefit only those firms who **land a contract**. Which policy would you say is fair?

# 財政政策とは何か ②

**教授**：こうした公共事業の財源は私たちの税金なのだから、むやみにインフラ事業に金を費やせばいいというものじゃないんだ。もちろん、道路を補強することや、地震などの災害による被害を軽減したり防いだりするための建設事業など、やらなければならない公共事業もある。だが、交通量のほとんどない遠方の地域に道路を作ったり、「箱物行政」と揶揄して言われる不必要な公共施設を作ることは、税金の無駄遣いになるとともに、ばかげたほど度が過ぎていると国民に思わせるような政策にも繋がってしまう。

**花子**：う〜ん。それじゃあ、何か、景気を良くするためのいい方法はないのかしら？

**教授**：二人は小さかったから覚えていないかもしれないが、かつて麻生政権の頃、給付の資格を与えられた者に定額給付金が配られたことがあった。18 歳以下と65 歳以上は 2 万円、それ以外の人は 1 万 2,000 円が支給された。こうした補足的な棚ぼた式収入なら、悪い影響もなく、効果的な財政政策だと言える。

**太郎**：でも、それってバラマキなんじゃないですか？

**教授**：マスコミではよく、バラマキはけしからん、などど表現していたよね。でも分析的な見方で考えてほしいんだ。国民全員一律に利益をもたらす棚ぼた的補助金政策と、契約を獲得した業者にしか利益が還元されない公共事業。どっちがフェアと言えるだろう？

▌**熟語・慣用句（表現）**

pork barrel spending　（支出の）ばらまき

land a contract　契約を取る

🔊 0118-0132

---

0118 ☐☐☐

## wildly [wáɪldli]

副 むやみに、派手に

The fans celebrated wildly in the bar after the cup win.

優勝の後、ファンたちはバーで派手に祝った。

---

0119 ☐☐☐

## reinforce [rìːɪnfɔ́ːrs]

他 補強する、強化する

The military reinforced defenses along the border.

軍は国境沿いの防衛を強化した。

---

0120 ☐☐☐

## construction [kənstrʌ́kʃən]

名 建設

Several NGOs financed the construction of two new schools.

複数の NGO が二つの新しい学校の建設に経済的な援助をした。

---

0121 ☐☐☐

## mitigate [mítəgèɪt]

他 軽減する、緩和する

Measures have been introduced to mitigate climate change.

気候変動を緩和するための対策が導入された。

---

0122 ☐☐☐

## far-flung [fáːrflʌ́ŋ]

形 遠方の

Messengers took mail to far-flung areas of the Roman Empire.

使者は郵便物をローマ帝国の遠方の地域まで届けた。

---

0123 ☐☐☐

## facility [fəsíləti]

名 施設

Residents have campaigned for better local facilities.

住民たちは地元の施設をよりよいものにするよう求めて活動を行なった。

---

0124 ☐☐☐

## mockingly [máːkɪŋli]

副 揶揄して、からかって

He was fired for laughing mockingly at the manager's error.

彼はマネージャーの間違いをからかって笑ったことで解雇された。

---

0125 ☐☐☐

## laughably [lǽfəbli]

副 ばかばかしいほど

They were criticized for the laughably small wage increases.

ばかばかしいほどわずかな賃上げをしたことで彼らは批判された。

---

# 財政政策とは何か ②

**0126**

**stipend** [stáɪpend]

The intern received a stipend over the six month training.

名 給付金

そのインターンは6カ月の研修期間にわたって給付金を受け取った。

**0127**

**qualify** [kwá:ləfàɪ]

His background in academia qualified him for the position.

他 資格を与える

学会での彼の経歴が彼にその地位に就く資格を与えた。

**0128**

**supplementary** [sÀpləméntəri]

Supplementary materials are provided with the textbook.

形 補足的な、補助的な

そのテキストには補助教材がついてくる。

**0129**

**windfall** [wíndfɔ:l]

Investors received a life-changing windfall after the IPO.

名 棚ぼた式収入、おこぼれ

投資家たちは新規株式公開の後、人生が変わるほどのおこぼれに預かった。

**0130**

**adverse** [ædvə́:rs]

Adverse weather conditions led to many flight cancellations.

形 悪い

悪天候が原因で多くの空の便がキャンセルになった。

**0131**

**paint** [péɪnt]

The critical editorial painted the leaders as untrustworthy.

他 表現する、描写する

その批判的な社説は指導者たちを信頼できない人物として描写した。

**0132**

**analytical** [ænəlítɪkl]

The firm was looking for analytical problem solvers.

形 分析的な

その会社は問題を分析的に解決してくれる人を探していた。

# What is Fiscal Policy ③

◀)) 13

**Hanako**: If you **put it that way**, I agree.

**Prof.**: Since the funding source of fiscal policy is our taxes, it's important that the money be used fairly.

**Hanako**: About those funds, isn't the Japanese government facing a serious debt situation? The news on TV said that the national debt is over 1,000 trillion yen, and that **amounts to** approximately 8,300,000 yen owed by each and every citizen.

**Prof.**: Indeed, **according to** one economist, the national debt in 2014 was 1,013 trillion yen.

**Taro**: **That much**!?

**Prof.**: But at the same time, national assets amounted to 680 trillion yen.

**Hanako**: You say we have wealth, or assets, but can you easily sell a road, or a dam?

**Prof.**: That's very true. But about 375 trillion of these assets are cash or loans that have high liquidity.

**Hanako**: But we still have a huge amount of debt.

**Prof.**: Here, I'd like you to recall our story of easy-money. The Bank of Japan has been purchasing government bonds steadily **for the sake of** monetary easing, and, as a result, the assets of the Bank of Japan now exceed 400 trillion yen. But since the Bank of Japan is, in a way, a part of the government, **on that basis**, the government's debt is virtually nil.

**Taro**: What? And here I was worried about it.

# 財政政策とは何か ③

花子：言われてみればそうね。

教授：財政政策の財源は税金なのだから、公平に使用されることが大事なんだよ。

花子：その財源なんですが、日本政府は深刻な借金を抱えた状態に直面しているんじゃないですか？　テレビのニュースで、「国の借金が 1,000 兆円を超えていて、国民一人当たりにすれば 830 万円近く負っている」と言っていたのを見たのですが。

教授：確かに、ある経済学者によると、国の借金は 2014 年度、1,013 兆円ある。*

太郎：そんなに！？

教授：けれども同時に、国の資産も 680 兆円あるんだ。

花子：財産や資産を持っていると言っても、道路やダムは簡単に売れないんじゃないですか？

教授：その通りだ。だが、国の資産のうち約 375 兆円分は、現金や貸付金といった換金性の高いものなんだよ。

花子：それでもまだかなりの借金が残るわ。

教授：ここで、金融緩和政策の話を思い出してほしい。日銀は今、金融緩和をするために、国債を着々と買っているんだが、その結果日銀の資産は 400 兆円を超えているんだ。だが、日銀はある意味政府の一部とも言えるから、それを踏まえると、日本政府の借金はほとんどないことになるんだよ。

太郎：えーっ、そうなの？　心配してしまったよ。

* ぐっちーさん・高橋洋一『勇敢な日本経済論』（講談社刊、2017 年）

**┃熟語・慣用句（表現）**

put it that way　そういう風に言う　／　amount to　総計〜に達する

according to　〜によれば　／　that much　そんなに（多く）

for the sake of　〜のために　／　on that basis　それに基づいて

🔊 0133 - 0145

0133 ☐☐☐
## fairly [féərli]
副 公平に

Bonuses were shared fairly and equally among employees.

ボーナスは従業員の間で公平かつ平等に分けられた。

0134 ☐☐☐
## face [féis]
他 直面する

Many species are facing extinction because of our actions.

多くの種が私たちの行動のせいで絶滅に直面している。

0135 ☐☐☐
## debt [dét]
名 借金

Most students face a mountain of debt after graduation.

ほとんどの学生は卒業後大量の借金に直面する。

0136 ☐☐☐
## trillion [tríljən]
名 兆

Trillions of dollars have been spent on nuclear defense.

数兆ドルが核防衛の費用に使われた。

0137 ☐☐☐
## owe [óu]
他 借金を負う、未払いである

New laws were passed to target people owing taxes.

税金が未払いになっている人々を対象とした新しい法律が可決された。

0138 ☐☐☐
## indeed [indí:d]
副 確かに

Indeed, we've worked together for over ten years.

確かに私達は十年にわたって共に仕事をしてきた。

0139 ☐☐☐
## wealth [wélθ]
名 財産、富

In life, wisdom is just as important as wealth.

人生において、知恵は富と同じぐらい大切だ。

0140 ☐☐☐
## cash [kǽʃ]
名 現金

Alternative payment options mean people carry less cash.

代替の支払い方法があることで人々はあまり現金を持ち運ばなくなる。

# 財政政策とは何か ③

0141 ☐☐☐

**loan** [lóʊn]

名 貸付金、ローン

Permanent residency is required to apply for loans in Japan.

日本でローンに申し込むには定住していることが必要だ。

0142 ☐☐☐

**liquidity** [lɪkwídəti]

名 換金性、流動性

Banks must have sufficient liquidity to cover withdrawals.

銀行は引き出し額をカバーするだけの十分な流動性を持っていなければいけない。

0143 ☐☐☐

**steadily** [stédəli]

副 着々と、徐々に

India's population is expected to steadily increase.

インドの人口は徐々に伸びることが予想されている。

0144 ☐☐☐

**virtually** [vɔ́ːrtʃuəli]

副 ほとんど、事実上

He is virtually bilingual after living in France and Greece.

フランスとギリシャで過ごしたので彼は事実上バイリンガルだ。

0145 ☐☐☐

**nil** [níl]

名 ない

Public support of the new bill is almost nil.

その新しい法案に対する国民の支持はほとんどない。

---

**┃ 文法・構文**

● Since the funding source of fiscal policy is our taxes, it's important that the money be used fairly. (財政政策の財源は税金なのだから、公平に使用されることが大事なんだよ。)

■ 「重要性」や「義務」を表す形容詞に続くthat節の中では動詞は原形もしくはshould＋原形になることがあります。今回はimportantが「重要性」を表す形容詞、beが動詞の原形にあたる部分です。

🔊) 14

**Hanako**: Professor, am I right to conclude that, if our monetary policy and our fiscal policy were done right, the economy would be **in good shape**?

**Prof.**: **That sounds about right**.

**Hanako**: But aren't there other things we could do?

**Taro**: Shouldn't the bureaucrats over at the Ministry of Economy, Trade and Industry **take care of** the little details?

**Hanako**: **I wonder if** it's a good thing to **put all our trust in** them.

**Taro**: But don't forget that when we talk about bureaucrats, we're talking about the country's elite, **i.e.** graduates from the University of Tokyo and our toughest institutions. Surely they can **come up with** better ideas than we can.

**Prof.**: What Taro just described, we call "industrial policy": the bureaucrats find those industrial sectors that can propel Japan into the future and nurture them through subsidies and favorable legislation.

**Hanako**: Would such an industrial policy be effective?

**Prof.**: I'm not convinced. For example, let's imagine that Japan's anime industry will flourish in the future.

**Taro**: You don't think the industry would flourish under the leadership of intelligent bureaucrats?

**Prof.**: Well, if the anime industry were poised to **take off**, why don't we see more investment by private companies?

**Hanako**: **Now that you mention it**, it is strange.

# 産業政策と規制緩和 ①

花子：教授、金融政策と財政政策が正しい対応をしていれば、経済はうまくいく
んですよね。

教授：そういうことになるね。

花子：でも、他にできることはもうないのかしら。

太郎：細かいことは、経済産業省の官僚がやってくれるんじゃないの？

花子：そんな人任せでいいのかしら。

太郎：そりゃあ、官僚といえば、東京大学とか難しい（教育）機関の卒業生であ
る国家のエリートたちなんだから。僕たちが考えるより、いいアイデアを出し
てくれるに決まっているよ。

教授：太郎が言っているようなことを、産業政策と言う。つまり官僚が、日本を
未来へと前進させる産業部門を見つけ出し、補助金や優遇措置によってその産
業を育成することだ。

花子：産業政策って、効果があるんですか？

教授：確信はないね。例えば、今後アニメ産業が成長すると想像してみよう。

太郎：賢い官僚の人たちの指導の下で、アニメ産業が成長していくとは思ってい
ないんですか？

教授：じゃあ、もしアニメ産業が今後伸びていく態勢にあるというのなら、なぜ
民間企業がどんどん投資をしていないのだろう？

花子：言われてみれば、変ね。

▌熟語・慣用句（表現）

in good shape　調子が良い、うまくいって
That sounds about right.　大体そんなところだ。
take care of　～を処理する　／　I wonder if...　…だろうか
put all one's trust in　～を全面的に信頼する　／　i.e.　すなわち
come up with　～を考え出す、～を見つけ出す
take off　うまくいく、急に売れ出す
now that you mention it　そう言われてみると

# Industrial Policy and Deregulation ①

🔊 0146 - 0155

0146 ☐ ☐ ☐

## bureaucrat [bjúərəkræt]

名 官僚

Three bureaucrats are facing prosecution due to corruption.

3 人の官僚が汚職が原因で刑事訴追を受けている。

0147 ☐ ☐ ☐

## elite [ɪlíːt]

名 エリート

Many of the UK's political elite graduate from Oxford.

イギリスの政治エリートの多くがオックスフォードを卒業している。

0148 ☐ ☐ ☐

## graduate [grǽdʒuèɪt]

名 卒業生

Graduates from Harvard are often headhunted by top firms.

ハーバードの卒業生はよくトップ企業にヘッドハントされる。

0149 ☐ ☐ ☐

## institution [ìnstət(j)úːʃən]

名 機関

Educational institutions provide safe learning environments.

教育機関は安全な学習環境を提供する。

0150 ☐ ☐ ☐

## propel [prəpél]

他 前進させる、押し上げる

Quality training can propel a player into the top league.

質の高いトレーニングは選手をトップリーグに押し上げることができる。

0151 ☐ ☐ ☐

## nurture [nə́ːrtʃər]

他 育成する

Companies have to nurture good working relationships.

会社は仕事上の人間関係がうまくいく環境を育成しなければいけない。

0152 ☐ ☐ ☐

## subsidy [sʌ́bsədi]

名 補助金、助成金

State subsidies will be provided for the new rail link.

国の助成金が新しい鉄道の開通に支給される。

0153 ☐ ☐ ☐

## convinced [kənvínst]

形 確信している

All jury members were convinced of his guilt.

全ての陪審員は彼の有罪を確信していた。

# 産業政策と規制緩和 ①

0154 ☐☐☐

## intelligent [ɪntélɪdʒənt]

Academic success is not guaranteed if you are intelligent.

形 賢い、頭がよい

頭がよくても学業の成功は保証されるわけではない。

0155 ☐☐☐

## poised [pɔ́ɪzd]

After critical acclaim she is poised to win the Oscar.

形 態勢にある、構えた

批評家たちから賞賛され、彼女はオスカー賞を取る構えだ。

---

**▌文法・構文**

● Professor, am I right to conclude that, if our monetary policy and our fiscal policy were done right, the economy would be in good shape?（教授、金融政策と財政政策が正しい対応をしていれば、経済はうまくいくんですよね。）

■ do X right「Xを正しく行う」が受け身になった形です。ここではrightは「正しく」という意味の副詞として働いています。rightlyよりややカジュアルな言葉遣いです。

● Shouldn't the bureaucrats over at the Ministry of Economy, Trade and Industry take care of the little details?（細かいことは、経済産業省の官僚がやってくれるんじゃないの？）

■「〜だったら…なはずだ」の should を否定疑問文で用いています。ここでは「〜だったら」は「経済産業省の官僚」にかかっています。また、否定疑問文は「そうじゃないの？」という気持ちを表すときに使うことができます。

● But don't forget that when we talk about bureaucrats, we're talking about the country's elite,...（そりゃあ、官僚といえば、……国家のエリートたちなんだから。）

■ この進行形は「〜していることになる」という意味で、難しい言葉では即時性用法とも言われます。実際に今していないことでも表すことができます。

# UNIT
# 15
## Industrial Policy and Deregulation ②

 15

**Taro**: Maybe those people working in the private sector aren't as sharp as the bureaucrats, so they haven't noticed the growth potential in the anime industry?

**Prof.**: No, unlike a bureaucrat who is a public employee, in the private sector, a company may go bankrupt if they make the wrong investment. That's why they conduct a much more thorough analysis to determine which companies will grow.

**Taro**: Even so, I still feel like the bureaucracy is superior…

**Prof.**: All right. **Let's say that** Taro is correct and the bureaucrats are the best and that they can predict which industries will grow. Why then, don't they start up a company in those promising fields or invest in it themselves?

**Hanako**: They'd surely make a lot of money by starting up and investing in growing fields.

**Prof.**: The very fact that bureaucrats don't quit their jobs and start businesses themselves is proof that they **have no idea** which fields will flourish in the future.

**Hanako**: **In that case**, wouldn't it be best if they just **left things alone**?

**Prof.**: No, there is still one thing that the government can do to improve the economy: deregulation.

**Hanako**: Deregulation?

**Prof.**: Let's examine a simple example.

# 産業政策と規制緩和 ②

太郎：民間部門で働いている人たちは、官僚ほど賢くないから、アニメ産業の可能性に気づかないんじゃないかな？

教授：いや、公務員である官僚と違って、民間部門は間違った投資をすれば会社が倒産してしまうことになりかねない。だから、今後どの産業が伸びるか判断するために、もっと徹底的な分析をしているんだ。

太郎：でもやっぱり、官僚のほうが優秀な気がしますけど……。

教授：じゃあ、太郎の言う通り、官僚は優秀なので、これからのどの産業が成長しそうか予想することができるとしよう。では、なぜ彼らは自ら未来が期待できる分野で会社を立ち上げたり、その分野に投資したりしないのかな？

花子：確かに、これから成長する分野で起業したり、投資すれば大金持ちになれるわ。

教授：官僚自身、官庁を辞めて起業したりしないということは、彼らが、未来にどの分野が花開くのかわかっていないという証拠なんだ。

花子：それなら、何もしないで放っておくのが一番なのかしら。

教授：いや、より景気を良くするために政府ができることがまだ一つあるよ。それは、規制緩和だ。

花子：規制緩和？

教授：わかりやすい例でよく見ていこう。

▌熟語・慣用句（表現）

let's say that...　例えば…だとしよう　／　have no idea　全くわからない

in that case　その場合には

leave things alone　物事をそのままにしておく

# UNIT
# 15

# Industrial Policy and Deregulation ②

0156

## sector [séktər]

名 部門

More government money is needed in the manufacturing sector.

製造業部門でもっと政府のお金が必要だ。

0157

## sharp [ʃáːrp]

形 賢い、鋭い

His sharp intellect made him an obvious choice for the role.

彼はその鋭い知性から見てその役割に適任なのは明らかだった。

0158

## bankrupt [bǽŋkrʌpt]

形 倒産した

The company went bankrupt after expanding too rapidly.

その会社はあまりにも急速に事業拡大をした後に倒産した。

0159

## thorough [θɔ́ːroʊ]

形 徹底的な

The disease was diagnosed after a thorough examination.

徹底的な検査の後、その病気が診断された。

0160

## determine [dɪtɔ́ːrmən]

他 判断する、特定する

The investigation determined the cause of the accident.

その調査は事故の原因を特定した。

0161

## superior [su(ː)píəriər]

形 優秀な、優れた

This product is technically superior to last year's model.

この製品は昨年のモデルに比べて技術的に優れている。

0162

## predict [prɪdíkt]

他 予想する

Meteorologists can accurately predict the path of typhoons.

気象学者たちは台風の進路を正確に予想することができる。

0163

## promising [prɑ́ːməsɪŋ]

形 未来が期待できる、有望な

Clubs invest in youth by developing promising young players.

有望な若い選手を育成することでクラブは若者に投資している。

# 産業政策と規制緩和 ②

**0164** ☐☐☐
**field** [fíːld]

Major breakthroughs were made in the field of neuroscience.

名 分野

神経科学の分野で大きな進展があった。

**0165** ☐☐☐
**invest** [ɪnvést]

He wanted to invest in energy and telecom stocks.

自 投資する

彼はエネルギーと通信分野の株に投資したがった。

**0166** ☐☐☐
**flourish** [fláːrɪʃ]

Modernist art began to flourish in the 1960s.

自 花開く、栄える

モダニズムの芸術が1960年代に栄え始めた。

**0167** ☐☐☐
**improve** [ɪmprúːv]

A PR firm was hired to improve the company's image.

他 良くする、向上させる

その会社のイメージを向上させるためにPR会社が雇われた。

**0168** ☐☐☐
**deregulation** [dìːrègjəléɪʃən]

Deregulation has had a profound effect on small retailers.

名 規制緩和

規制緩和は小売業者に深刻な影響を与えてきた。

**0169** ☐☐☐
**examine** [ɪgzǽmən]

We need to examine all proposals before making a decision.

他 よく見る、検討する

決断をする前にすべての提案を検討する必要がある。

---

**┃ 文法・構文**

● The **very** fact that bureaucrats don't quit their jobs and start businesses themselves is... (官僚自身、官庁を辞めて起業したりしないということは、……)

■ このveryはthe veryの形で用いて「まさに」という意味を表します。後ろに名詞を取り、その名詞に焦点を当てる感覚で使います。

# Industrial Policy and Deregulation ③

◀)) 16

**Prof.**: Let's imagine that Taro wants to do a part-time job. Just then, a **neighborhood** diner needs workers and **posts** a help wanted sign. When the manager goes to **confirm** the minimum **hourly wage** in Tokyo, he **finds it to be** 1,500 yen **per** hour.

**Taro**: A part-time job for 1,500 yen an hour! It sounds like a dream! I want to get that job.

**Prof.**: **Hypothetically**. The manager does some **calculations** and realizes that if he offers a 1,000 yen hourly wage, he can **hire** workers and **solve** his **labor shortage** problem. But 1,500 yen per hour will put him **in the red**. So, he gives up on hiring new people.

**Taro**: You mean I'm **out of a job**!? OK, I give up. I'll do it for 1,000 yen an hour. I just need a job.

**Prof.**: The metropolitan government then **revises** the minimum wage down to 1,000 yen per hour. In one **stroke**, the manager's labor problem is solved, and Taro gets his job.

**Taro**: Yay! I can work!

**Prof.**: By revising the minimum wage, jobs are created for people at the 1,000 to 1,500 yen per hour wage **range** and the economy improves. Such a policy is called deregulation.

# 産業政策と規制緩和 ③

教授：太郎がアルバイトをしたいとしよう。ちょうど、近所の食堂でも人手不足で、従業員募集の張り紙を掲示している。店長が東京都の最低時給を確認してみると、1 時間当たり 1,500 円だった。

太郎：時給 1,500 円のアルバイト？　夢のよう！　その仕事、欲しいな。

教授：仮定の話だよ。店長は計算してみて気づく。時給 1,000 円出せば、従業員を雇って、労働者の不足も解消できる。しかし、時給 1,500 円払うと赤字になってしまう。結局、店長は新たに人を雇うことは諦める。

太郎：働けないってこと！？　わかった。時給 1,000 円でもいいです。とにかく仕事が必要なので。

教授：そこで、都政が最低賃金を改定し、時給 1,000 円に下げたとしよう。一気に、店長の人手不足が解消され、太郎も仕事が見つかる。

太郎：やった！　働ける！

教授：最低賃金を改定すれば、時給 1,000 円から 1,500 円の範囲で働きたいと思っている人たちの雇用が創出されるというわけだ。こうした政策を、規制緩和と言うんだ。

▌熟語・慣用句（表現）

find ... to be　…が〜であるのがわかる

in the red　赤字で　／　out of a job　失業して

🔊 0170-0184

0170 ☐☐☐

**neighborhood** [néɪbərhùd]　　　名 近所

Our neighborhood is one of the most upscale areas in town.

私たちの近所は町で最も高級な地区の一つだ。

0171 ☐☐☐

**post** [póʊst]　　　他 掲示する、張り出す

He posted news of the club event outside the student union.

彼はクラブのイベントを学生会館の外に張り出した。

0172 ☐☐☐

**confirm** [kənfɚ́ːrm]　　　他 確認する

We will confirm the details of the meeting in writing.

私たちは会議の詳細を書面で確認するつもりだ。

0173 ☐☐☐

**hourly** [áʊərli]　　　形 一時間ごとの

There is an hourly bus service from the suburbs into town.

郊外から町までは一時間ごとにバスが運行している。

0174 ☐☐☐

**wage** [wéɪdʒ]　　　名 賃金

The union was demanding a 6% increase in wages.

組合は 6% の賃金の引き上げを要求していた。

0175 ☐☐☐

**per** [pər]　　　前 当たり

Qatar has the highest per capita income in the world.

カタールは一人当たりの所得が世界で一番高い。

0176 ☐☐☐

**hypothetically** [hàɪpəθétɪkəli]　　　副 仮定の話として、仮説的に

He wanted to discuss the possible outcomes hypothetically.

彼は可能性のある結果を仮説的に話し合いたがった。

0177 ☐☐☐

**calculation** [kæ̀lkjəléɪʃən]　　　名 計算

The calculation was based on current and projected figures.

計算は現在のそして見積もりの数値に基づいていた。

# 産業政策と規制緩和 ③

0178 ☐☐☐
## hire [háɪər]
他 雇う

The hiring committee hired the best candidate for the role.

人事委員会はその役割に対して最適の候補者を雇った。

0179 ☐☐☐
## solve [sáːlv]
他 解消する、解決する

The detective was unable to solve the crime.

探偵はその犯罪を解決することができなかった。

0180 ☐☐☐
## labor [léɪbər]
名 労働者、労働力

The company was criticized for using cheap labor.

その会社は安い労働力を使っていることで批判された。

0181 ☐☐☐
## shortage [ʃɔ́ːrtɪdʒ]
名 不足

Water shortage could trigger the next regional conflict.

水不足が次なる地域紛争を引き起こす可能性もある。

0182 ☐☐☐
## revise [rɪváɪz]
他 改定する、修正する

He revised several points in the contract after the meeting.

会議の後、彼は契約書の数点を修正した。

0183 ☐☐☐
## stroke [stróʊk]
名 一気、一度

In one stroke, many lost their homes after the layoffs.

その解雇の後、一度に多くの人々が家を失った。

0184 ☐☐☐
## range [réɪndʒ]
名 範囲

The company is expanding its product range into cosmetics.

その会社は商品の範囲を化粧品にまで広げようとしている。

野口旭・田中秀臣著／東洋経済新報社

　最近はあまり耳にすることが無くなったが、小泉政権時代（2001年〜2006年）、しきりと叫ばれたフレーズに「構造改革」がある。構造改革とは、一言でいえば、「供給側」の効率性改善政策のことである。そして、本書の著者らも、そうした構造改革の重要性を否定はしていない。むしろ、本書において批判されているのは、構造改革を重視するあまり、マクロ経済政策、とりわけ金融政策の効果を否定するような論者たちである。

　では、日本の長期停滞の真の原因とは何か？著者らは、マクロ的な総供給に対する総需要の恒常的な不足にその原因を見る。そして、そうした総需要の恒常的な不足は、日本政府の誤ったマクロ経済政策、とりわけ金融政策の失敗によってもたらされたものだと分析するのである。

　しかし、著者らの主張は長らく日本社会に受け入れられることはなかった。構造改革と景気とは無関係であるにも関わらず、小泉純一郎元首相によって「構造改革なくして景気回復なし」といった無意味なキャッチフレーズが語られ、金融政策の重要性が認識されることはなかった。

　そして小泉元首相の退陣後も、金融政策への理解は深まらなかった。多くの論者は不況の原因を日本型雇用システムなどに見出し、雇用の流動化こそが不況脱出への糸口であると指摘した。

　だが、雇用の流動化によって、生産性が低いとされる職業から生産性の高い職業への転職を促しても、総需要が拡大しない限り、失業率が改善されることは無い。そして失業率が高止まりしている以上、不況からの脱出もまた無いのである。

　著者らが本書の中で不況脱出の処方箋として提案していた正しい金融政策が実施されたのは、なんと本書の刊行から10年以上の月日がたってからの2013年のことである。同年、黒田東彦が、第31代日本銀行総裁に就任すると、

日銀は従来の政策を大きく変更し、大規模な金融緩和への舵を切った。

その結果、2012年には1ドル79円だった為替レートは、2015年には1ドル121円の水準にまで回復した。これによって、トヨタやソニーといった輸出を柱としたメーカーの経営状態は、急激に改善した。

金融緩和によって改善したのは、日本のメーカーの業績だけではない。2012年には4.33%だった失業率は、2018年には2.88%とこれもまた大きく改善した。日本企業の経営状態が改善したことにより、人手不足が生じたのがその主な原因だ。

こうして刊行から10年以上の時を経て、本書の中で提言されていたマクロ経済政策の有効性は証明された。それでは、本書は既にその歴史的使命を終え、古典となってしまったのだろうか?

いや、そのようなことはない。政権交代が生じたり、日銀執行部のメンバーが入れ替わることがあれば、今後も継続して正しい金融政策が実行されるという保証はどこにもない。そうした場合に重要なのは、私たち国民一人一人が、正しいマクロ経済政策への理解を持つことなのである。そうした意味で、明快なマクロ経済政策の解説書でもある本書の価値は、刊行から10年以上の時がたってなお、減じるどころかますますその重要性を増していると言えよう。

### 関連図書

- 『なぜデフレを放置してはいけないか』岩田規久男著／PHP研究所
  金融政策、財政政策のやさしい入門書。デフレの危険性、恐ろしさについて、様々な角度から分析されている。

- 『アベノミクスが変えた日本経済』野口旭著／筑摩書房
  中立的な立場から、客観的にアベノミクスを分析。本書刊行以降の、21世紀の日本の経済政策の流れが概観できる一冊。

- 『マンキュー入門経済学（第2版）』グレゴリー・マンキュー著／東洋経済新報社
  学部レベルの経済学の教科書として、世界中の大学で採用されている一冊。平易な叙述でミクロ、マクロ経済双方の基礎を学ぶことができる。

# Chapter 2

# 政治と法
## Politics and Law

　ここでは、政治と法に関する単語を取り上げます。出て
くる単語も election、constitution といった簡単なものから、
liberalism、anarchy といった普段の会話ではあまり使わないよ
うなちょっと難しめのものまで、様々なレベルから登場します。

　この Chapter で大きく取り上げる話題の一つに、憲法があり
ます。憲法は英語では constitution と言いますが、この単語には
それ以外にも国体、政体といった意味があります。constitution
とは、国を形作るような構造を指した単語なのです。

　そう考えると、憲法というものが単なる法律の一種ではなく、

私たちの価値観を規定するようなものであるということがわかります。そして、そのような憲法の考え方の背景には、自由主義（liberalism）という欧米の思想的伝統があります。

　英単語をバラバラに暗記しようとすると、途轍もない労力がかかります。けれども、今お話ししたような文脈を理解した上で英単語を学ぶと、単語と単語のつながりが理解でき、より少ない労力で単語を覚えることができるのです。

# Liberalism ①

◀》 17

**Prof.**: You're both university students now, so you **have the right to vote**. Have you ever been to an **election**?

**Hanako**: No, never.

**Taro**: Neither have I, but I actually wouldn't know who to vote for **even if** there was an election.

**Hanako**: I've seen on TV that the **revision** of the **constitution** is causing a political conflict **at the moment**, but I actually don't know much about the constitution itself.

**Prof.**: I see. Then, **it may be good to** learn about the constitution first. Did you know that the Constitution of Japan was **drafted** by America?

**Hanako**: Yes, I learned about that in high school history class. At the time, Japan was being **occupied** by America, right?

**Prof.**: Yes, that's right. What America drafted was used as the basis of the Constitution of Japan created by the Japanese government. This is why **liberalism**, a **philosophy** held by many American people, **lies** at the **foundation** of the Constitution of Japan. But, liberalism is an **ideology** that was developed in western countries, so it's unfamiliar to Japanese people. Once you understand liberalism, you'll understand the true **nature** of the Constitution of Japan.

# 自由主義 ①

**教授**：二人は大学生だから、もう投票する権利があるよね。選挙に行ったことはある？

**花子**：いいえ、行ったことないです。

**太郎**：僕も行ったことありません。でも、選挙があっても誰に入れたらいいのかわからないなぁ。

**花子**：憲法の改正が今政治の争点になっているとテレビで見たけれど、そもそも憲法についてよく知らないのよね。

**教授**：そうか。じゃあ、まずは憲法について学ぶのがいいかもしれないね。日本国憲法はアメリカによって起草されたことは知っているよね。

**花子**：高校の歴史の授業で習いました。当時、日本はアメリカに占領されていたんですよね。

**教授**：そうだ。アメリカの草案が、日本政府の作成した日本国憲法のベースとして使われた。だから日本国憲法の土台には、多くのアメリカ人が持つ価値観である自由主義が横たわっている。だが、自由主義は欧米諸国で成長したイデオロギーであるため、日本人には馴染みが薄い。この自由主義を理解すれば憲法の真の性質がつかめるよ。

▌**熟語・慣用句（表現）**

have the right to *do*　〜する権利がある　／　even if...　たとえ…としても
at the moment　ちょうど今、当面
it may be good to *do*　〜するのは良いかもしれない

🔊 0185 - 0196

---

0185 ☐☐☐

**vote** [vóut] ・ 自 投票する

Everyone over the age of 18 in France can vote.

フランスの 18 歳以上の全ての人が投票できる。

---

0186 ☐☐☐

**election** [ɪlékʃən] ・ 名 選挙

The main opposition party failed to win the election.

野党第一党はその選挙に勝てなかった。

---

0187 ☐☐☐

**revision** [rɪvíʒən] ・ 名 改正、改訂

An annual revision of the curriculum is necessary.

一年に一回のカリキュラム改訂が必要だ。

---

0188 ☐☐☐

**constitution** [kὰːnstət(j)úːʃən] ・ 名 憲法

Freedom of speech is an integral part of the constitution.

言論の自由は憲法の不可欠な部分だ。

---

0189 ☐☐☐

**draft** [dræft] ・ 他 起草する、草案を作る

They drafted the contract after two weeks of negotiations.

彼らは二週間の交渉の後、契約書の草案を作った。

---

0190 ☐☐☐

**occupy** [áːkjəpàɪ] ・ 他 占領する

Germany occupied most of France in World War II.

第二次世界大戦でドイツはフランスの大部分を占領した。

---

0191 ☐☐☐

**liberalism** [líbərəlìzm] ・ 名 自由主義

The lecturer outlined the key concepts of social liberalism.

講師は社会自由主義の主要概念を概説した。

---

0192 ☐☐☐

**philosophy** [fəláːsəfi] ・ 名 価値観

She applied a liberal philosophy in her political stance.

彼女は政治的な立場でリベラルな価値観をとった。

# 自由主義 ①

## 0193

**lie** [láɪ]

The product's success lies in thorough market research.

自 横たわる、ある

その商品の成功は徹底的な市場調査にある。

## 0194

**foundation** [faʊndéɪʃən]

A clear mission is a solid foundation for corporate success.

名 土台

明確な使命は企業が成功するための強固な土台だ。

## 0195

**ideology** [àɪdiá:lədʒi]

They disagreed due to their opposing economic ideologies.

名 イデオロギー

対立する経済的イデオロギーが原因でその人たちは意見が一致しなかった。

## 0196

**nature** [néɪtʃər]

Human nature will always place great value in beauty.

名 性質、本性

人間の本性は美に相当の価値を見出すものだ。

---

**┃ 文法・構文**

● Neither have I, but I actually wouldn't know who to vote for even if there was an election.（僕も行ったことありません。でも、選挙があっても誰に入れたらいいのかわからないなぁ。）

■ Neither＋助動詞＋主語の語順で、「［主語］も～ない」という意味になります。直前の発話を受けて用いられます。なお、「［主語］も～だ」と言いたいときは、So＋助動詞＋主語の語順となります。

● At the time, Japan was being occupied by America, right?（当時、日本はアメリカに占領されていたんですよね。）

■ be動詞そのものを進行形にするときは、be＋beingという形にします。今回はwas occupiedという過去時制の受け身がwas being occupiedという過去進行形の受け身になった形です。

Chapter 2　政治と法 (Politics and Law)

◀)) 18

**Taro**: What is liberalism? Liberal means to be free, so does it mean that you can do anything you want?

**Prof.**: Liberalism isn't an idea where people can do whatever they want. If everyone does whatever they like because they are free to do so, it would **result in** anarchy. Liberalism is an ideology where people pursue rules in life that allow them to coexist while respecting each other's freedom so that society doesn't **end up in** confusion and chaos.

**Hanako**: What are some of those rules for coexistence?

**Prof.**: The most important rule is the security of life and property. This means that all people hold inalienable rights **with regard to** their lives and personal assets.

**Hanako**: It seems pretty obvious though. If Taro stole something of mine, he'd be a thief.

**Taro**: I wouldn't steal anything!

**Hanako**: I just used it as an example.

**Prof.**: It's common sense that people shouldn't steal other people's things for us now, but when a philosopher named John Locke **put forward** this idea of liberalism for the first time in the 16th century in England, society wasn't as developed as the society we live in now. It was a time where it was common for the strong to steal from the weak by using power and force.

# 自由主義 ②

太郎：自由主義って、どんなものなのですか？　自由っていうくらいだから、何でも好き放題やってもいいということですか？

教授：自由主義とは、何でも好き放題やってもいいという思想ではないよ。自由に振る舞っていいからといって、皆が好き勝手なことをすれば、社会は大混乱に陥ってしまうからね。自由主義とは、社会が混乱状態になってしまわないように、互いの自由を尊重したうえで、共存して生きていくためのルールを追求するイデオロギーのことなんだ。

花子：その共存のためのルールというのは、どんなものなのでしょうか？

教授：一番大切なルールは、生命と財産の保障だ。これは、あらゆる人間は自分の生命や私有財産に関して、不可侵の権利を持つということを意味する。

花子：何だかけっこうわかりきったことのような気がするけど。太郎が私の物を盗ったら泥棒だもの。

太郎：僕は泥棒なんてしないよ！

花子：たとえ話よ。

教授：私たちにとっては、人の物を盗んではならないことは共通の感覚（常識）だよね。でも、ジョン・ロックという哲学者が、16世紀のイギリスで自由主義という思想を初めて提唱した頃は、まだ私たちの暮らす現代のようには社会が成熟していなかった。強者が弱者から力づくで奪い取ってしまうようなことも珍しくない時代だったんだ。

▌熟語・慣用句（表現）

result in　〜という結果になる　／　end up in　最後には〜になる
with regard to　〜に関して　／　put forward　提唱する、唱える

# Liberalism ②

◀)) 0197 - 0205

0197 ☐☐☐

**anarchy** [ǽnərki]　　　名 大混乱、無政府状態

The country fell into anarchy after the coup.

革命の後、その国は無政府状態に陥った。

0198 ☐☐☐

**coexist** [kòʊɪgzíst]　　　自 共存する

Socialism and capitalism coexist in the world.

世界には社会主義と資本主義が共存している。

0199 ☐☐☐

**security** [sɪkjúərəti]　　　名 保障

Short-term contracts provide no job security whatsoever.

短期契約は雇用の保障を一切提供しない。

0200 ☐☐☐

**property** [prá:pərti]　　　名 財産、所有物

You have to make a claim for any lost property.

どんな落し物（なくした所有物）でも権利を主張すべきだ。

0201 ☐☐☐

**inalienable** [ɪnéɪljənəbl]　　　形 不可侵の

Inalienable rights are beyond the control of governments.

不可侵の権利は政府によるコントロールに優越する。

0202 ☐☐☐

**pretty** [príti]　　　形 結構、かなり

The descent was pretty dangerous with the icy terrain.

降下することはその氷に覆われた地域ではかなり危険だった。

0203 ☐☐☐

**obvious** [á:bviəs]　　　形 わかりきった、明白な

An obvious solution to theft is a prison sentence.

窃盗に対する明白な解決策は実刑判決だ。

0204 ☐☐☐

**thief** [θíːf]　　　名 泥棒、窃盗犯

The thief was apprehended by police after a two hour chase.

二時間の追跡の後、その窃盗犯は警察によって逮捕された。

# 自由主義 ②

0205 ☐ ☐ ☐

**common** [kάːmən]

It was common knowledge in the office that he was leaving.

形 共通の、共有された

彼が退職するということはオフィスでは共有された認識だった。

---

**▌文法・構文**

● Liberalism isn't an idea where people can do whatever they want. （自由主義とは、何でも好き放題やってもいいという思想ではないよ。）

■ whatever SV/Vで「SV/Vするものは何でも」という意味の名詞句です。what SV/V「SV/Vするもの・こと」の仲間だと考えるとよいでしょう。ここではideaの内容をwhere以下が説明しています。

● If everyone does whatever they like because they are free to do so, it would result in anarchy. （自由に振る舞っていいからといって、皆が好き勝手なことをすれば、社会は大混乱に陥ってしまうからね。）

■ ここでのbecauseは単に「なぜなら」という意味ではなく「～だからといって」という意味です。この意味の場合は、becauseの前にjustを入れることも可能です。

● Liberalism is an ideology where people pursue rules in life that allow them to coexist while respecting each other's freedom so that society doesn't end up in confusion and chaos. （自由主義とは、社会が混乱状態に陥らないように、互いの自由を尊重したうえで、共存して生きていくためのルールを追求するイデオロギーのことなんだ。）

■ ここではideologyの内容をwhere以下が説明しています。その中にwhile -ing「～しながら」とso that SV「SVするように」も入っていますね。

● ...society wasn't as developed as the society we live in now. （……まだ私たちの暮らす現代のようには社会が成熟していなかった。）

■ 比較のas … asはnotをつけると「～ほど…でない」という意味になります。not as … asをnot so … asとすることも可能です。

🔊)) 19

**Hanako**: I wonder why Locke preached the importance of the right to private ownership and property in such barbaric times?

**Prof.**: Locke was a devout Christian, so he believed that <u>all people were created by God, and that everyone was born free and equal with inherent rights to their lives and property.</u>

**Taro**: I see. <u>You could definitely live more peacefully knowing that the security and safety of your life and property were guaranteed.</u> So, did Locke's idea **spread through** society?

**Prof.**: The rights to the security and safety of your life and property were named 'natural rights,' and every state started to believe that they needed to protect the rights of their citizens. <u>And now, most constitutions state the necessity of respecting their citizens' natural rights.</u>

**Hanako**: So, Locke is like the **father figure** of constitutionalism. Does the Constitution of Japan also describe natural rights?

**Prof.**: In the Constitution of Japan, the guarantee of fundamental human rights in Article 11 and the right to the pursuit of happiness in Article 13 both correspond to the protection of the natural rights that Locke preached.

# 自由主義 ③

花子：そんな野蛮な時代に、どうしてロックは私的所有権と私的財産の大切さを説いたのかしら？

教授：ロックは、敬虔なキリスト教徒だったんだ。だからロックは、すべての人間は神の被造物であり、生まれながらに自由で平等であり、生命と財産への権利を本来備えていると信じていたんだね。

太郎：なるほど。命と財産の安全が保障されていたほうが、確かに安心して暮らせますね。それで、ロックの考えは社会に広まっていったんですか？

教授：人々の生命と財産に対する安全の権利は「自然権」と呼ばれるようになり、あらゆる国家は、国民の自然権を守らなければならないと考えられるようになった。今ではほとんどすべての国の憲法に、国民の自然権を尊重する必要性が記されているよ。

花子：ロックは立憲主義の父親的な存在のようですね。日本国憲法にも自然権が記述されているんですか？

教授：日本国憲法では、第 11 条の基本的人権の保証や、第 13 条の幸福追求権が、ロックの説いた自然権を擁護することに該当するね。

▌熟語・慣用句（表現）
spread through　〜の間に広まる
father figure　父親的な存在

🔊 0206 - 0216

0206 ☐☐☐
## barbaric [bɑːrbérɪk]

形 野蛮な

Some people consider boxing to be a barbaric sport.

ボクシングが野蛮なスポーツだと考える人もいる。

0207 ☐☐☐
## devout [dɪváut]

形 敬虔な

His father is a devout Buddhist who prays twice a day.

彼の父は敬虔な仏教徒で、一日に二回祈りを捧げる。

0208 ☐☐☐
## protect [prətékt]

他 守る

The government should protect migrant workers.

政府は移民の労働者を守るべきだ。

0209 ☐☐☐
## necessity [nəsésəti]

名 必要（性）

There is a necessity to employ more staff for our expansion.

私たちが事業を拡大するにはもっとスタッフを雇う必要がある。

0210 ☐☐☐
## respect [rɪspékt]

他 尊重する

It is important for all citizens to respect the rule of law.

全ての市民が法律を尊重することが重要だ。

0211 ☐☐☐
## constitutionalism [kàːnstət(j)úːʃənəl̃ìzm]

名 立憲主義

He wrote a book on 17th century British constitutionalism.

彼は17世紀のイギリスの立憲主義に関する本を書いた。

0212 ☐☐☐
## describe [dɪskráɪb]

他 記述する、説明する

The witness described the chronology of events in detail.

その目撃者は事件を詳しく時系列に説明した。

0213 ☐☐☐
## fundamental [fʌndəméntl]

形 基本的な、根本的な

A free press is a fundamental facet of democracy.

報道の自由は民主主義の根本的な側面の一つだ。

0214 ☐☐☐

**article** [άːrtɪkl]

The lawyers could not agree on the article covering patents.

名 条、項目

弁護士等は特許権に関するその項目に同意できなかった。

0215 ☐☐☐

**pursuit** [pərs(j)úːt]

His training is tailored for the pursuit of world records.

名 追求

彼のトレーニングは世界記録を追求してオーダーメイドされたものだ。

0216 ☐☐☐

**correspond** [kɔ̀ːrəspάːnd]

The delivered goods didn't correspond with his online order.

自 該当する、一致する

配達された商品は彼のオンラインの注文と一致していなかった。

---

## 文法・構文

● ...all people were created by God, and that everyone was born free and equal with inherent rights to their lives and property. (……すべての人間は神の被造物であり、生まれながらに自由で平等であり、生命と財産への権利を本来備えている……。)

■ be born「生まれる」という言い回しはその直後に形容詞や名詞をつけて「〜の状態で／〜として生まれる」という意味を表すことができます。五文型からは少し外れるパターンです。そのまま覚えてしまいましょう。

● You could definitely live more peacefully knowing that the security and safety of your life and property were guaranteed. (命と財産の安全が保障されていたほうが、確かに安心して暮らせますね。)

■ このknowingは分詞構文で、「〜して／〜な状態で」といった意味です。分詞構文は特にはっきりとした論理関係を示すわけではなく、むしろそのあたりを曖昧にする表現形式です。

● And now, most constitutions state the necessity of respecting their citizens' natural rights. (今ではほとんどすべての国の憲法に、国民の自然権を尊重する必要性が記されているよ。)

■ このofは直前の名詞の内容を説明する用法で、「〜という」くらいの意味合いです。文法的には同格のofです。

# Constitutional Law ①

◀)) 20

**Prof.**: **What comes to mind when you think of** the Constitution of Japan?

**Taro**: Definitely Article 9 about the renunciation of war!

**Hanako**: When we learned about the 3 basic principles of the Constitution of Japan in senior high school, Article 9 was also included in the section on pacifism.

**Prof.**: Yes, that's what you'd learn in senior high school. But actually, the most important parts in the Constitution of Japan are Article 11, which is about the respect for fundamental human rights, and Article 13, which is about the right to pursue happiness. These both stem from the 'natural rights' that Locke preached about.

**Taro**: What!? Isn't Article 9 the most important? I'm against war!

**Prof.**: Yes, when constitutional revision and protection become **topics of conversation** in politics, most people think of the Article 9 clause.

**Hanako**: Even my teacher said that Article 9 is unique and unprecedented, and that it was revolutionary.

**Prof.**: Yes, that would be true if it really was unique and unprecedented.

**Taro**: What? Are there laws in other countries that are like Article 9?

**Prof.**: Do you know when the Constitution of Japan was established, Taro?

# 憲法 ①

**教授**：君たちは憲法に、どんなイメージを持っているかな？

**太郎**：やっぱり、憲法 9 条ですね。戦争の放棄！

**花子**：高校で日本国憲法の 3 つの基本原理を習った時には、憲法 9 条は平和主義についての部分にも挙げられていました。

**教授**：あぁ、高校ではそう教わるよね。でも、実は日本国憲法で一番重要なのは、第 11 条の基本的人権の尊重や、第 13 条の幸福追求権といった部分だ。この両方とも、さっき話したロックの説いた自然権に由来しているんだ。

**太郎**：ええっ！　9 条が一番大事なんじゃないんですか？　戦争反対！

**教授**：確かに、改憲、護憲といったことが政治で話題になる時、たいていの人が思い浮かべるのは憲法 9 条の条項だよね。

**花子**：私の先生も、憲法 9 条は独特で類のない、画期的なものだと言っていましたけど。

**教授**：もちろん、本当に独特で類のないものであればね。

**太郎**：えっ、じゃあ、憲法 9 条に似た法律がよその国にもあるんですか？

**教授**：太郎は、日本国憲法がいつ制定されたか知っているかい？

▌**熟語・慣用句（表現）**

what comes to mind when you think of　〜というと、どんなイメージを思い浮かべるだろうか　／　topics of conversation　話題

◀)) 0217 - 0227

0217 ☐☐☐
## renunciation [rɪnʌnsiéɪʃən]

名 放棄

The renunciation of violence was key to the negotiation.

暴力を放棄することが交渉への鍵だった。

0218 ☐☐☐
## principle [prínsəpl]

名 原理、基本方針

The party's principles are to the right of center.

その党の基本方針は中道右派よりだ。

0219 ☐☐☐
## section [sékʃən]

名 部分、欄

The financial section of the newspaper is at the back.

その新聞の経済欄は裏面にある。

0220 ☐☐☐
## pacifism [pǽsəfɪzm]

名 平和主義

Pacifism rejects any form of military conflict.

平和主義はいかなる軍事的衝突も認めない。

0221 ☐☐☐
## pursue [pərs(j)úː]

他 追求する

She pursued her dream to work for an international law firm.

彼女は国際法律事務所で働くという夢を追求した。

0222 ☐☐☐
## stem [stém]

自 由来する

The current direction stems from last year's policy.

現在の方向性は昨年の方針に由来する。

0223 ☐☐☐
## against [əgénst]

前 ～に反対して

He was vigorously against the idea of early retirement.

彼は早期退職という考えに激しく反対した。

0224 ☐☐☐
## clause [klɔ́ːz]

名 条項

The new clause in the contract was too vague.

契約書のその新しい条項は曖昧過ぎた。

# 憲法 ①

0225 ☐☐☐

**unique** [ju(ː)níːk]

Customers were attracted to the product's unique features.

形 独特な、独自の

客たちはその商品の独自の特徴に惹きつけられた。

0226 ☐☐☐

**unprecedented** [ʌnprésədəntɪd]

The unprecedented event received mainstream media coverage.

形 類のない、前例のない

前例のないそのイベントは主要メディアで報道された。

0227 ☐☐☐

**revolutionary** [rèvəlúːʃənèri]

Scientists have claimed the drug as a revolutionary success.

形 画期的な、革新的な

科学者たちはその薬剤を革新的成功だと主張してきた。

---

## 文法・構文

● Yes, that's what you'd learn in senior high school.（あぁ、高校ではそう教わるよね。）

■ ここの'dはwouldの縮約形です（hadなら後ろは過去分詞になるため）。また、what SV/V「SV/Vするもの・こと」も気がついてほしいポイントです。

● Even my teacher said that Article 9 is unique and unprecedented, and that it was revolutionary.（私の先生も、憲法9条は独特で類のない、画期的なものだと言っていましたけど。）

■ この文でisがwasになっていない（時制の一致を受けていない）のは、that節の内容が話し手にとって常に変わらない事実として捉えられているためです。

● Yes, that would be true if it really was unique and unprecedented.（もちろん、本当に独特で類のないものであればね。）

■ この文全体は仮定法を用いています。if節の動詞がwasであることに注目してください。原則的には仮定法過去の場合、be動詞はwereということになっていますが、ややカジュアルな場面などではwasも用いられます。

# Constitutional Law ②

**Taro**: Hmmm… I don't know.

**Hanako**: Wasn't it in 1947?

**Prof.**: Yes, you're right! At the time, Japan hadn't regained its sovereignty yet, so the Constitution of Japan that was enacted in 1947 was jointly created by Japan and America. **By the way**, in 1945 before the Constitution of Japan was established, an extremely important international law was established. <u>Do you know what that was?</u>

**Hanako**: International law? What's that?

**Prof.**: In 1945, World War II ended. Countries around the world decided to form the United Nations to create mechanisms to ensure no cruel and unusual wars were started again. The commitment of the United Nations is expressed in the foundational treaty called the United Nations Charter.

**Hanako**: What's in the United Nations Charter?

**Prof.**: Article 2, Principle 4 is particularly important. It states: <u>All Members shall refrain in their international relations from the threat or use of force</u> against the territorial integrity or political independence of any state, or **in any other manner** inconsistent with the Purposes of the United Nations.

# 憲法 ②

太郎：う～ん、わかんないなあ。

花子：1947 年でしょう。

教授：正解！　当時の日本はまだ独立を回復する前だから、1947 年に制定された
　　　日本国憲法は、日本とアメリカが協力して作ったものだったね。ところで、日
　　　本国憲法が制定される前の 1945 年に、非常に重要な国際法が制定されている
　　　んだが、これはわかるかな？

花子：国際法？　それは何ですか？

教授：1945 年に第二次世界大戦が終結した。世界中の国々は、二度とこんな悲惨
　　　で異常な戦争を起こさない仕組みを作るために国際連合の結成を決めた。その
　　　国際連合の義務を基本的な条約で示したものが国連憲章だ。

花子：国連憲章では、どんなことが定められているのですか？

教授：特に重要なのは、2 条 4 項だね。「すべての加盟国は、その国際関係におい
　　　て、武力による威嚇又は武力の行使を、いかなる国の領土保全又は政治的独立
　　　に対するものも、また、国際連合の目的と両立しない他のいかなる方法による
　　　ものも慎まなければならない」と記されている。

▌熟語・慣用句（表現）

by the way　ところで

in any other manner　他のいかなる方法でも

# Constitutional Law ②

🔊 0228-0239

### 0228 ☐☐☐
**regain** [rɪɡéɪn]

他 回復する、取り戻す

He regained his composure after a bad start to the speech.

スピーチの出だしで失敗した後で彼は落ち着きを取り戻した。

### 0229 ☐☐☐
**sovereignty** [sá:vərənti]

名 独立、主権

Several countries claim sovereignty over the islands.

複数の国がその島々に対して主権を主張している。

### 0230 ☐☐☐
**jointly** [dʒóɪntli]

副 協力して、共同で

The event was planned jointly by the two departments.

そのイベントは二つの部によって共同で計画された。

### 0231 ☐☐☐
**mechanism** [mékənìzm]

名 仕組み

New mechanisms have been put in place to ensure equality.

平等を確保するために新しい仕組みが導入された。

### 0232 ☐☐☐
**cruel** [krú:əl]

形 悲惨な、残酷な

Cruel treatment of animals is no longer tolerated.

動物たちに対する残酷な扱いはこれ以上看過できない。

### 0233 ☐☐☐
**commitment** [kəmítmənt]

名 義務

People want better balance with work and family commitments.

人々は仕事と家庭での義務とのより良いバランスを望んでいる。

### 0234 ☐☐☐
**treaty** [trí:ti]

名 条約

The Treaty of Versailles ended World War I.

ヴェルサイユ条約によって第一次世界大戦が終結した。

### 0235 ☐☐☐
**charter** [tʃá:rtər]

名 憲章

The Olympic charter outlines the rules for the games.

オリンピック憲章には試合のルールの要点が書かれている。

# 憲法 ②

0236 ☐☐☐

**refrain** [rɪfréɪn]

Passengers must refrain from using cell phones on trains.

自 慎む、控える

乗客は電車では携帯電話の使用を控えなければならない。

0237 ☐☐☐

**territorial** [tèrətɔ́ːriəl]

Three countries have made territorial claims to the island.

形 領土の

その島に対しては３つの国が領土権を主張している。

0238 ☐☐☐

**integrity** [ɪntégrəti]

They tried to preserve the integrity of the British empire.

名 保全、統一性

彼らはイギリス帝国の統一性を維持しようとした。

0239 ☐☐☐

**independence** [ɪndɪpéndəns]

The nation declared independence after the peace settlement.

名 独立

その国は和平協議の後、独立を宣言した。

---

**┃ 文法・構文**

● Do you know what that was? （これはわかるかな？）

■ What was that? という疑問文がDo you know...? に埋め込まれています。このように動詞句の中に入った場合は語順は平叙文の順になります。

● All Members shall refrain in their international relations from the threat or use of force... （すべての加盟国は、その国際関係において、武力による威嚇又は武力の行使を、……慎まなければならない）

■ 助動詞shallは話し手や書き手の意向を表し、このように法的な文章などで「～であるものとする」という感じで何かを規定したりするときによく用いられます。

# Constitutional Law ③

◀)) 22

**Hanako**: It's a difficult sentence, but basically what it means is that exercising **military** force between countries is prohibited, right?

**Prof.**: That's right.

**Taro**: Oh! So, there isn't much difference between that and Article 9.

**Prof.**: You're right Taro. Article 9 in the Constitution of Japan was drafted **referencing** Article 2 Principle 4 in the United Nations Charter.

**Hanako**: So, what people say about the renunciation of war in Article 9 and its uniqueness in the world is…

**Prof.**: Not correct. Most countries in the world are part of the United Nations, so it would be **inconsistent** if they do not prohibit the use of military force in **accordance** with the United Nations Charter. In addition, Japan **joined** a non-belligerency **pact**, or Kellogg-Briand Pact, in 1928 before World War II, so they had already renounced war by then.

**Hanako**: So, renunciation of war is not only stated in Article 9 of the Constitution of Japan, and globally, it's actually the **norm**.

**Prof.**: Yes, that's why it's natural to consider the most **distinctive feature** of the Constitution of Japan to be the fact that basic human rights became a **foundational** principle, even though it was limited in the Meiji Constitution.

# 憲法 ③

花子：難しい文章ですけど、結局、国と国の間で武力を行使するのは禁止ということでしょうか？

教授：その通りだ。

太郎：あれっ！　じゃあ、憲法9条とあまり変わらないですね。

教授：太郎の言う通りだね。日本国憲法9条は、国連憲章2条4項を参考にして起草されたんだ。

花子：じゃあ、憲法9条の戦争放棄は世界でも独特なものだという話は……。

教授：間違いだよね。世界中のほとんどの国は国連に加盟しているのだから、国連憲章に従って武力の行使を禁じないならば矛盾することになる。加えて言うなら、日本は第二次世界大戦前の1928年に、不戦条約、すなわちケロッグ＝ブリアン協定に加盟しており、すでに戦争放棄をしているんだよ。

花子：ということは、戦争放棄を謳っているのは日本国憲法9条だけでなく、世界レベルであって、むしろ当たり前だったということなんですね。

教授：そうだね。だから、日本国憲法の一番際立った特徴は、大日本帝国憲法では限定的だった基本的人権が根本規範とされた点にあると考えるのが自然なんだ。

# Constitutional Law ③

0240 ☐☐☐

**military** [mílətèri] ・ 形 武力の、軍事の

Military expenditure continued to rise over the last decade.

過去10年にわたって軍事費は増加し続けている。

0241 ☐☐☐

**reference** [réfərəns] ・ 他 参考にする、参照する

She referenced minutes from the meeting held last month.

彼女は先月開かれた会議の議事録を参照した。

0242 ☐☐☐

**inconsistent** [ìnkənsístənt] ・ 形 矛盾した、食い違った

The witnesses gave inconsistent statements to the police.

目撃者たちは警察に食い違う供述をした。

0243 ☐☐☐

**accordance** [əkɔ́ːrdns] ・ 名 従うこと、準じること

She was fired from her job in accordance with the rules.

彼女はルールに準じてその仕事を首になった。

0244 ☐☐☐

**join** [dʒɔ́ɪn] ・ 他 加盟する、入る

She joined the parent company from the Asian subsidiary.

彼女はアジアの子会社から親会社に入った。

0245 ☐☐☐

**pact** [pǽkt] ・ 名 協定、条約

A non-aggression pact was signed between the two nations.

その二国の間で不可侵条約が締結された。

0246 ☐☐☐

**norm** [nɔ́ːrm] ・ 名 当たり前、標準

Short-term contracts have started to become the norm.

短期契約が標準になり始めている。

0247 ☐☐☐

**distinctive** [dɪstíŋktɪv] ・ 形 際立った、特徴的な

Distinctive logos help companies to raise public awareness.

特徴的なロゴを作れば会社は存在感を高めることができる。

# 憲法 ③

0248 ☐☐☐

**feature** [fíːtʃər]　　　　　　　　　　　　名 特徴

A key feature of the resort is the range of facilities.　　　そのリゾートの主な特徴は設備の多さだ。

0249 ☐☐☐

**foundational** [faʊndéɪʃənl]　　　　　　形 根本的な、基礎的な

Babies learn foundational skills that can be used later.　　　赤ちゃんはのちに使うことのできる基礎的なスキルを学ぶ。

---

▌**文法・構文**

● ...Japan joined a non-belligerency pact, or Kellogg-Briand Pact, in 1928 before World War II, so they had already renounced war by then.（……日本は第二次世界大戦前の1928年に、不戦条約、すなわちケロッグ＝ブリアン協定に加盟しており、すでに戦争放棄をしているんだよ。）

■ このhadは過去完了のhadです。had already＋過去分詞「すでに〜していた」はよく使う形です。過去完了はある出来事が、他の過去の出来事よりもさらに前のことであることを示すときに使います。

● Yes, that's why it's natural to consider the most distinctive feature of the Constitution of Japan to be the fact that basic human rights became a foundational principle, even though it was limited in the Meiji Constitution.（そうだね。だから、日本国憲法の一番際立った特徴は、大日本帝国憲法では限定的だった基本的人権が根本規範とされた点にあると考えるのが自然なんだ。）

■ 全体の構造が見抜けたでしょうか。the most ... Japanまでがconsider A to be B「AをBと考える」のAの部分です。また、that ... principleまでがthe factの内容を説明する同格節となっています。

# Japanese Military Legislation ①

◀)) 23

**Hanako**: I hadn't heard of it until today, but the United Nations Charter is interesting.

**Taro**: I didn't know that using military forces to settle disputes was prohibited in other countries outside of Japan. I thought Japan was the only pacifist country because of Article 9 in the constitution.

**Hanako**: I remember large-scale demonstrations taking place outside the Diet Building a few years ago. I think those people were shouting that they were against the 'laws of war' though…

**Prof.**: I think what they meant by 'laws of war' is the Japanese military legislation which was adopted in 2015. The people who were opposing this bill at the time were referring to it as the 'laws of war.'

**Taro**: I assume they called it 'laws of war' because it was a bill that tried to make Japan a country that can fight in wars. That's pretty scary.

**Hanako**: If a country can have wars, wouldn't it mean that they have to leave the United Nations?

**Prof.**: Well no, not really. The people who called the Japanese military legislation the 'laws of war' opposed it because they claimed that this law changed the interpretation of the constitution and that the right of collective self-defense could be authorized and exercised.

# 平和安全法制 ①

花子：今まで知らなかったけれど、国連憲章って興味深いわ。

太郎：日本以外の国も、紛争を解決するために武力を行使することを禁じられて
　　　いるとは知らなかったよ。憲法 9 条のある日本だけが平和主義の国なのかと
　　　思っていた。

花子：そういえば、数年前国会議事堂の外で、大規模なデモをやっていたわね。
　　　あの時、デモに参加している人たちが「戦争法」に反対、と叫んでいたような
　　　気がするけど……。

教授：彼らの言う「戦争法」というのは、2015 年に可決された平和安全法制のこ
　　　とじゃないかな。当時、この法案に反対していた人たちは、平和安全法制のこ
　　　とを「戦争法」と言っていたからね。

太郎：日本を戦争ができる国にしようとする法案だから「戦争法」って言ってい
　　　るのかな？　何だか怖いね。

花子：戦争ができる国になるということは、国連から脱退しなければならなくな
　　　る、ということではないのかしら？

教授：いや、そういうわけじゃないんだ。平和安全法制のことを「戦争法」と呼
　　　んでいる人たちは、この法律が憲法解釈を変更し、集団的自衛権がその正当性
　　　を認められて行使されることになり得る、と言って反対をしているんだ。

▌熟語・慣用句（表現）

take place　行われる

refer to ... as　…を〜と呼ぶ

# Japanese Military Legislation ①

0250 ☐☐☐
## settle [sétl]

他 解決する、解消する

The union settled the disagreement over working hours.

労働組合は労働時間をめぐる意見の相違を解消した。

0251 ☐☐☐
## pacifist [pǽsəfɪst]

形 平和主義の

Pacifist movements are becoming increasingly popular.

平和運動がだんだんと広がってきている。

0252 ☐☐☐
## demonstration [dèmənstréɪʃən]

名 デモ

The demonstration by students was about student debt.

学生によるデモは学生の借金に関するものだった。

0253 ☐☐☐
## Diet [dáɪət]

名 国会

The Diet is made up of the lower and upper houses.

国会は下院と上院で構成される。

0254 ☐☐☐
## legislation [lèdʒɪsléɪʃən]

名 法制、法律

The new legislation has fundamental flaws.

その新しい法律には根本的な欠陥がある。

0255 ☐☐☐
## bill [bíl]

名 法案

Most of the politicians support the child-care bill.

政治家のほとんどは育児法案を支持している。

0256 ☐☐☐
## interpretation [ɪntə̀ːrprətéɪʃən]

名 解釈

Differences emerged over the interpretation of the strategy.

その戦略の解釈をめぐって違いが生じた。

0257 ☐☐☐
## collective [kəléktɪv]

形 集団的な、団体の

Collective bargaining strategy can be used by small nations.

団体交渉戦略は小さな国家によって使うことができる。

# 平和安全法制 ①

0258 ☐ ☐ ☐

## self-defense [sélfdɪféns]

名 自衛、自己防衛

The defendant claims he was acting in self-defense.

被告は自己防衛で行動したと主張している。

0259 ☐ ☐ ☐

## authorize [ɔ́:θəràɪz]

他 正当性を認める、承認する

The government authorized new counter-terrorism powers.

政府は新しい反テロ権限を承認した。

---

## ┃ 文法・構文

● I assume they called it 'laws of war' because it was a bill that tried to make Japan a country that can fight in wars.（日本を戦争ができる国にしようとする法案だから「戦争法」って言っているのかな？）

■ これらのthatは両方とも関係代名詞（主格）です。that tried ... warsまでがbillにかかり、その中でthat can ... warsがcountryを修飾する構造です。

● If a country can have wars, wouldn't it mean that they have to leave the United Nations?（戦争ができる国になるということは、国連から脱退しなければならなくなる、ということではないのかしら？）

■ 仮定法過去が用いられています。If..., wouldn't it mean that SV?「もし…だとすればSVだということになりませんか」というのは自分の理解を確認したり反論したりするときによく用いる言い回しです。

● ...opposed it because they claimed that this law changed the interpretation of the constitution and that the right of collective self-defense could be authorized and exercised.（……この法律が憲法解釈を変更し、集団的自衛権がその正当性を認められて行使されることになり得る、と言って反対をしているんだ。）

■ これらのthatは二つとも接続詞で「～ということ」という意味です。多くの場合このthatは省略可能ですが、that節を並列する場合、二回目に出てくるthatは省略しないほうが望ましいとされます。

# Japanese Military Legislation ②

**Taro**: Right of collective self-defense? I've never heard of that before. Sounds hard to understand…

**Prof.**: To understand the right of self-defense, it's probably good to look at the United Nations Charter again. In Article 51, it states: Nothing in the present Charter shall impair the inherent right of individual or collective self-defense if an armed attack occurs against a Member of the United Nations, until the Security Council has taken measures necessary to maintain international peace and security.

**Taro**: That sounds too complicated.

**Prof.**: Don't worry, I'll explain it **one by one**. What's written in this section is that if any of the countries in the United Nations is under armed attack, the United Nations forces will be formed to rescue that country.

**Hanako**: **How are you supposed to** protect yourself until the United Nations forces is formed?

**Prof.**: Until then, as it states in the article, individual or collective self-defense must be exercised to protect the country. I'll explain individual self-defense first. This means that if Japan is under attack from other countries, the Self-Defense Forces can conduct a counterattack against the other country by using military forces.

# 平和安全法制 ②

太郎：集団的自衛権？　そんな言葉、初めて聞きました。何だか難しそうですね。

教授：自衛権について理解するには、おそらくまた国連憲章を参照するのがいい
　　　だろう。国連憲章第51条には「この憲章のいかなる規定も、国際連合加盟国
　　　に対して武力攻撃が発生した場合には、安全保障理事会が国際の平和及び安全
　　　の維持に必要な措置を取るまでの間、個別的又は集団的自衛の固有の権利を害
　　　するものではない」と書かれている。

太郎：なんだかすごくわかりにくいんですけど。

教授：順番に説明していくから大丈夫だよ。この条文に書かれているのは、まず
　　　国連加盟国がどこかから武力攻撃を受けた際には国連軍が結成され、その国を
　　　救出するということなんだ。

花子：国連軍が結成されるまでは、どうやって身を守ればいいのでしょうか？

教授：それまでの間は、条文に書いてあるように、個別的又は集団的自衛権を行
　　　使して国を守らなければならない。個別的自衛権の方から説明すると、これは
　　　日本が他の国から攻撃された時、自衛隊が武力を使って相手の国に反撃を行う
　　　ことができるということだ。

▎熟語・慣用句（表現）

one by one　一つずつ、順番に

how are you supposed to *do*　どうやって〜すべきなのか

🔊 0260 - 0273

0260 ☐☐☐
## probably [prάːbəbli]
副 おそらく

With known health risks, smoking should probably be banned.

既知の健康上のリスクがあることから、喫煙はおそらく禁止されるべきだ。

0261 ☐☐☐
## present [préznt]
形 この

The present conditions are not ideal for an investment.

この状況は投資するのに理想的ではない。

0262 ☐☐☐
## impair [ɪmpéər]
他 害する、損なう

Excessive alcohol consumption can impair decision-making.

過度のアルコールの摂取は判断力を損なう可能性がある。

0263 ☐☐☐
## inherent [ɪnhíərənt]
形 固有の

Everyone has inherent strengths and weaknesses.

人にはそれぞれ固有の長所と短所がある。

0264 ☐☐☐
## individual [ɪndəvídʒuəl]
形 個別的な、個々の

Each individual student has distinct learning styles.

個々の生徒にはそれぞれ異なる学習スタイルがある。

0265 ☐☐☐
## armed [άːrmd]
形 武力の

The armed conflict between the groups quickly escalated.

そのグループ間の武力衝突は急速にエスカレートした。

0266 ☐☐☐
## occur [əkə́ːr]
自 発生する、起こる

The traffic accident occurred late at night.

その交通事故は夜遅くに起こった。

0267 ☐☐☐
## until [əntíl]
接 ～までの間

The deal won't happen until they find a way to reduce costs.

費用を削減する方法を見つけるまではその取引は成立しない。

0268 ☐☐☐
**council** [káʊnsl]

名 理事会、議会

The city council will meet to discuss next year's budget.

市議会は来年の予算について話し合うために会合する予定だ。

0269 ☐☐☐
**measure** [méʒər]

名 措置、方策

Austerity measures have led to lower spending in key areas.

緊縮財政策により主要分野での消費が減少した。

0270 ☐☐☐
**complicated** [ká:mpləkèɪtɪd]

形 わかりにくい、複雑な

The science presentation was too complicated to understand.

その科学のプレゼンテーションは複雑すぎて理解できなかった。

0271 ☐☐☐
**form** [fɔ́:rm]

他 結成する、結ぶ

They formed a partnership to create a coalition government.

彼らは連立政権をつくるために協力関係を結んだ。

0272 ☐☐☐
**rescue** [réskjuː]

他 救出する

Security forces rescued the hostage under cover of darkness.

治安部隊は闇に紛れて人質を救出した。

0273 ☐☐☐
**conduct** [kəndʌ́kt]

他 行う

Several countries conducted nuclear testing in the Pacific.

複数の国が太平洋で核実験を行った。

---

**┃ 文法・構文**

● Until then, as it states in the article, individual or collective self-defense must be exercised to protect the country.（それまでの間は、条文に書いてあるように、個別的又は集団的自衛権を行使して国を守らなければならない。）

■ 接続詞asの後ろにstateやsay, point outなどがあれば、多くの場合asは「〜の通り、〜であるように」という意味で使われます。

◀)) 25

**Prof.**: And collective self-defense means that if a country **with close ties to** Japan is under attack from other countries, the Self-Defense Forces from Japan will fight side by side with them.

**Hanako**: So, does that mean that the Japanese Self-Defense Forces will also fight in a war if America is under attack from other countries because the US and Japan have close ties??

**Prof.**: Well, it's not that simple. If we use that example, the Japanese Self-Defense Forces will only join the fight if it is decided that Japan is also largely **in danger as a result of** the attack on America.

**Taro**: The right to collective self-defense is recognized in the United Nations Charter, so why are those people opposing the Japanese military legislation with such passion?

**Prof.**: Japan was defeated in World War II, so its position was that it holds the right to collective self-defense but will not exercise it. However, it's now changed **so that** exercising collective self-defense is permitted under prescribed conditions. This is why people say that it is a breach of the constitution.

**Hanako**: But collective self-defense is recognized in all countries that are in the United Nations right?

**Prof.**: Yes, that's right. That's why it's not natural to call the Japanese military legislation the 'laws of war' and to criticize it like Japan is going to start a war.

# 平和安全法制 ③

教授：そして、集団的自衛権は、日本と密接な関係にある国が他の国から攻撃された時に、日本の自衛隊も一緒に戦うということだ。

花子：じゃあ、アメリカと日本は同盟国だから、もしアメリカが他の国から攻撃されたら、日本の自衛隊も戦争で一緒に戦うということですか？

教授：いや、そんなに単純じゃないんだ。その例で言うと、アメリカへの攻撃によって日本にも大きく危険が及ぶと判断された時のみ、自衛隊も一緒になって戦う、ということになる。

太郎：国連憲章でも集団的自衛権は認められているのに、平和安全法制に反対している人たちは、なぜそれほどの熱意を持って反対しているんですか？

教授：日本は第二次世界大戦で敗れたゆえに、集団的自衛権は持つが行使はしない、という立場をこれまでとってきたんだ。だが、それが今、定められた条件のもとで集団的自衛権を行使することが認められるようになったので、彼らはそれを憲法違反だと言っているんだ。

花子：でも、国連に加盟しているすべての国で集団的自衛権は認められているんですよね？

教授：そうなんだ。だから、平和安全法制のことを「戦争法」と言って、今にも日本が戦争を始めるように批判するのは、不自然だね。

▎熟語・慣用句（表現）

with close ties to　〜と密接な関係がある　／　in danger　危険である
as a result of　〜の結果として　／　so that...　…となるように

🔊 0274 - 0286

0274 ☐☐☐
## simple [símpl]
形 単純な

Simple solutions to problems are often the best.

問題の解決策は往々にして単純なものが最も良い。

0275 ☐☐☐
## largely [lá:rdʒli]
副 大きく、大部分において

Victory was largely a result of their social media campaign.

勝利の大部分はソーシャルメディアでのキャンペーンの結果であった。

0276 ☐☐☐
## oppose [əpóuz]
他 反対する

A silent majority opposes the decision to reject the deal.

サイレント・マジョリティーはその取引を拒否するという決定に反対である。

0277 ☐☐☐
## such [sʌ́tʃ]
形 それほどの、そのような

Top teams point to profits to justify such high salaries.

トップチームはそのような高い給与を正当化するために利益を挙げる。

0278 ☐☐☐
## passion [pǽʃən]
名 熱意

Passion and product knowledge are key attributes in sales.

熱意と商品の知識は営業の重要な要素だ。

0279 ☐☐☐
## defeat [dɪfíːt]
他 敗る、打ち負かす

Arsenal defeated Tottenham again in the north London derby.

アーセナルは北ロンドンダービーで再びトッテナムを打ち負かした。

0280 ☐☐☐
## position [pəzíʃən]
名 立場

They were bargaining from a position of strength.

彼らは強い立場から交渉していた。

0281 ☐☐☐
## hold [hóuld]
他 持つ、保持する

The investor now holds a controlling share of the company.

その投資家は現在、その会社を支配できるだけの株を保持している。

# 平和安全法制 ③

0282 ☐☐☐

**exercise** [éksərsàɪz]

他 行使する

Council members can exercise their veto to prevent action.

地方議会の議員は議決を差し止めるために拒否権を行使することができる。

0283 ☐☐☐

**permit** [pərmít]

他 認める、許可する

Property management won't permit residents to keep pets.

不動産の管理者側は住人がペットを飼うことを許可しようとしない。

0284 ☐☐☐

**prescribed** [prɪskráɪbd]

形 定められた、規定された

$CO_2$ emissions still fell within the prescribed limits.

$CO_2$ 排出量は依然として規定された制限内に収まった。

0285 ☐☐☐

**condition** [kəndíʃən]

名 条件

A ceasefire was possible if certain conditions were met.

特定の条件が満たされれば停戦は可能であった。

0286 ☐☐☐

**breach** [bríːtʃ]

名 違反

Breaches of diplomatic protocol created bi-lateral tensions.

外交儀礼の違反は二国間の緊張を生み出した。

---

**┃ 文法・構文**

● If we use that example, the Japanese Self-Defense Forces will only join the fight if it is decided that Japan is also largely in danger as a result of the attack on America.（その例で言うと、アメリカへの攻撃によって日本にも大きく危険が及ぶと判断された時のみ、自衛隊も一緒になって戦う、ということになる。）

■ it is decided that「〜ということが決定される」, as a result of「〜の結果として」はすぐにわかるでしょうか。また、ここではonlyはif節のほうにかかっていることも理解しておきましょう。

# ほんとうの憲法

篠田英朗著／筑摩書房

　2018年9月、自民党総裁選の結果、安倍晋三首相の再選が決まった。そして、第4次安倍改造内閣発足後の記者会見で、首相が憲法改正について、次の国会への提出を目指すべきだと表明したこともあり、憲法改正についての議論は、これまでにない盛り上がりを見せている。

　憲法改正が議論に上る時、必ずといっていいほど話題の中心になるのは、憲法9条である。改憲、護憲といった二項対立的な構図も、憲法9条を軸として成立している。

　本書の主たるテーマも、この憲法9条についてである。しかし、著者である篠田の専門
は国際関係論であり、憲法学ではない。だが、著者が憲法学者ではないことが反って奏功し、従来の憲法学界の標準的な見方を超えた、斬新な憲法観が披露されている。

　篠田は日本国憲法を理解するには、まず憲法制定の2年前に制定された国際法である、国連憲章を知ることが欠かせないと指摘する。中でもとりわけ重要なのが、国連憲章2条4項だ。そこには、「すべての加盟国は、その国際関係において、武力による威嚇又は武力の行使を、いかなる国の領土保全又は政治的独立に対するものも、また、国際連合の目的と両立しない他のいかなる方法によるものも慎まなければならない」と定められている。

　この条文は、すべての国連加盟国は、武力の行使が禁じられていることを示すものである。多くの憲法学者が憲法9条の独創性を説くのと相反して、国際法上すべての国連加盟国は、非戦を義務付けられているのが事実である。

　最近議論になっている集団的自衛権の問題を理解するためにも、国連憲章を参照することは欠かせない。国連憲章第51条には「この憲章のいかなる規定も、国際連合加盟国に対して武力攻撃が発生した場合には、安全保障理事会が国際の平和及び安全の維持に必要な措置をとるまでの間、個別的又は集団的自衛の固有の権利を害するものではない」と書かれている。

つまり、集団的自衛権は、すべての国連加盟国に認められた権利なのである。第二次世界大戦の敗戦国である日本はこれまで、国連憲章で認められている集団的自衛権は持つが、行使しないという立場をとってきた。それが安倍政権で、一定の条件のもとで集団的自衛権の行使は認められるとされるようになった。これによって、日本が戦争に巻き込まれる可能性が高まったと指摘する論者も多い。

　だが、それは本当だろうか？　第二次世界大戦後、アメリカが中心となって生まれた軍事同盟の一つに、NATO（北大西洋条約機構）がある。NATO加盟国は、同盟国が攻撃された場合、共同で応戦する集団的自衛権発動の義務を負っている。

　当初は東側諸国への牽制の意味もあって生まれたNATOだが、冷戦の終焉と共に、東欧諸国の加盟が相次いだ。私たちの目から見ると、旧東側諸国がこぞってNATOへの参加を希望するのは奇異に感じられるかもしれない。だが、そこにはヨーロッパで存在感を増しつつあるロシアの影響がある。

　2014年、ロシアは国際社会の反対にも拘わらず、クリミア自治共和国を併合した。自国がクリミアと同様な事態に陥るのを避けるためにも、旧東側諸国は率先してNATOに加盟し、集団的自衛権の傘の下に入ろうとしているとも考えられる。このように、集団的自衛権があるからこそ、戦争を避け得るケースもあるのではないだろうか。

**▌関連図書**

- 『憲法 第六版』芦部信喜著／岩波書店
  本書では批判の俎上に挙げられている、芦部信喜による憲法学の教科書。日本の憲法学の標準的な見方を学ぶことができる。

- 『法哲学』大屋雄裕他著／有斐閣
  法学を基礎づける、法哲学の教科書。功利主義、自由主義、正義論など、法学を学ぶ上で必要な概念について学ぶことができる。

- 『安保論争』細谷雄一著／筑摩書房
  安保法制に対する誤解を正し、歴史的観点から集団的自衛権をめぐる議論を考察。現代の安全保障を考えるには、国連憲章の理解が不可欠と説く。

# Regional Revitalization ①

◀)) 26

**Hanako**: I've seen government ministers being introduced on TV recently, and I saw that one of them has a title called the 'Minister for Regional Revitalization.' I don't think this was a position before, but did I hear that correctly?

**Prof.**: The position for the Minister for Regional Revitalization was newly established in 2014, so **it's no surprise that** you're not familiar with it, Hanako.

**Hanako**: Oh, it's a position which was created recently. I wonder what that Minister does.

**Prof.**: The number of people moving from regional to urban areas is a problem in Japan at the moment. The population in regional areas that the young people leave is now mostly **composed of** the elderly, and depopulation is progressing. **On the other hand**, urban areas are being overpopulated, so other problems **such as** the lack of childcare centers have become an issue, making it difficult to raise children.

**Taro**: There are many problems, aren't there? **To be specific**, how much has depopulation progressed in the regional areas?

**Prof.**: **According to** the national census in 2015, the population in 39 prefectures had decreased when compared with the corresponding populations from 2010.

# 地方創生 ①

花子：最近、テレビで政府の大臣が紹介されているのを見たんだけど、その中の一人に「地方創生担当大臣」という肩書きの人がいたわ。以前はそんな役職なかったような気がするんですけど、聞き間違いでしょうか？

教授：地方創生担当大臣の役職は 2014 年に新設されたばかりだから、花子に馴染みがないのも無理はないね。

花子：最近できた役職だったんですね。でも、どんなことをしているのかしら？

教授：今、日本では地方から都市部へ流入する人の数が問題となっているんだ。若者たちが去った地方は、住民のほとんどが高齢者となり過疎化が進んでいる。その一方で、都市部は人口が過密となり、保育園の不足といったことが問題となっており、子育てが困難となる状況を招いている。

太郎：色々問題があるんですねぇ。具体的には、地方はどれくらい過疎化が進んでいるんですか？

教授：2015 年の国勢調査によると、39 の都道府県の人口が、2010 年の該当する人口と比較して、減少していることがわかった。

▌熟語・慣用句（表現）

it's no surprise that...　…は驚くことではない、当然だ

composed of　～から構成される、～から成る

on the other hand　一方では　／　such as　～など

to be specific　具体的に言うと　／　according to　～によれば

# Regional Revitalization ①

◀)) 0287 - 0295

0287 ☐☐☐

**regional** [ríːdʒənl]　　　形 地方の、地域の

There are regional variations on the use of online banking.

オンラインバンキングの利用は地域によって差がある。

0288 ☐☐☐

**revitalization** [riːvàɪtələzéɪʃən]　　　名 創生、再生

New policies could lead to revitalization of the economy.

新しい政策は経済の再生につながる可能性がある。

0289 ☐☐☐

**urban** [ə́ːrbən]　　　形 都市の

More people are migrating from rural to urban areas to work.

仕事をするために地方から都市部に移住する人が増えている。

0290 ☐☐☐

**depopulation** [diːpàːpjəléɪʃən]　　　名 過疎化、人口減少

Villages and farms are experiencing serious depopulation.

村や農場は深刻な人口減少を経験している。

0291 ☐☐☐

**overpopulate** [òʊvərpáːpjəlèɪt]　　　他 人口が過密になる

City center areas are increasingly becoming overpopulated.

街の中心部はだんだんと人口過密になっている。

0292 ☐☐☐

**lack** [lǽk]　　　名 不足

A lack of qualified teachers is a serious problem today.

有能な教員が不足しているというのが今日の重大な問題だ。

0293 ☐☐☐

**issue** [íʃuː]　　　名 問題

The issue of rising teenage pregnancies must be addressed.

十代の妊娠率上昇という問題は対処されなければならない。

0294 ☐☐☐

**census** [sénsəs]　　　名 (国勢) 調査

The 2010 US census revealed a population of 308 million.

2010年のアメリカの国勢調査により人口が3億800万であることがわかった。

# 地方創生 ①

0295 ☐☐☐

## corresponding [kɔ̀:rəspáːndɪŋ]

形 該当する、同様の

Sales increased 25% from the corresponding period last year.

売上は昨年の同じ時期に比べて 25% 増加した。

---

**┃ 文法・構文**

● I've seen government ministers being introduced on TV recently, ... （最近、テレビで政府の大臣が紹介されているのを見たんだけど、……）

■ see O -ing「Oが〜するのを見る」にbe＋過去分詞（受け身）が組み合わさって、see O being＋過去分詞という形になっています。

● The number of people moving from regional to urban areas is a problem in Japan at the moment. （今、日本では地方から都市部へ流入する人の数が問題となっているんだ。）

■ moving ... areasはpeopleを修飾しています。なお、regionalの後ろにはareasが省略されています。

● ...other problems such as the lack of childcare centers have become an issue, making it difficult to raise children. （……保育園の不足といったことが問題となっており、子育てが困難となる状況を招いている。）

■ この箇所は分詞構文で、「そして〜する」くらいの意味を表しています。また、make it C to do 「〜することをCにする」も押さえておきたいですね。

● ...the population in 39 prefectures had decreased when compared with the corresponding populations from 2010. （……39の都道府県の人口が、2010年の該当する人口と比較して、減少していることがわかった。）

■ when compared withはもともとwhen S be compared withのS beの部分が省略された形で、非常によく用いられます。as compared withと言うこともあります。

# Regional Revitalization ②

◀》 27

**Taro**: Oh, the population is decreasing in most prefectures.

**Prof.**: **In contrast**, the population in metropolitan areas is growing. Between 2010 and 2015, the population in the Tokyo area including Kanagawa Prefecture, Saitama Prefecture, Chiba Prefecture, and Tokyo Metropolis grew by 508,000 people. **As a result, the total number of** people living in the Tokyo area became approximately 36,120,000 people. This means that 28.4% of the entire population of Japan is concentrated in the Tokyo area.

**Hanako**: I see. So, **more and more** people are moving to the Tokyo area from the regional areas. What kind of issues are arising as a result of depopulation in these regional areas?

**Prof.**: Firstly, if there aren't many people, it's difficult for businesses to **make ends meet**. This is why the number of supermarkets and grocery stores continues to decrease, too. As a result, shopping for daily necessities becomes an issue for the elderly people who can **no longer** drive. These elderly people are referred to as 'shopping refugees.' And if the population continues to decrease, it's not just the grocery stores that will reduce in numbers. The reality is that services such as hospitals and nursing homes will start closing down one by one, and the users of these services will also become 'refugees' of their own kind too.

# 地方創生 ②

太郎：へぇー、ほとんどの県で人口が減っているんですね。

教授：反対に、大都市圏の人口は増えている。2010 年から 2015 年までの間に、神奈川県、埼玉県、千葉県、東京都を含む東京圏の人口は、50.8 万人増えている。その結果、東京圏に住んでいる人の総数は約 3,612 万人となった。これは、日本の全人口の 28.4% が東京圏に集中していることを意味する。

花子：なるほど。つまり、地方から、どんどん東京圏に人が集まっているわけですね。そうした地方では過疎化することによって、どんな問題が生じているんでしょうか？

教授：まず、人があまりいないと商売が成り立たない。だから、スーパーマーケットや食料品店がどんどんなくなり続けているよね。そうなると、車の運転がもうできない高齢者にとって、毎日の必需品の買い物が課題となってくる。こうしたお年寄りは、「買い物難民」と呼ばれているね。そして人口が減少し続けると数が減るのは食料品店だけではない。病院や介護施設などのサービスも次々に閉鎖されていき、それらのサービスの利用者もそれぞれのタイプの「難民」になってしまう、というのが現状だ。

┃ **熟語・慣用句（表現）**

in contrast　反対に、対照的に　／　as a result　結果として

the total number of　〜の総数　／　more and more　ますます多くの

make ends meet　収支を合わせる、やりくりする

no longer　もはや〜でない

# Regional Revitalization ②

0296 ☐☐☐
## prefecture [prí:fektʃər]　　名 県

Niigata prefecture is famous in Japan for delicious rice.

新潟県は日本では美味しいお米で有名だ。

0297 ☐☐☐
## metropolitan [mètrəpá:lətn]　　形 大都市の

Metropolitan buildings are becoming taller in London.

ロンドンの大都市の建物が高層化している。

0298 ☐☐☐
## include [ɪnklú:d]　　他 含む

The visit was extended to include meetings with management.

経営陣との会談を含めるために訪問期間は延長された。

0299 ☐☐☐
## entire [ɪntáɪər]　　形 全体の

The entire world is a stunning sight from space.

地球全体は宇宙から見ると素晴らしい光景だ。

0300 ☐☐☐
## arise [əráɪz]　　自 生じる、起こる

Staff were informed by email of new problems as they arose.

スタッフは新しい問題が起こるたびにメールで知らされる。

0301 ☐☐☐
## grocery [gróʊsəri]　　名 食料品

Large chains are putting pressure on grocery stores.

大きなチェーン店が食料品店に圧力をかけている。

0302 ☐☐☐
## continue [kəntínju:]　　他 続ける

He continued to ignore the advice of his teacher.

彼は教師のアドバイスを無視し続けた。

0303 ☐☐☐
## daily [déɪli]　　形 毎日の

Daily exercise will help to combat rising levels of obesity.

毎日の運動は肥満レベルの上昇に対抗するのに役立つ。

# 地方創生 ②

0304 ☐☐☐

**elderly** [éldərli]　　　　　　　　　形 高齢の、年配の

The elderly couple continued to live independently.

その年配の夫婦はそれぞれ自立した生活を送り続けた。

0305 ☐☐☐

**refugee** [rèfjudʒíː]　　　　　　　　名 難民

The acceptance rate of refugees varies between countries.

難民の受け入れ率は国によって異なる。

0306 ☐☐☐

**nursing** [nɔ́ːrsɪŋ]　　　　　　　　名 介護

The quality of nursing care has risen with extra training.

介護の質がさらなる研修で向上した。

0307 ☐☐☐

**close** [klóuz]　　　　　　　　　　自 閉鎖する、閉業する

More and more small main street retailers are closing.

閉業する小規模な大通りの小売店が増えている。

---

**▌文法・構文**

● As a result, the total number of people living in the Tokyo area became approximately 36,120,000 people. (その結果、東京圏に住んでいる人の総数は約3,612万人となった。)

■ living ... areaがpeopleを修飾しています。したがって主語はthe total ... areaまでで、動詞はbecameだと判断します。

● And if the population continues to decrease, it's not just the grocery stores that will reduce in numbers. (そして人口が減少し続けると数が減るのは食料品店だけではない。)

■ it's not just A that SV/V「SV/VするのはAだけではない」は強調構文の一種で、「それだけでなく他にもある」「ただそれだけではない」と言いたい時によく使われます。

# Regional Revitalization ③

**Hanako**: Hmm… This is a serious problem. How can the 'shopping refugees' problem be solved?

**Prof.**: A policy which urges people to live in core areas with a population of over 300,000 is needed. **To be specific**, the development of cities such as Asahikawa in Hokkaido Prefecture and Miyazaki in the Kyushu Region is imperative.

**Taro**: Live in core areas? Do you mean forcing them to move there?

**Prof.**: No, no! We have the freedom to choose where we want to live, so no one has the right to force someone to move elsewhere. But, it's also true that with depopulation progressing, maintaining infrastructure such as collecting rubbish and waste, maintaining road conditions and sewage systems, and supplying water will also become difficult. That's why some **measures need to be taken**.

**Hanako**: Hmmm, so how should people be urged to move to core cities?

**Prof.**: There are many ways, but **one way could be to** reduce the fixed property tax rate in these areas. Another way could be to increase the number of public housing units in these core cities and offer them for a cheap price. It's important to urge people to move to core areas out of their own accord, and this can be done by implementing various policies and increasing the incentives for people to move to these areas.

# 地方創生 ③

花子：なかなか、深刻な問題ですね。どうやったら「買い物難民」の問題を解決することができるのかしら？

教授：人口 30 万人以上の中核都市で暮らすよう人々に促すような政策が必要だ。具体的には、北海道の旭川市、九州の宮崎市といった都市の振興が必須だ。

太郎：中核都市で暮らすって、無理やりそこへ移住させるということですか？

教授：とんでもない！　私たちには居住地の選択の自由があるのだから、他人を無理やりどこかへ移住させる権利なんて誰にもないよ。ただ、過疎化が進むとゴミや廃棄物の収集、また道路状況や下水道、上水道の整備、といったインフラの維持さえ困難になってしまうのも事実だ。だから、何か対策を講じなければいけないんだ。

花子：う〜ん、それじゃあ、どうやって中核都市への引っ越しを促したらいいんでしょうか？

教授：色々考えられるが、一つの方法として、中核都市の固定資産税の税率を軽減するという方法があるね。他には、これらの中核都市に公共住宅の数を増やして安価に提供するという方法もある。人々が合意の上で自ら進んで中核都市へ移り住むように促すことが重要だ。そしてそれは、様々な政策を実施して、人々がこれらの地域へ移住するインセンティブを高めることによって可能になるんだよ。

▌熟語・慣用句（表現）

to be specific　具体的に言うと

measures need to be taken　対策を講じるべきだ

one way could be to *do*　一つの方法として〜することがある

🔊 0308 - 0318

0308 ☐☐☐
## urge [ə́ːrdʒ]
他 促す

Doctors are urging smokers to quit the bad habit.

医者は喫煙者に悪い習慣をやめるよう促している。

0309 ☐☐☐
## core [kɔ́ːr]
形 中核の

Our core business is essentially financial planning.

私たちの中核事業は基本的に財務計画だ。

0310 ☐☐☐
## development [dɪvéləpmənt]
名 振興、開発

Several schemes were proposed for the urban development.

都市開発に関して複数の計画案が提案された。

0311 ☐☐☐
## imperative [ɪmpérətɪv]
形 必須の

It is imperative to meet the deadline before Monday.

月曜日までの締め切りを守ることが必須だ。

0312 ☐☐☐
## elsewhere [élswèər]
副 どこかへ、他の場所で

The building had been leased, so we had to look elsewhere.

その建物はリースされていたので他の場所を探す必要があった。

0313 ☐☐☐
## infrastructure [ínfrəstrʌ̀ktʃər]
名 インフラ

Significant investment is needed to maintain infrastructure.

インフラを維持するには相当な投資が必要とされる。

0314 ☐☐☐
## rubbish [rʌ́bɪʃ]
名 ゴミ

Littering rubbish on streets will be met with strict fines.

路上にゴミを散乱させると厳しい罰金が課せられる。

0315 ☐☐☐
## sewage [súːɪdʒ]
名 下水道

Sewage systems should not pollute water supplies.

下水道は上水道を汚染してはならない。

# 地方創生 ③

0316 ☐☐☐

**fixed** [fíkst]　　　　　　　　形 固定の、一定の

The bank made the investment for a fixed period.

銀行は一定期間投資を行った。

0317 ☐☐☐

**accord** [əkɔ́ːrd]　　　　　　名 合意

She returned to the meeting of her own accord.

彼女は合意の上で自発的に会議にもどった。

0318 ☐☐☐

**incentive** [ɪnséntɪv]　　　　名 インセンティブ、動機

Some companies offer free samples as incentives to buy.

買ってもらうための動機として無料サンプルを提供する会社もある。

---

**┃ 文法・構文**

● We have the freedom to choose where we want to live, ... （私たちには居住地の選択の自由があるのだから、……）

■ where SVには「SVするところ」、すなわちthe place (where) SVと同じ意味があります。なおこの箇所はwhere to liveと言っても概ね同じです。

● But, it's also true that with depopulation progressing, ... （ただ、過疎化が進むと……も事実だ。）

■ このような文頭のButはライティングでは避けたほうが無難ですが、会話ではよく見られます。実際はそれなりにしっかりとした英文でも文頭でButが使われることはあるのですが無理に真似をする必要はないでしょう。

● ...and this can be done by implementing various policies and increasing the incentives for people to move to these areas. （……そしてそれは、様々な政策を実施して、人々がこれらの地域へ移住するインセンティブを高めることによって可能になるんだよ。）

■ for people to move toは、peopleがto moveの意味上の主語になっていることにすぐに気づけましたか。for A to doの形になっているとき、Aはto doの意味上の主語になります。

# Online Election Campaigns ①

◀)) 29

**Hanako**: President Trump making extreme remarks on Twitter has become a frequent topic of conversation, hasn't it?

**Taro**: Some politicians in Japan apologize after making remarks on Twitter that **end up** upsetting people too.

**Prof.**: Since the revision of the Public Officers Election Act in 2013, the ban on election campaigns on the Internet has been lifted, so politicians have increased their digital activities.

**Taro**: Why was the Public Officers Election Act revised in 2013?

**Prof.**: The LDP, the Liberal Democratic Party, were the ones who were eager to revise the Public Officers Election Act. In 2009, they became the opposition party, so their opportunities of being covered in mass media such as television and newspapers declined. They felt a strong sense of crisis in this situation, and that is when the LDP **looked to** the Internet. They started a live internet show called 'Cafesta' in 2011, and they **attempted to** acquire the support of different social groups that they had not been targeting before.

**Hanako**: You're right. The media mainly reports the attitudes and trends of the government, so there isn't **much focus placed on** the **opposing party**.

**Prof.**: And then, later in 2012, there was a change of government, and the LDP was elected into power. In the following year of 2013, they revised the Public Officers Election Act and made it possible to conduct election campaigns over the Internet.

# ネット選挙 ①

花子：トランプ大統領が Twitter で過激な発言をしているのがたびたび話題になっているわね。

太郎：日本の政治家にも、時々 Twitter の発言で人々を騒がせてしまって謝罪したりしている人がいるね。

教授：日本では 2013 年に公職選挙法が改正され、ネット上での選挙運動が解禁されてから、政治家のデジタル活用が増えているね。

太郎：どうして 2013 年に公職選挙法が改正されたんですか？

教授：公職選挙法の改正に熱心だったのは自民党だったんだ。2009 年に彼らは野党になってしまい、テレビや新聞といったマスメディアに取り上げられることが少なくなってしまった。彼らはこうした状況に大きな危機感を抱いていたが、自民党がネットに目を付けたのはそんな時だった。2011 年にネット生放送番組「カフェスタ」をスタートさせ、従来ターゲットにしていなかった異なる社会集団からの支持を得ようとしたんだ。

花子：確かにその通りね。メディアで報道されるのは政府の態度や方向性が中心だから、野党にはあまり注目が集まらないわ。

教授：それから、2012 年の暮れに政権交代があり、自民党が選ばれて政権の座に就いた。翌 2013 年に彼らは公職選挙法を改正し、インターネット上での選挙運動が可能になるようにしたんだ。

---

▌熟語・慣用句（表現）

end up -ing　最後には〜することになる　／　look to　〜に関心を向ける
attempt to *do*　〜するよう試みる
much focus placed on　〈place much focus on〉〜に大いに注目する
opposing party　野党

# Online Election Campaigns ①

◀)) 0319 - 0327

0319 ☐☐☐

## remark [rɪmáːrk]　　　名 発言

Ill-informed remarks on the issue alienated voters.

その問題に対する認識を欠いた発言が有権者の心を遠ざけた。

0320 ☐☐☐

## frequent [fríːkwənt]　　　形 たびたびの、頻繁な

Frequent flyers can accumulate a lot of air miles.

飛行機でよく旅をする人はたくさんのマイルを貯めることができる。

0321 ☐☐☐

## apologize [əpáːlədʒàɪz]　　　自 謝罪する

The President had to apologize to the investors.

その社長は投資家たちに謝罪しなければならなかった。

0322 ☐☐☐

## upset [ʌpsét]　　　他 騒がせる、動揺させる

Differing opinions tend to upset younger generations today.

今日、考え方が異なると若い世代は動揺する傾向にある。

0323 ☐☐☐

## lift [lɪft]　　　他 解禁する、解除する

The midnight curfew has now been lifted.

深夜の夜間外出禁止令がたった今解除された。

0324 ☐☐☐

## eager [íːgər]　　　形 熱心な

Governments are eager to attract foreign direct investment.

各国政府は外国からの直接の投資を呼び寄せるのに熱心だ。

0325 ☐☐☐

## crisis [kráɪsɪs]　　　名 危機

The Cuban missile crisis nearly led to nuclear conflict.

キューバ・ミサイル危機は危うく核紛争を引き起こすところだった。

0326 ☐☐☐

## target [táːrgət]　　　他 ターゲットにする

Fast food chains target young people with colorful ads.

ファストフードのチェーンはカラフルな宣伝で若者をターゲットにしている。

# ネット選挙 ①

0327 ☐☐☐

## trend [trénd]

名 方向性、傾向

Trade war will be a geopolitical trend of the 2020s.

貿易戦争は2020年代の地政学的な傾向となるだろう。

## ▌文法・構文

● President Trump making **extreme remarks on Twitter has become a frequent topic of conversation,** hasn't it? (トランプ大統領がTwitterで過激な発言をしているのがたびたび話題になっているわね。)

■ makingは動名詞 (〜すること) で、President Trumpがその意味上の主語になっています。このように名詞＋動名詞の形において名詞の部分が動名詞の意味上の主語になることは意外と気づきにくいかもしれません。

■ hasn't itはもちろんhas become...に対する付加疑問文です。このitは「そのこと」という意味で、手前のPresident ... Twitterまでの内容をまとめて指しています。

● In 2009, they became the opposition party, so their opportunities of being covered in mass media such as television and newspapers declined. (2009年に彼らは野党になってしまい、テレビや新聞といったマスメディアに取り上げられることが少なくなってしまった。)

■ このofは直前の名詞の内容を説明する用法で、「〜という」くらいの意味合いです。文法的には同格のofと言われるものです。ここではopportunitiesがどのような機会なのかをof以下が説明します。

● They started a live internet show called 'Cafesta' in 2011, and they attempted to acquire the support of different social groups that they had not been targeting before. (2011年にネット生放送番組「カフェスタ」をスタートさせ、従来ターゲットにしていなかった異なる社会集団からの支持を得ようとしたんだ。)

■ that以下が関係代名詞節でdifferent social groupsを修飾しています。過去完了進行形 (had not been targeting) が使われているのはstartedよりも前のことの話をしているからです。

# Online Election Campaigns ②

◀)) 30

**Hanako**: What changed after campaigning on the Internet was made possible?

**Prof.**: In the House of Councilors' election which **took place** right after the revision of the Public Officers Election Act in 2013, every party used the Internet to campaign online. The one who most actively engaged in online campaigning was the LDP as they had been eager to campaign online from the time they were the opposing party. They formed a specialized organization within the party called the 'Truth Team' and **contributed to** election efforts.

**Taro**: What did they do specifically?

**Prof.**: The flood of critical comments which could occur as a result of utilizing Social Networking Services for election campaigning was controlled by monitoring and creating methods to counter them. If a candidate of the LDP made an improper remark which could invite criticism or stated something **in breach of** the Public Office Election Law, they responded promptly by apologizing at an early stage or by rectifying what they had stated.

**Hanako**: I understand that utilizing the Internet is becoming important in electoral campaigns. What kind of changes can we expect in the future?

**Prof.**: Currently, the government **is concerned about** the low voting rate, so they are eagerly working on online voting.

# ネット選挙 ②

花子：インターネット上での運動が可能になって、何が変わったんでしょうか？

教授：2013年に公職選挙法が改正された直後に行われた参議院選挙では、各党が
　　　インターネットを使ってネット上で運動をした。中でもネット運動に積極的に
　　　携わったのが、野党時代からネット上での運動に熱心だった自民党だ。党内に
　　　「Truth Team（T2）」という専門組織を立ち上げ、選挙活動に貢献したんだ。

太郎：具体的には、どんなことをしたんですか？

教授：選挙運動にSNSを活用することから起こり得る批判的コメントの殺到を、
　　　監視したり対抗手段を編み出したりすることによって制御したんだ。もし自民
　　　党の候補者が批判を招くような不適切な発言をしたり、公選法違反の恐れのあ
　　　ることを述べたら、早い段階で謝罪、訂正をするなどして、速やかに対応を行っ
　　　たんだ。

花子：インターネットを活用することが、選挙運動にとって重要になってきてい
　　　るんですね。今後は、どんな変化を予期できるんしょうか？

教授：今、政府は投票率の低下に悩んでいる。したがって、彼らはネット投票に
　　　熱心に取り組んでいる。

▍熟語・慣用句（表現）

take place　行われる
contribute to　〜に貢献する、〜の一因となる
in breach of　〜に違反している
be concerned about　〜について心配している

# Online Election Campaigns ②

◀)) 0328 - 0339

0328 ☐☐☐

## House [háʊs]

名 議院

The House of Representatives has 435
voting members.

下院には投票権を持つ議員が435人いる。

0329 ☐☐☐

## campaign [kæmpéɪn]

自 運動する

Protesters have been campaigning for a
change in policy.

反対派は政策の変更を求めて運動している。

0330 ☐☐☐

## engage [ɪngéɪdʒ]

自 携わる、参加する

Ministers claim they do not engage in
talks with terrorists.

閣僚たちはテロリストとの会談には参加しないと主張している。

0331 ☐☐☐

## specifically [spəsífɪkəli]

副 具体的に

Specifically, both sides agreed to raise the
minimum wage.

具体的には、双方が最低賃金の引き上げに同意した。

0332 ☐☐☐

## flood [flʌ́d]

名 殺到

The new restaurant received a flood of
complaints.

その新しいレストランには苦情が殺到した。

0333 ☐☐☐

## counter [káʊntər]

他 対抗する

Intelligence has to counter the threat of
sleeper cells.

諜報機関は潜伏工作員の脅威に対抗する必要がある。

0334 ☐☐☐

## improper [ɪmprɑ́:pər]

形 不適切な

Improper conduct ensured his immediate
dismissal.

不適切な行為により彼は直ちに解雇された。

0335 ☐☐☐

## criticism [krítəsìzm]

名 批判

Constructive criticism helps you to
develop professionally.

建設的な批判のおかげでプロとして成長することができる。

# ネット選挙 ②

0336 □□□

**promptly** [prάːmptli]

She promptly replied to the email within one hour.

副 速やかに、迅速に

彼女は一時間以内に迅速にそのメールに返信した。

0337 □□□

**electoral** [ɪlektɔ́ːrəl]

Checks are in place to prevent electoral malpractice.

形 選挙の

選挙での不正や手違いを防ぐためのチェックが実施されている。

0338 □□□

**expect** [ɪkspékt]

The new leader can expect a bounce in party support.

他 予期する、期待する

新しい党首は党の支持の増加を期待できる。

0339 □□□

**voting** [vóutɪŋ]

All parties are proposing a change of the voting system.

形 投票の

全ての政党が投票システムの変更を提案している。

---

**┃文法・構文**

● The one who most actively engaged in online campaigning was the LDP as they had been eager to campaign online from the time they were the opposing party. （中でもネット運動に積極的に携わったのが、野党時代からネット上での運動に熱心だった自民党だ。）

■ このasは接続詞で、「というのも」くらいの意味です。asには厳密な論理関係を示す役割はなく、漠然と文と文をつなげる役割をするのが普通です。

■ from the time SVで「SVの頃から」です。ここではfrom the timeが一つのカタマリで接続詞sinceと同じような働きをしています。

# Online Election Campaigns ③

◀)) 31

**Taro**: Online voting? <u>Does that mean people can vote on their computers without having to go to a polling place?</u>

**Prof.**: **If we put it simply**, yes, that's right. For personal authentication, it can be assumed that the My Number card will be used. In Estonia, online voting has been **taking place** for the past 10 years.

**Hanako**: I see, so technology-wise, it's already possible. **In that case**, I wonder why other countries haven't implemented online voting yet.

**Prof.**: Online voting allows people to vote anywhere, so <u>there won't be a third party to witness the voting process like there is in current polling places.</u> This means that there is a possibility that people can be coerced by others into voting against their will, so many countries haven't been able to decide whether or not to implement this system.

**Taro**: Does that mean online voting won't be implemented in Japan?

**Prof.**: No. They will do a test phase for online voting which is aimed at Japanese people living overseas. These people have needed to go to the Japanese Embassy in their country of residence to vote every time there has been an election, so the hurdles of getting them to vote is high. That is why they will test online voting with this group and look at the outcome to explore the possibility of implementing online voting for people in Japan.

# ネット選挙 ③

太郎：ネット投票？　投票所に行かなくても家のパソコンから投票できるということですか？

教授：簡単に言えば、そういうことだ。本人の認証には、マイナンバーカードを使うことが想定されるだろう。実際、エストニアでは過去10年間、ネット投票が行われている。

花子：そうなんですね。じゃあ、技術的には、すでに実現可能なんですね。それなら、なぜよその国ではネット投票が実現していないんでしょうか？

教授：ネット投票だと、どこでも投票できるようになるから、現行の投票所のような投票過程を監視する第三者がいなくなってしまう。そうすると、意思に反した投票を他人に強いられる人が出てくる可能性があるので、このシステムを実施するかどうか判断できない国が多いんだ。

太郎：日本ではネット投票は実現しないということですか？

教授：いや、政府は、在外邦人向けのネット投票を試験段階として行うだろう。在外邦人は選挙のたびに彼らの在住国の日本大使館まで行って投票しなければならないので、投票のハードルが高い。したがって、在外邦人の人たちのグループでネット投票を試して、その結果を見て、日本在住の人々のネット投票実現の可能性を探るようだ。

---

▌熟語・慣用句（表現）

if we put it simply　簡単に言えば　　／　　take place　行われる
in that case　その場合には

# Online Election Campaigns ③

🔊 0340 - 0351

0340 ☐☐☐
## polling [póulɪŋ]
名 投票

Polling has been heavy since the doors opened at 9am.

午前9時に投票所の扉が開いてから投票率が高くなっている。

0341 ☐☐☐
## authentication [ɔ:θèntɪkéɪʃən]
名 認証

Passwords are used to check user authentication.

パスワードはユーザー認証を確認するために使われる。

0342 ☐☐☐
## technology-wise [tekná:lədʒiwàɪz]
副 技術的には

Technology-wise, online voting is possible in this country.

技術的にはネット投票はこの国で実施可能だ。

0343 ☐☐☐
## party [pá:rti]
名 (当事)者

A third party was present at the divorce proceedings.

離婚の手続きには第三者が出席した。

0344 ☐☐☐
## witness [wítnəs]
他 監視する、立ち会う

Three family members witnessed the wedding.

3人の家族が結婚式に立ち会った。

0345 ☐☐☐
## coerce [kouə́:rs]
他 強いる

The manager was coerced into signing the contract.

部長は契約書への署名を強制された。

0346 ☐☐☐
## will [wíl]
名 意思

The man was made to agree to the terms against his will.

その男性は意に反して契約事項に同意させられた。

0347 ☐☐☐
## phase [féɪz]
名 段階、局面

We are entering a critical phase of the discussions.

私たちはディスカッションの極めて重要な局面に差し掛かっている。

# ネット選挙 ③

0348 ☐☐☐

**residence** [rézədəns]

名 在住、居住

Your place of residence must be written on the form.

フォームには居住場所を書かなければならない。

0349 ☐☐☐

**hurdle** [hə́ːrdl]

名 ハードル、障害

Obtaining investment is the first hurdle to overcome.

投資を得ることが克服すべき最初の障害だ。

0350 ☐☐☐

**outcome** [áʊtkʌ̀m]

名 結果

The outcome of the prolonged negotiation is still unclear.

交渉が長引くことの結果はいまだに不透明だ。

0351 ☐☐☐

**explore** [ɪksplɔ́ːr]

他 探る、検討する

We have to explore a range of options to improve logistics.

流通を改善するためには幅広い選択肢を検討しなければならない。

## 文法・構文

● Does that mean people can vote on their computers without having to go to a polling place?（投票所に行かなくても家のパソコンから投票できるということですか？）

■ withoutが前置詞なので後ろのhaveは動名詞（having）になっています。なお、without having to do「〜する必要なしに」は決まり文句といってもよいくらい頻繁に用いられます。

● ...there won't be a third party to witness the voting process like there is in current polling places.（……現行の投票所のような投票過程を監視する第三者がいなくなってしまう。）

■ このlikeは接続詞で「〜と同じように／〜のように」という意味です。話し言葉でよく使われます。文章を書くときはasにするほうが無難です。

# 「30万人都市」が日本を救う！

飯田泰之・田中秀臣・麻木久仁子著／藤原書店

　本書は、経済学者の田中秀臣と飯田泰之、タレントの麻木久仁子による鼎談に、田中による独立した数編の論考が、メインとなる鼎談を補う形で付加されたものである。

　「経済学者の鼎談(ていだん)に、なぜタレントの麻木久仁子が？」と思われる向きもあるかもしれない。だが、麻木は人気ブックレビューサイト「HONZ」で人文・社会科学系の書籍の書評家としても活躍しており、本書でも読者を代弁するような立場から二人のエコノミストに対して厳しい質問を投げかけている。

　麻木はエコノミストの二人に対して、「なぜ、当初期待されたアベノミクスが、それほどうまくいっているように感じられないのか」という質問を突き付ける。

　その問いに対する田中、飯田の見解は一致している。デフレ下での消費税増税という、絶対にやってはならない政策を実行してしまったため、日本経済は停滞に陥ったのだ。そして、そうした厳しい情勢下の中でも、金融緩和の効果もあり、雇用情勢が堅調なのが希望の光であると田中らは指摘する。

　また、この貴重な灯を決して消さぬためにも消費税再増税は避けなければならないというのが鼎談に参加している三者の共通の意見である。こうした消費税再増税慎重論に関しては、これまでの田中、飯田の著作でも繰り返し主張されてきたことなので、彼らの本の愛読者にとっては新たな知見とは言えないかもしれない。だが、本書のユニークな所はタイトルにもなっている「30万人都市」論の部分だ。

　飯田は本書の中で、自分はかつて道州制支持者であったが、最近になってその考えを変えたと発言している。設計主義的な発想で、日本に道州を策定していくよりは、自然発生的に人口30万人程度都市の都市が生まれていくのをサポートするほうが、より自然かつ効率的に活力ある日本を創造できるというのである。

2010 年から 2015 年までの 5 年間で、日本の 39 の都道府県の人口が減少している一方で、東京圏（東京都、神奈川県、埼玉県、千葉県）の人口は、50.8 万人増えている。その結果、現在では、東京圏に、全国の 28.4% の人口が集中する状態になっている。

　こうした東京圏への極端な人口集中は、地方の急速な過疎化を促す。今、求められているのは、地方の創生だ。では、具体的にどのような方法で地方創生に取り組めばいいのだろうか？　そこで飯田が提起するのが、人口 30 万人以上の中核都市への集住である。

　なぜ 30 万人なのか？　飯田は、都市の基本的なインフラを整備するには、30 万人の人口が必要であると指摘する。ここで飯田がインフラと呼んでいるものの中には、道路や水道の他、大学、大病院、ラジオ局といった施設も含まれている。こうした施設が存在すれば、その地域の中で完結したライフサイクルを過ごすことができ、大都市への人口流出の歯止めとなるのである。

　インフラの整備は人口流出に有効だが、同時に 30 万人都市への人口流入も促したい。そこで有効になってくるのが、移住補助金だ。30 万人都市へ移住する人に対して政府が移住補助金を出せば、自発的に移住をするインセンティブになるのだ。

　高齢化が進む中、日本の未来に対して悲観的な見方の本が書店に溢れている。そのような中で、本書は前向きな提言に満ちた一冊だと言えよう。

**┃ 関連図書**

- 『政治学 補訂版』久米郁男他著／有斐閣
  大学生向けの「社会」の教科書のような本。本書を読むことで政治学のみならず、社会思想史など隣接分野の基礎知識も得ることができる。

- 『8000万人社会の衝撃』加藤久和著／祥伝社
  2060年代の日本の人口を約8000万人と独自に推計。東京一極集中の克服と、地方創生のために地方拠点都市への選択と集中を提言する。

- 『メディアと自民党』西田亮介著／角川書店
  2009年、政権交代によって野党に転落した自民党。再び与党に返り咲くまでに、自民党が如何にネットを活用したかを詳細に分析した一冊。

# Chapter 3

# 社会
## Society

テーマは、社会です。ここでは、貧困、マイノリティといった社会問題から、メディア、教育といったリテラシーに関するものまで、幅広い分野の単語が登場します。welfare、majority、restoration など基本的な単語が並びますが、身につければ様々な文脈で使用できますので、しっかりと覚えていきましょう。

現在ではスマートフォンの普及によって、24時間、どこでも様々な情報に触れることができるようになっています。ですが、そうした大量の情報には、便利であると同時に、危険も含まれています。ネットで見た情報が、炎上などの様々なトラブルの引き

金となってしまうのです。

　この Chapter では、そうしたメディアを通じた様々な情報に触れる際に、どうすれば危険を回避できるかというテーマが語られています。その情報が語られる背景には、どういう事情があるのか、語られるデータは本当に正しいのかといったことを、確認することが大切です。

　英単語を学ぶと同時に、社会人として必須のメディアリテラシーを身につけられるといいですね。

🔊)) 32

**Hanako**: I saw on the news that the Children's Cafeteria has become **a topic of conversation**.

**Taro**: By 'Children's Cafeteria,' do you mean a cafeteria that only children can go to? Like where they have special kid's meals?

**Hanako**: No. 'Children's Cafeteria' is a service where meals are served to children from poor families **for free**.

**Taro**: Is that something the government runs?

**Hanako**: No, it's not. It's run by private citizens, and there are already more than 300 of them across the country.

**Taro**: I understand that there are a lot of children who come from poor families, but shouldn't the government take the initiative and develop welfare services like this?

**Prof.**: You're right, Taro. The involvement of private citizens in volunteer work is praiseworthy, but essentially, projects like the Children's Cafeteria should be undertaken as a part of social security policy.

**Taro**: But, Japan is one of the richest countries in the world, isn't it? Are there really many families struggling with poverty?

**Prof.**: To understand this, you must first understand that there are two types of poverty. There is absolute poverty, and there's also relative poverty.

**Hanako**: What's absolute poverty?

**Prof.**: Absolute poverty is a situation where a person is unable to get the resources they need to maintain a minimum standard of living.

# 貧困 ①

花子：ニュースで子ども食堂が話題になっているのを見たわ。

太郎：「子ども食堂」って、子どもだけが入れる食堂のこと？　お子様ランチが出るとか。

花子：違うわよ。「子ども食堂」というのは、貧困家庭の子どもに無料で食事を出すサービスのことよ。

太郎：それって、政府が運営しているの？

花子：いいえ。民間人がやっていて、もう全国に 300 カ所以上あるのよ。

太郎：貧困家庭の子どもが多いことがわかりますね。でも、そういう福祉事業は、政府が主導権を握って進めていくべきなんじゃないの？

教授：太郎の言う通りだ。民間人がボランティアに関わることは立派だが、本来なら子ども食堂のような事業は、社会保障政策の一環として請け負うべき事業だ。

太郎：でも、日本は世界の中でも裕福な国なんですよね。本当にそんなに多くの家庭が貧困で苦しんでいるんですか？

教授：それにはまず、貧困には二種類あることを理解する必要がある。絶対的貧困、そして相対的貧困だ。

花子：絶対的貧困って何ですか？

教授：絶対的貧困とは、人が最低限の生活水準を維持するために必要な物資を手に入れることができないような状態のことだ。

┃**熟語・慣用句（表現）**

a topic of conversation　話題

for free　無料で

🔊 0352 - 0361

**0352** ☐☐☐
**serve** [sə́ːrv] 　　　　　　　　他 出す

The restaurant serves breakfast until 10am.
そのレストランは朝 10 時まで朝食を出している。

**0353** ☐☐☐
**run** [rʌ́n] 　　　　　　　　他 運営する、管理する

Two new graduates run the social media accounts.
2 人の新卒者がそのソーシャルメディアのアカウントを管理している。

**0354** ☐☐☐
**private** [práɪvət] 　　　　　　　　形 民間の、民営の

The private golf course is a members-only club.
その民営のゴルフ場は会員制クラブだ。

**0355** ☐☐☐
**initiative** [ɪníʃətɪv] 　　　　　　　　名 主導権

He took the initiative by making the call to the director.
彼が責任者に電話をかけて主導権を取った。

**0356** ☐☐☐
**welfare** [wélfèər] 　　　　　　　　形 福祉の

New welfare legislation was passed last week.
新しい福祉法案が先週通った。

**0357** ☐☐☐
**involvement** [ɪnvɑ́ːlvmənt] 　　　　　　　　名 関わること、関与

He strenuously denied all involvement in the crime.
彼は犯罪へのいかなる関与も断固として否定した。

**0358** ☐☐☐
**undertake** [ʌ̀ndərtéɪk] 　　　　　　　　他 請け負う、引き受ける

The lawyer undertook the case on a pro bono basis.
その弁護士は無償でその訴訟を引き受けた。

**0359** ☐☐☐
**struggle** [strʌ́gl] 　　　　　　　　自 苦しむ

He entered rehab as he still struggled with addiction.
彼は依然として依存症に苦しんでいたのでリハビリ施設に入った。

# 貧困 ①

0360 ☐☐☐

## absolute [ǽbsəlùːt]

形 絶対的な

The absolute minimum asking price is $12,000.

絶対的な最低希望価格は 12,000 ドルだ。

0361 ☐☐☐

## unable [ʌnéɪbl]

形 できない

Despite repeated attempts, she was unable to quit smoking.

繰り返し試みたにもかかわらず彼女は禁煙することができなかった。

---

## ▌文法・構文

● Is that something the government runs?（それって、政府が運営しているの？）

■ something (that) SVで「SVするもの・こと」という意味です。非常によく使われる形でこれがさっと言えればなかなかです。

● I understand that there are a lot of children who come from poor families, ...（貧困家庭の子どもが多いことがわかりますね。……）

■ 関係代名詞whoがchildrenを修飾しています。thatで言い換えることもできますが人の時はwhoを用いるほうが自然です。

● ...but shouldn't the government take the initiative and develop welfare services like this?（……でも、そういう福祉事業は、政府が主導権を握って進めていくべきなんじゃないの？）

■ should「〜するべき」を使った否定疑問文です。「〜すべきではないですか」という意味で、実質「そうするべきだ」という話し手の強い気持ちを含んでいます。

● Absolute poverty is a situation where a person is unable to get the resources they need to maintain a minimum standard of living.（絶対的貧困とは、人が最低限の生活水準を維持するために必要な物資を手に入れることができないような状態のことだ。）

■ the resources <they need to maintain>という読み方をしていませんか？　正しくは、the resources <they need> to maintain...です。maintainの後ろに目的語（a minimum standard of living）があることが解釈のヒントです。

## Poverty ②

◀)) 33

**Hanako**: What's <u>relative</u> poverty then?

**Prof.**: Relative poverty is a situation where a person is poorer than the majority of people in a particular country or region. There aren't many people who experience absolute poverty in Japan now, but experts believe that there is a surprising number of people who experience relative poverty.

**Hanako**: Is there a way to **find out** how many people experience relative poverty?

**Prof.**: <u>The number that demonstrates this is called the relative poverty rate.</u> An individual's income is estimated by looking at the household income, and this is arranged **in order** from highest to lowest. The relative poverty rate is the proportion of people whose income is lower than half of the median income.

**Hanako**: And about how many people experience relative poverty?

**Prof.**: We started this conversation with the topic of the Children's Cafeteria, so let's think about the poverty rate for children of 17 or under. To start with, the child poverty rate in 2012 was 16.3%. This means that in a class of 40 students, 7 students would be experiencing poverty.

**Taro**: I see… there are a lot of children from poor families.

**Prof.**: That's right. However, when the child poverty rate was calculated again in 2015, it had improved to 13.9%.

# 貧困 ②

花子：じゃあ、相対的貧困の方は？

教授：相対的貧困は、人がある特定の国や地域において大多数の人よりも貧しい状態のことを言う。現在日本には絶対的貧困を経験している人はそれほど多くないが、識者の見方によると、相対的貧困を経験している人は意外と多いということだ。

花子：相対的貧困にある人がどれくらいいるのか、知る方法はあるんでしょうか？

教授：それを表した数字を相対的貧困率と言う。一人ひとりの所得を世帯の収入から概算し、これを最大値から最小値まで順に並べていく。相対的貧困率とは、その所得の中央値の半分に届かない人の割合のことだ。

花子：それで、どれくらいの人が相対的貧困の状態にあるんですか？

教授：子ども食堂の話題から話が始まったから、17歳以下の子どもの貧困率について考えてみよう。まず、2012年の子どもの貧困率は16.3%だった。これは、40人学級なら7人の生徒が貧困状態にあるということを意味する。

太郎：なるほど……。たくさんの子どもが、貧困家庭で暮らしているんですね。

教授：そうなんだ。だが、2015年に再び子どもの貧困率を算出してみたところ、13.9%に改善していた。

▌熟語・慣用句（表現）

find out　知る、見つけ出す

in order　順番に

UNIT 33　貧困 ②　157

## Poverty ②

◀)) 0362 - 0374

0362 ☐☐☐

### relative [rélətɪv]

形 相対的な

Relative poverty started to grow after the bubble burst.

バブルが崩壊すると相対的貧困が増加し始めた。

0363 ☐☐☐

### majority [mədʒɔ́:rəti]

名 大多数

The majority of students work in part-time jobs.

大多数の学生はアルバイトをしている。

0364 ☐☐☐

### particular [pərtíkjələr]

形 特定の

One particular moment defined the outcome of the match.

ある特定の瞬間がその試合の結果を決定づけた。

0365 ☐☐☐

### region [rí:dʒən]

名 地域

Political stability will attract investors to the region.

政治の安定は投資家をその地域に惹きつける。

0366 ☐☐☐

### experience [ɪkspíəriəns]

他 経験する

He experienced a few problems in the new country.

彼は新しい国でいくつかの問題を経験した。

0367 ☐☐☐

### expert [ékspə:rt]

名 識者、専門家

The company hired an expert to lead their marketing team.

その会社はマーケティングチームを率いる専門家を雇った。

0368 ☐☐☐

### demonstrate [démənstrèɪt]

他 表す、示す

The numbers clearly demonstrate a failing strategy.

数値は戦略が失敗していることをはっきりと示している。

0369 ☐☐☐

### household [háʊshòʊld]

名 世帯、家

The teenager did daily household chores for pocket money.

十代の子どもたちは小遣いをもらうために毎日家事をした。

# 貧困 ②

0370 ☐☐☐
## income [ínkʌm]
名 収入

The promotion led to an increase in his annual income.

昇進が彼の年収の増加につながった。

0371 ☐☐☐
## arrange [əréɪndʒ]
他 並べる

The historical events are arranged chronologically.

歴史上の出来事は時代順に並べられる。

0372 ☐☐☐
## proportion [prəpɔ́ːrʃən]
名 割合

The proportion of the population under 20 is declining.

二十歳以下の人口に占める割合は減少している。

0373 ☐☐☐
## median [míːdiən]
形 中央値の

The median age of marriage continues to rise.

結婚年齢の中央値が上昇しつづけている。

0374 ☐☐☐
## calculate [kǽlkjəlèɪt]
他 算出する、計算する

GPS calculates your position with a high degree of accuracy.

GPS は高い精度で位置を計算する。

---

## ▌文法・構文

● What's relative poverty then?（じゃあ、相対的貧困の方は？）

■ 直前の話の流れを受けて「そうなら」「その流れでいくと」くらいの意味で用いるthenです。

● The number that demonstrates this is called the relative poverty rate.（それを表した数字を相対的貧困率と言う。）

■ that demonstrates / this is called...という切り方をしていませんか。正しくはthe demonstrates this / is calledです。that ... thisがnumberを修飾する構造です。

# Poverty ③

**Prof.**: This means that in a class of 40 students, 6 students would be experiencing poverty. It was the first time in twelve years that the child poverty rate improved.

**Taro**: It's good that it's improving.

**Hanako**: I wonder why it improved.

**Prof.**: Taro, do you remember what happened between 2012 and 2015?

**Taro**: There was a change of government from the Democratic Party of Japan to the Liberal Democratic Party, and the Abe Cabinet started!

**Prof.**: You're right. The child poverty rate is calculated using the household income and not the household assets, so the improvement in the child poverty rate indicated an increase in household income.

**Hanako**: So, could we say that the child poverty rate improved **as a result of** 'Abenomics'?

**Prof.**: That's right. The effect of the monetary policy was especially significant.

**Hanako**: Does this mean that the child poverty rate will continue to get better?

**Prof.**: That will depend on whether Prime Minister Abe's successor understands the monetary policy correctly. If someone who **is inclined to** introduce austerity measures becomes the next Prime Minister, the child poverty rate is likely to worsen.

**Hanako**: I see. So, our future depends on who becomes the next Prime Minister.

# 貧困 ③

**教授**：これは、40 人学級なら 6 人の生徒が貧困状態にあるということを意味する。子どもの貧困率が改善されたのは、12 年ぶり初めてのことだ。

**太郎**：改善されつつあって良かったね。

**花子**：どうして改善されたのかしら。

**教授**：太郎は、2012 年から 2015 年の間に、何が起こったか覚えているかい？

**太郎**：民主党から自民党（自由民主党）に政権交代が起こって、安倍内閣が発足した！

**教授**：正解。子どもの貧困率は、世帯の資産ではなく、世帯の所得をもとに計算するから、子どもの貧困率の改善は、世帯収入が増えたことを意味したんだ。

**花子**：じゃあ、アベノミクスの成果として、子どもの貧困率が改善したと言えるんですか？

**教授**：そうだ。金融政策の効果が特に大きいね。

**花子**：これからも、どんどん子どもの貧困率は改善していくということでしょうか？

**教授**：それは安倍総理大臣の後継者が、正しく金融政策を理解しているかどうかにかかっているだろう。もし、緊縮政策を導入する傾向にある人が次の総理になってしまうと、子どもの貧困率は悪化することになりそうだね。

**花子**：誰が次期首相になるかに、私たちの未来がかかっているんですね。

▌**熟語・慣用句（表現）**

as a result of　〜の結果として

be inclined to *do*　〜する傾向にある

🔊 0375 - 0387

0375 ☐☐☐
## wonder [wʌ́ndər]

他 ～かしらと思う、～だろうかと思う

He was wondering if the decision to change jobs was right.

彼は転職の決断が正しかったのだろうかと思っていた。

0376 ☐☐☐
## liberal [líbərəl]

形 自由の、リベラルな

She had liberal views on both politics and religion.

彼女は政治と宗教の両方に関してリベラルな考え方を持っていた。

0377 ☐☐☐
## cabinet [kǽbənət]

名 内閣

An emergency meeting was held by the cabinet.

緊急会議が内閣によって開かれた。

0378 ☐☐☐
## indicate [índəkèıt]

他 意味する、示唆する

The results indicate that we need a fresh approach.

その結果は私たちには新鮮なアプローチが必要だということを示唆している。

0379 ☐☐☐
## especially [ıspéʃəli]

副 特に

We have to be especially careful with customer data.

顧客データは特に注意して取り扱う必要がある。

0380 ☐☐☐
## significant [sıgnífıkənt]

形 大きい、顕著な

There has been significant progress made in the trade talks.

貿易の話し合いにおいて顕著な進展があった。

0381 ☐☐☐
## depend [dıpénd]

自 かかっている

Your success at the firm will depend on your commitment.

会社で成功するかどうかはあなたが本気で取り組むかにかかっている。

0382 ☐☐☐
## minister [mínəstər]

名 大臣

He was promoted as the new Minister for the Environment.

彼は昇進して新環境大臣となった。

# 貧困 ③

0383 ☐☐☐

**successor** [səksésər]

名 後継者、後任者

His successor is expected to modernize the department.

彼の後任者はその部署を時代に見合ったものにすることが期待されている。

0384 ☐☐☐

**correctly** [kərékɪli]

副 正しく

He correctly predicted a rise in unemployment.

失業率が増加するという彼の予測は正しかった。

0385 ☐☐☐

**austerity** [ɔːstérəti]

名 緊縮

Austerity plans will mean major cuts in education.

緊縮計画は教育分野での大幅な削減を意味するだろう。

0386 ☐☐☐

**likely** [láɪkli]

形 ～になりそう、～しそう

The poor weather conditions are likely to improve next week.

悪天候は来週には改善しそうだ。

0387 ☐☐☐

**worsen** [wɔ́ːrsn]

自 悪化する

Unfortunately, his health is expected to quickly worsen.

残念ながら、彼の健康がすぐに悪化すると予想される。

---

## ▌文法・構文

● It was the first time in twelve years that the child poverty rate improved.
（子どもの貧困率が改善されたのは、12年ぶり初めてのことだ。）

■ it ... that構文です。...の部分（the first time in twelve years）が強調されています。

# Disasters and Restoration ①

◀)) 35

**Hanako**: I'm glad to hear that the child poverty rate has improved as a result of 'Abenomics.'

**Taro**: But you know how the news tells us that the economy is improving? I haven't really noticed it.

**Hanako**: That's true. It's strange considering the fact that they seem to be enacting the right kind of economic policy, isn't it?

**Prof.**: You've both raised good points. One of the economic policies adopted after the inauguration of the Abe administration was a mistake. Do you know which one it is?

**Taro**: The increase of the **consumption tax** in 2014!

**Prof.**: Yes, that's right Taro. Well done.

**Taro**: Well, everything I wanted became more expensive all of a sudden. It was hard not to notice even if I didn't want to.

**Prof.**: When the consumption tax rate increased from 5% to 8% in 2014, the consumption of people in Japan froze. But did you know that behind the scenes, there was a big tax hike in another area too?

**Hanako**: I don't recall any tax increases **apart from** the consumption tax. There wasn't, was there?

**Prof.**: Do you both remember the Great East Japan Earthquake?

**Taro**: Of course. I was only an elementary school student **back then**, but I remember it. It was so frightening.

# 災害と復興 ①

花子：アベノミクスの成果で、子どもの貧困率が改善して嬉しいわ。

太郎：でもさぁ、ニュースで景気が良くなっているとは言っているけど、あんまりわからないんだよね。

花子：そうね。正しい経済政策を成立させているような事実を考えると変ね。

教授：二人とも、いい点を取り上げてくれたね。安倍政権発足後に採用された経済政策の一つは間違っていたんだ。どれだかわかるかい？

太郎：2014 年の消費税増税！

教授：正解だ、太郎。よくわかったね。

太郎：だって、買いたいものがみんな、急にもっと高くなっちゃいましたから。嫌でもわかりますよ。

教授：消費税が 2014 年に 5％から 8％に引き上げられた時、日本人の消費は冷え込んだ。だがその舞台裏で、もう一つの分野で大きな税金の引き上げがあったことを知っていたかな？

花子：消費税とは別の増税なんて思い出せないわ。あったかしら？

教授：二人は、東日本大震災は覚えているかな？

太郎：もちろんです。あの時はまだ小学生だったけれど、覚えています。怖かったなぁ。

▌熟語・慣用句（表現）

consumption tax　消費税　　／　　apart from　〜とは別に、〜の他に

back then　その当時

# Disasters and Restoration ①

🔊 0388 - 0399

---

0388 ☐☐☐

## poverty [pάːvərti]

名 貧困

Eradication of poverty should be a top priority.

貧困の根絶は最優先事項であるべきだ。

---

0389 ☐☐☐

## fact [fǽkt]

名 事実

The fact that smoking causes cancer is well-known.

喫煙が癌を引き起こすという事実はよく知られている。

---

0390 ☐☐☐

## enact [ɪnǽkt]

他 成立させる、制定する

The local government wants to enact a new residence tax.

地方自治体は新しい住民税を制定したいと考えている。

---

0391 ☐☐☐

## right [rάɪt]

形 正しい

They agreed that this was the right solution to the issue.

その人たちはこれが問題の正しい解決策であると同意した。

---

0392 ☐☐☐

## raise [réɪz]

他 取り上げる、提起する

The directors raised the important issue of paternity leave.

取締役は父親の育児休暇の重要な問題を提起した。

---

0393 ☐☐☐

## adopt [ədάːpt]

他 採用する

A decision was made to adopt the budget proposal.

その予算案を採用する決定がなされた。

---

0394 ☐☐☐

## sudden [sʌ́dn]

名 急

All of a sudden, they reversed their position.

急に、その人たちは立場を反転させた。

---

0395 ☐☐☐

## freeze [fríːz]

自 冷え込む

Expulsion of the diplomats meant that relations had frozen.

外交官の追放によって関係が冷え込んだ。

# 災害と復興 ①

0396 □□□
**scene** [síːn]
名 舞台

Those countries worked toward agreement behind the scenes.

それらの国々は舞台裏で合意に向けて動いた。

0397 □□□
**hike** [háɪk]
名 引き上げ

The politicians suggested a hike in the minimum wage.

政治家は最低賃金の引き上げを提案した。

0398 □□□
**recall** [rɪkɔ́ːl]
他 思い出す

His notes helped him to recall the points from the meeting.

メモのおかげで彼は会議の要点を思い出すことができた。

0399 □□□
**frightening** [fráɪtnɪŋ]
形 怖い、恐ろしい

The miners described the frightening experience underground.

鉱山労働者たちは地下での恐ろしい経験を説明した。

---

**┃ 文法・構文**

- But you know how the news tells us that the economy is improving? I haven't really noticed it.（でもさぁ、ニュースで景気が良くなっているとは言っているけど、あんまりわからないんだよね。）

■ このhowは「～する方法」という意味よりはthe fact that「～という事実」の意味に近い用法です。

- It was hard not to notice even if I didn't want to.（嫌でもわかりますよ。）

■ even if SVで「もしSVであったとしても」という意味を表します。ただし、evenが省略されてifだけで同じ意味を表すこともあります。

36

**Prof.**: Yes. The Japanese government determined that they needed restoration funds after the Great East Japan Earthquake. What was imposed on the people as a result was the 'special restoration tax.'

**Hanako**: Special restoration tax? **I've never heard of that before**.

**Prof.**: You're both only students at the moment, so you might not be familiar with this when compared to the consumption tax. There are 3 types of 'special restoration taxes' which are the 'special restoration tax for corporate bodies,' 'special restoration tax for incomes,' and 'resident tax.' The tax rate for corporate bodies and resident tax isn't very high, so I'll **focus on** explaining the 'special restoration tax for incomes.' In the 25 years between 2013 and 2037, 2.1% of the standard income tax is being taxed as the 'special restoration tax for incomes.'

**Taro**: What!? For 25 years!?

**Prof.**: Yes, it's very long, isn't it? During that time, the income tax will continue to be 2.1% higher. Apart from the increase in consumption tax, this is a hidden tax increase which is **contributing to** the reason why the rate of consumption has **slowed down**.

**Hanako**: But that money is needed for the restoration right? I think it's important for the population to share the burden with those in the affected areas.

**Prof.**: Yes, you'd be right if that amount was actually necessary.

**Hanako**: What do you mean?

# 災害と復興 ②

**教授**：そうだね。東日本大震災の後、復興財源が必要だと日本の政府は判断した。その結果、国民に課されることになったのが「復興特別税」だ。

**花子**：復興特別税？　聞いたことがないわ。

**教授**：二人はまだ現時点で学生だから、消費税に比べて馴染みがないかもしれないね。「復興特別税」には、「復興特別法人税」「復興特別所得税」「住民税」の３つの種類がある。法人税と住民税の税率はそれほど高くないから、「復興特別所得税」の説明に絞ろう。2013 年から 2037 年までの 25 年間、基準所得税額の 2.1% 分が復興特別所得税として国民に課税されているんだ。

**太郎**：ええー！？　25 年間も！

**教授**：ああ、すごく長いよね。その間ずっと所得税が 2.1% 高くなるというわけだ。これが、消費税増税とは別の、消費率を鈍化させている隠れた増税だ。

**花子**：でも、そのお金は復興のために必要なものなんですよね？　国民皆で被災地の人と負担を分かち合うことは大切だと思うわ。

**教授**：その通りだ。もしそれだけの財源が本当に必要ならね。

**花子**：どういうことですか？

▌**熟語・慣用句（表現）**

I've never heard of that before.　以前にそれを聞いたことがありません。

focus on　〜に焦点を当てる、〜に力を入れる

contribute to　〜の一因になる、〜に貢献する

slow down　鈍化する

# Disasters and Restoration ②

🔊)) 0400 - 0411

**0400** ☐ ☐ ☐

## restoration [rèstəréɪʃən]

名 復興、修復

The restoration of the castle was over budget.

そのお城の修復は予算を超えていた。

**0401** ☐ ☐ ☐

## impose [ɪmpóʊz]

他 課す

The country imposed economic sanctions as a response.

その国は対応として経済制裁を課した。

**0402** ☐ ☐ ☐

## moment [móʊmənt]

名 時点

He is not reaching his potential at the moment.

彼は現時点では潜在能力を発揮していない。

**0403** ☐ ☐ ☐

## familiar [fəmíljər]

形 馴染みがある、よくわかっている

I am not familiar with the new IT systems yet.

私はまだ新しいITシステムがよくわかっていない。

**0404** ☐ ☐ ☐

## type [táɪp]

名 種類

There a several types of material we can use in production.

生産に使用できるいくつかの種類の材料がある。

**0405** ☐ ☐ ☐

## resident [rézədənt]

名 住民

Local residents are campaigning for better healthcare.

地域住民たちはより良い医療を求めて運動している。

**0406** ☐ ☐ ☐

## hide [háɪd]

他 隠す

She hid her prior conviction from her employers.

彼女は雇用主に前科を隠した。

**0407** ☐ ☐ ☐

## population [pɑ̀ːpjəléɪʃən]

名 国民、住民

The majority of the city population supports the mayor.

その都市の住民の大半は市長を支持している。

# 災害と復興 ②

0408 □□□

**share** [ʃéər]

An effective team shares the responsibility and workload.

他 分かち合う、分担する

責任と仕事量を分担できるのが有能なチームだ。

0409 □□□

**burden** [bə́ːrdn]

The burden of being away from his family made him resign.

名 負担

自分の家族から離れることが負担となって彼は辞職した。

0410 □□□

**affect** [əfékt]

Government cuts will affect families across the country.

他 被災させる、影響を与える

政府の支出削減は国中の家庭に影響を与えるだろう。

0411 □□□

**actually** [ǽktʃuəli]

Details of educational history are actually not required.

副 本当に、実際のところ

学歴の詳細は実際のところ必要ない。

---

## ▌文法・構文

● ...2.1% of the standard income tax is being taxed as the 'special restoration tax for incomes.'（……基準所得税額の2.1％分が復興特別所得税として国民に課税されているんだ。）

■ 受け身の現在進行形です。be -ingとbe＋過去分詞が組み合わさってbe being＋過去分詞という形になります。

● ...you'd be right if that amount was actually necessary.（……もしそれだけの財源が本当に必要ならね。）

■ 仮定法で言われているので、if以下の内容は実際は正しくないと話し手は思っています。

◀)) 37

**Prof.**: The Democratic Party estimated that 20 trillion yen would be required for the restoration of the areas affected by the Great East Japan Earthquake. They then decided that 10 of those 20 trillion yen would need to be covered by tax increases, which is how the reconstruction fund act was passed.

**Hanako**: **What's wrong with** that?

**Prof.**: Yutaka Harada, a council member of the policy board for the Bank of Japan, estimated that this figure was incorrect and that the physical assets damaged by the Great East Japan earthquake only **amounted to** approximately 6 trillion yen. He also pointed out that if only 6 trillion yen was needed, then there was no need for a tax increase as it could have been covered by the flotation of national bonds.

**Hanako**: Was a tax increase really not needed?

**Prof.**: Well, in 2011, only 60.6% of the funds were used, and in 2012, only 64.8% of the funds were used. So, for 2 years **in a row**, more than a third of the budget wasn't used.

**Taro**: So, where have all of the taxes we've paid gone to?

**Prof.**: Well actually, even before the 2012 budget for reconstruction, around 2 trillion yen had already been distributed to areas outside of the affected regions. It was even being distributed to Okinawa's national highway maintenance costs, which **have nothing to do with** the restoration. It could even be said that the tax increase for reconstruction shouldn't have been implemented.

# 災害と復興 ③

**教授**：民主党は、東日本大震災の被災地の復興のためには約 20 兆円必要であると推定した。そして、20 兆円のうち 10 兆円を増税で賄う必要があると判断し、そのため、復興財源法を可決させたんだ。

**花子**：それのどこがおかしいんでしょうか。

**教授**：日本銀行政策委員会審議委員の原田泰氏は、この数字は間違いで、東日本大震災で毀損された物的資産は、約 6 兆円に達する程度だと見積もっている。そして、たった 6 兆円の不足なら、増税の必要はなく、国債の発行によって賄えるだろうと指摘しているんだ。

**花子**：本当に増税する必要はなかったんですか？

**教授**：ええと、2011 年度に使われたのは復興財源のたった 60.6%。2012 年度に使われたのが復興財源の 64.8% だけだ。したがって、2 年連続で予算の 3 分の 1 以上が使われなかったんだね。

**太郎**：じゃあ、僕たちの払った税金はどこに消えたんですか？

**教授**：実は、2012 年度の復興予算以前にも、すでに約 2 兆円が被災地以外の地域に配られていたんだ。沖縄の国道整備費にも配られていて、それは復興とは関係がない。復興増税なんて実施するべきではなかったとさえ言えるだろうね。

▍**熟語・慣用句（表現）**

what's wrong with　〜のどこが悪いのか　／　amount to　総計〜に達する
in a row　連続して　／　have nothing to do with　〜と関係がない

# UNIT
# 37

## Disasters and Restoration ③

🔊 0412 - 0424

**0412** ☐☐☐

### estimate [éstəmèɪt]

他 推定する、見積もる

We estimate approximately 80 applications for the position.

その役職への応募は 80 件ほどだと見積もっている。

**0413** ☐☐☐

### cover [kʌ́vər]

他 賄う

You can apply for a student loan to cover your tuition fees.

学費を賄うために学生ローンに応募する選択肢もある。

**0414** ☐☐☐

### board [bɔ́ːrd]

名 委員会

His retirement opened up a seat on the executive board.

彼の退職で執行委員会の席が一つ空いた。

**0415** ☐☐☐

### figure [fígjər]

名 数字

These figures highlight a very successful year in sales.

これらの数字によって販売が非常に好調だった年が際立っている。

**0416** ☐☐☐

### physical [fízɪkl]

形 物的な、物理的な

The physical environment of the office affects how you work.

職場の物理的な環境が仕事の仕方に影響を与える。

**0417** ☐☐☐

### damage [dǽmɪdʒ]

他 毀損する、損傷を与える

The tsunami severely damaged the coastal structures.

津波は沿岸部の建物にひどい損傷を与えた。

**0418** ☐☐☐

### approximately [əprɑ́ːksəmətli]

副 約、およそ

There are approximately 25,000 species on this island.

この島にはおよそ 25,000 の種がいる。

**0419** ☐☐☐

### point [pɔ́ɪnt]

他 指摘する

The teacher pointed out the errors made in the calculation.

その教師は計算上のミスを指摘した。

# 災害と復興 ③

0420 ☐☐☐

**flotation** [floʊtéɪʃən]　　　名 発行、公開

The stock market flotation brought bonuses for all staff.

株式公開によって全てのスタッフにボーナスが出た。

0421 ☐☐☐

**budget** [bʌ́dʒət]　　　名 予算

The defense budget has been cut again this year.

防衛予算は今年も削減された。

0422 ☐☐☐

**distribute** [dɪstríbjuːt]　　　他 配る、配布する

He distributed the syllabus handouts in the first class.

彼はシラバスのハンドアウトを初回のクラスで配布した。

0423 ☐☐☐

**national** [nǽʃənl]　　　形 国の

All states look to protect their national interests.

全ての国が国益を保護しようとする。

0424 ☐☐☐

**maintenance** [méɪntənəns]　　　名 整備、メンテナンス

All IT systems were down due to maintenance.

メンテナンスのため全ての IT システムがダウンした。

---

**▌文法・構文**

● He also pointed out that if only 6 trillion yen was needed, then there was no need for a tax increase as it could have been covered by the flotation of national bonds.（そして、たった6兆円の不足なら、増税の必要はなく、国債の発行によって賄えるだろうと指摘しているんだ。）

■ could have ＋過去分詞で「〜した／できた可能性がある」という意味です。

# 経済成長って何で必要なんだろう？

芹沢一也・荻上チキ編／光文社

マスメディアが行う世論調査で、国民が政府に期待することの上位に必ずといっていいほど登場するのが「景気の改善」である。マクロ経済の状況が、あらゆる国民の生活に影響を与えることを考えれば、これは至極当然な結果と言えるだろう。

本書のテーマは、「経済成長」である。先述したように、マクロ経済の状況は、すべての国民生活に関わるものである。しかしながら、日本の論壇において、マクロ経済が主たるテーマとなることは少ない。

貧困や格差が問題なのは間違いない。だが、それを解決する処方箋がわからない。こうした日本の論壇の現状は、経済学に対する無理解に起因すると、本書の著者の一人である飯田泰之は語る。そして、そのような現状を打破するために、経済学者の飯田が三人の識者と連続対談をおこなった成果が、本書である。

対談相手の中でまず目を引くのは、「希望は戦争」というフレーズで、一躍、論壇の注目を集めたライターの赤木智弘である。赤木は1970〜80年代生まれで、新卒時に正規雇用に就けず、非正規雇用者となった者の多いロスト・ジェネレーション世代を代表する論客。「希望は戦争」というフレーズも、どうせ自分たち非正規労働者は今後収入の増加も見込めないのだから、戦争でも起きて正社員も自分たちと同様の苦労をすればいいという願いが込められているものである。

ロスト・ジェネレーション世代の格差を訴える赤木に、飯田は非正規労働者と正社員の対立を煽るのは無益だと教え諭す。そして、赤木の父親もまた非正規労働者だったが、赤木を立派に育て上げたではないかと指摘する。赤木の父親は、自営の内装工だった。そんな彼が、一軒家を所有し、妻と子を養うという、安定した生活が送れていたのはなぜか？　その答えを、飯田は経済成長に見出す。ロスト・ジェネレーション世代の格差解消のために有効なのは、正社

員を非正規社員の地位に引きずり下ろすことではなく、デフレ脱却なのだ。正解は「希望は戦争」ではなく、「希望はインフレ」だったのである。

赤木とは違った意味で、反貧困運動の最前線に立つ運動家である湯浅誠との対談も興味深い。貧困解消に取り組む湯浅に対し、飯田は近年イタリアやフランスでその導入が検討されている、ベーシックインカムを日本に導入することを提案する。しかし、飯田のこの提案に対し、湯浅は否定的である。湯浅によれば、日本でベーシックインカムが具体的に実現するプロセスが見えない以上、積極的に賛成することはできないというのである。

確かに、生活保護の不正受給者に対する風当たりの強さを見ても、日本にベーシックインカムが導入されるのにはまだ時間がかかりそうである。だが、今の時点で現実に実現していない政策については論じる余地が無いとするこの湯浅の発想には、いささか疑問を感じずにはいられない。なぜなら、いかなる社会保障制度も過去においては存在しなかったものであり、そうした制度が無かった時代の先人たちの苦闘によって実現したものだからである。既存の制度を活用するだけでは、新しい未来を切り開くことはできない。そして、新しい日本社会を構想するためには、経済学に対する理解が欠かせない。本書が最も訴えようとするメッセージも、そこにあるのだろう。

### 関連図書

- 『震災復興 欺瞞の構図』原田泰著／新潮社
  精緻なデータ分析を元に、震災復興に過剰な予算が計上されていることを指摘。復興増税は本来であれば不要であったことが明快にわかる。

- 『隷属なき道』ルトガー・ブレグマン著／文藝春秋
  AI（人工知能）の普及によって、ますます深まる経済格差。その解決策としてベーシックインカムを提案し、欧州の社会政策に影響を与えた一冊。

- 『データ分析の力』伊藤公一朗著／光文社
  データ分析についての入門書。ランダム化比較試験、RDデザイン、パネル・データ分析など、因果関係を見出すための様々な技法が紹介されている。

◀)) 38

**Hanako**: I saw that the Shibuya Ward started issuing certificates that acknowledge the relationship between same-sex couples as being equivalent to those of married couples.

**Taro**: Does that mean couples of the same sex can get married in the Shibuya Ward now? That's amazing if it's true.

**Prof.**: Well, not exactly. Same-sex marriage is still not possible in Japan. The Family Registration Law only considers a male and female pair as 'married,' so we can't say that same-sex marriage has been accepted in Japan just because the Shibuya Ward is issuing same-sex partnership certifications.

**Hanako**: In that case, what's the point of issuing same-sex partnership certifications?

**Prof.**: To understand that, you first need to understand the concept of sexual minorities. Have either of you heard of the term 'LGBT'?

**Taro**: I've heard of it.

**Hanako**: I've seen it being used on TV before. I think it refers to homosexual people.

**Prof.**: 'LGBT' is an acronym for the 4 main sexual minorities.

**Hanako**: An acronym?

# マイノリティ ①

花子：渋谷区が、同性カップルを結婚したカップルに相当する関係と認める証明
　　　書を発行するようになったと、ニュースでやっていたわ。

太郎：それって、今渋谷区では同性カップルでも結婚できるってこと？　本当な
　　　らすごいね。

教授：いや、そういうわけでもないんだ。日本で同性の婚姻はいまだに可能になっ
　　　ていないよ。日本の戸籍法では、男女の一組を「婚姻している」として認めて
　　　いるから、渋谷区が同性パートナーシップの証明書を発行したからといって、
　　　日本で同性婚が認められたとは言えないね。

花子：それなら、同性パートナーシップの証明書の発行には、どんな意味がある
　　　のかしら？

教授：それを理解するにはまず、性的少数者（セクシュアルマイノリティ）とい
　　　う概念について理解する必要があるね。二人どちらか、LGBT という言葉を聞
　　　いたことがあるかな？

太郎：聞いたことはあります。

花子：テレビで使われているのを見たことがあります。同性愛者のことかと。

教授：LGBT とは、4つの代表的な性的少数者を表した頭文字なんだ。

花子：頭文字ですか？

🔊 0425 - 0439

0425 ☐☐☐

**ward** [wɔ́ːrd]

名 区

Minato and Chiyoda wards are renowned for being expensive.

港区と千代田区は値が高いことで有名だ。

0426 ☐☐☐

**issue** [íʃuː]

他 発行する、発令する

Authorities issued an emergency warning to evacuate.

当局は緊急避難警報を発令した。

0427 ☐☐☐

**couple** [kʌ́pl]

名 カップル、夫婦

The couple made a decision not to have children.

その夫婦は子供をつくらないことに決めた。

0428 ☐☐☐

**equivalent** [ɪkwívələnt]

形 相当する

Some languages don't have equivalent verb tenses to English.

言語の中には英語の動詞の時制に相当するようなものがないものもある。

0429 ☐☐☐

**married** [mérid]

形 結婚した

Some studies reveal that married men live longer.

結婚した男性はより長生きするということを明らかにした研究もある。

0430 ☐☐☐

**marriage** [mérɪdʒ]

名 婚姻、結婚

He has two daughters from his first marriage.

彼には最初の結婚でできた娘が二人いる。

0431 ☐☐☐

**consider** [kənsídər]

他 認める、みなす

Tom is considered as the best option for the role.

トムはその役目にうってつけだとみなされている。

0432 ☐☐☐

**pair** [péər]

名 一組、夫婦

The pair announced they were divorcing after twenty years.

その夫婦は 20 年連れ添った後に離婚すると発表した。

# マイノリティ ①

0433 ☐☐☐
## accept [əksépt]

He had to accept the final decision by the committee.

他 認める、受け入れる

彼は委員会による最終決定を受け入れるしかなかった。

0434 ☐☐☐
## certification [sə̀ːrtəfɪkéɪʃən]

She was awarded a junior high school teaching certification.

名 証明書、免許

彼女は中学校の教員免許を授与された。

0435 ☐☐☐
## minority [mənɔ́ːrəti]

The minorities need better protection and representation.

名 少数者、少数民族

少数民族はさらなる保護と代表権を必要としている。

0436 ☐☐☐
## either [íːðər]

Either of these two ideas should be able to solve the issue.

代 どちらか、いずれか

これらの二つの考えのいずれかで問題を解決できるはずだ。

0437 ☐☐☐
## homosexual [hòʊməsékʃuəl]

Many countries still criminalize homosexual relationships.

形 同性愛の

多くの国では依然として同性愛の関係が犯罪とされている。

0438 ☐☐☐
## acronym [ǽkrənɪm]

CIA is an acronym for Central Intelligence Agency.

名 頭文字、頭字語

CIA は中央情報局（Central Intelligence Agency）の頭字語だ。

0439 ☐☐☐
## main [méɪn]

Our main offices are in London, Tokyo, and New York.

形 代表的な、本部の

我が社はロンドンと東京とニューヨークに本部事務所がある。

◀)) 39

**Prof.**: The 'L' in LGBT **stands for** 'lesbian,' 'G' stands for 'gay,' 'B' stands for 'bisexual,' and 'T' stands for 'transgender.'

**Hanako**: Are there other sexual minorities **apart from** the LGBT people?

**Prof.**: Yes, there are also people who don't feel attracted to any gender, and these people are referred to as 'asexual.'

**Hanako**: I see. There are many different kinds of people.

**Prof.**: Yes, that's right. It's important to think about the rights of sexual minorities when considering the diversity of our society.

**Taro**: I wonder what can be done to prevent sexual minorities from being discriminated against.

**Prof.**: Discrimination can occur in many different contexts, so it's difficult to **come up with** a simple answer. But first, it's necessary to **have a correct understanding of** sexual minorities. A specific example would be that people shouldn't use terms such as 'les' or 'homo' because these aren't just an abbreviation of the words 'lesbian' and 'homosexual.' They are terms that have been used to insult these people.

# マイノリティ ②

教授：LGBT の「L」は「レズビアン（女性同性愛者）」、「G は「ゲイ（男性同性愛者）」、「B はバイセクシュアル（両性愛者）」、「T」は「トランスジェンダー（心と体の性が一致しない人）」を表すんだよ。

花子：LGBT 以外の他の性的少数者もいるんですか？

教授：ああ、どの性別にも惹かれないという人もいて、「アセクシャル」と呼ばれているよ。

花子：そうなんですか。多くの違ったタイプの人たちがいるんですね。

教授：そうなんだ。私たちの社会の多様性を思えば、性的少数者の権利について考えるのは重要なことだ。

太郎：性的少数者が差別されることを防ぐためにはどうしたら良いのだろう？

教授：差別行為は様々な文脈で生じ得るものだから、簡単な答えを見つけるのは難しい。だが、まずは性的少数者の人たちを正しく理解することが必要だね。具体的な例を一つ挙げると、「レズ」や「ホモ」といった呼称は使うべきではない。なぜなら、それらは単に「レズビアン」や「ホモセクシュアル」といった言葉の省略形ではなく、同性愛者を侮蔑して使われてきた表現だからだ。

▌熟語・慣用句（表現）

stand for　〜を表す　／　apart from　〜とは別に、〜の他に

come up with　〜を考え出す、〜を見つけ出す

have a correct understanding of　〜について正しく理解する

# Minorities ②

**0440** ☐☐☐

## sexual [sékʃuəl]

形 性的な

Reports of sexual harassment in the workplace are rising.

職場での性的嫌がらせの報告が増加している。

**0441** ☐☐☐

## attract [ətrǽkt]

他 惹く

I was attracted by the company's benefits package.

私はその会社の福利厚生に惹かれた。

**0442** ☐☐☐

## gender [dʒéndər]

名 性別

Gender inequalities in the workplace must be addressed.

職場での性別による不平等は解決されなければならない。

**0443** ☐☐☐

## refer [rɪfə́:r]

自 呼ぶ

The English language is referred to as a lingua franca.

英語はリンガフランカと呼ばれる。

**0444** ☐☐☐

## diversity [dəvə́:rsəti]

名 多様性

Employers are looking for diversity in the workplace.

雇用主は職場での多様性を求めている。

**0445** ☐☐☐

## society [səsáɪəti]

名 社会

Technology has a huge impact on society.

テクノロジーは社会に大きな影響を与えている。

**0446** ☐☐☐

## discriminate [dɪskrímənèɪt]

他 差別する

It is illegal to discriminate against ethnic minorities.

少数民族を差別することは違法だ。

**0447** ☐☐☐

## context [ká:ntekst]

名 文脈

Meaningful contexts should be used by language teachers.

意味のある文脈が言語の教師によって使用されるべきだ。

# マイノリティ ②

0448 ☐☐☐

**necessary** [nésəsèri]

It is necessary to have effective disaster management plans.

形 **必要な**

効果的な防災計画を立てる必要がある。

0449 ☐☐☐

**specific** [spəsífik]

His speech will address specific concerns about the merger.

形 **具体的な**

彼のスピーチは合併に関する具体的な懸念事項に触れることになる。

0450 ☐☐☐

**abbreviation** [əbrìːviéiʃən]

"Prof." is the abbreviation used for Professor.

名 **省略形、略語**

Prof. は教授 (Professor) の略語だ。

0451 ☐☐☐

**insult** [ɪnsʌ́lt]

The teacher's critical feedback insulted the student.

他 **侮辱する、自尊心を傷つける**

その教師の批判的なフィードバックは生徒の自尊心を傷つけた。

---

## 文法・構文

- It's important to think about the rights of sexual minorities when considering the diversity of our society. （私たちの社会の多様性を思えば、性的少数者の権利について考えるのは重要なことだ。）

■ when -ingで「〜するときに」です。when S be -ingのS beの部分が省略されています。なお、when -ingはin -ingで言い換えることもできます。

- Discrimination can occur in many different contexts, so it's difficult to come up with a simple answer. （差別行為は様々な文脈で生じ得るものだから、簡単な答えを見つけるのは難しい。）

■ canは可能性の高さに関係なく、少しでもあり得ると考えている場合に用いられます。

🔊 40

**Hanako**: I wonder how many LGBT people there really are.

**Prof.**: **According to** the research done by Dentsu Inc. in 2015, 7.6% of the people surveyed identified themselves as being part of the LGBT community.

**Taro**: That's **quite a lot of** people.

**Hanako**: Is society's understanding of this deepening?

**Prof.**: I can definitely say that it is spreading. Companies such as Panasonic and NTT revised their office regulations in 2016 to recognize same-sex partners as the spouses of employees. In addition, big changes are occurring in the education field, too. In 2015, the Ministry of Education **sent out** notices to all school staff asking them to sensitively deal with sexual minority students.

**Hanako**: It's very important for a teacher to have a correct understanding of sexual minorities, isn't it?

**Prof.**: The same-sex partnership certificate started being issued as part of a movement to ensure that sexual minorities are not disadvantaged. In 2013, Kanako Otsuji from the Democratic Party of Japan was awarded the House of Councilors election even though she was a runner-up, and she became the first openly LGBT Diet member. Then in 2016, the Democratic Progressive Party submitted a bill to the National Diet to combat discrimination against the LGBT community. I think the movement to reduce and resolve discrimination against the LGBT community will continue to progress in the future.

# マイノリティ ③

花子：LGBT の人たちは、実際にどのくらいいるんでしょうか？

教授：電通が 2015 年に行った調査では、調査された人のうちの 7.6% の人が LGBT コミュニティに属すると認めているよ。

太郎：けっこう多いんですね。

花子：こうしたことへの社会の理解は深まっているのでしょうか。

教授：確実に広がってきていると言えるだろうね。パナソニックや NTT では、2016 年から同性パートナーでも従業員の配偶者と認めるよう、就業規則が改定された。また、学校教育の現場でも大きな変化が起きている。文部科学省は 2015 年、全国の教職員に対して、性的少数者の生徒にきめ細かく対応するよう求める通知を出した。

花子：先生が性的少数者の人たちを正しく理解することは、とても大切なことですね。

教授：性的少数者の人たちが確実に不利益を被らないようにするための活動の一環として、同性パートナーシップの証明書が発行されるようになったんだ。2013 年には、民主党の尾辻かな子氏が、次点候補であったものの参議院選挙に当選し、日本で初めて LGBT を公表した国会議員となった。そして、2016 年、民進党は LGBT コミュニティへの差別と闘うために国会に法案を提出したんだ。LGBT コミュニティへの差別を減らし、解消しようとする活動は、これからも進み続けていくだろうね。

▌熟語・慣用句（表現）

according to　～によれば　／　quite a lot of　かなり多くの～

send out　出す、送る

🔊) 0452 - 0466

0452 ☐☐☐

**research** [rí:sɜːrtʃ]

名 調査、研究

Stem cell research is looking at ways to cure some diseases.

幹細胞研究はいくつかの病気の治療法を調査している。

0453 ☐☐☐

**survey** [sərvéɪ]

他 調査する

The research team surveyed over 3,000 people.

その研究チームは 3,000 人を超える人を調査した。

0454 ☐☐☐

**identify** [aɪdéntəfàɪ]

他 認める、認識する

He identifies himself as being British, not English.

彼は自分自身をイギリス人ではなく英国人だと認識している。

0455 ☐☐☐

**deepen** [dí:pən]

自 深まる

His understanding deepened as he solved the complex problem.

その複雑な問題を解いたときに彼の理解は深まった。

0456 ☐☐☐

**regulation** [rèɡjəléɪʃən]

名 規則

Government regulation will help to reduce costs.

政府の規制はコスト削減に役立つだろう。

0457 ☐☐☐

**spouse** [spáʊs]

名 配偶者

The spouse visa allows for a 5-year period of stay.

配偶者ビザは 5 年間の滞在を認める。

0458 ☐☐☐

**sensitively** [sénsətɪvli]

副 きめ細かく、丁寧に

Police were trained to treat victims of crime sensitively.

警察は丁寧に犯罪被害者に対応するよう訓練を受けた。

0459 ☐☐☐

**deal** [dí:l]

自 対応する

The secretary deals with all calls and emails.

秘書が全ての電話とメールに対応している。

# マイノリティ ③

0460 ☐☐☐
## partnership [páːrtnərʃɪp]

Their business partnership was based on mutual trust.

名 パートナーシップ、協力関係

彼らのビジネス上の協力関係は相互信頼に基づくものだった。

0461 ☐☐☐
## runner-up [rʌ́nərʌ́p]

The runner-up finished just 0.12 seconds behind the winner.

名 次点候補、二位の選手

二位の選手は優勝した選手のわずか 0.12 秒遅れでゴールした。

0462 ☐☐☐
## progressive [prəgrésɪv]

The new leader is introducing many progressive policies.

形 進歩的な

新しいリーダーは進歩的な政策をたくさん導入している。

0463 ☐☐☐
## submit [səbmít]

You can submit your application at the city hall.

他 提出する

申込書は市役所で提出することができる。

0464 ☐☐☐
## combat [kəmbǽt]

Stricter laws were passed to combat drug crime.

他 闘う、戦う

薬物による犯罪と戦うためのより厳しい法律が可決された。

0465 ☐☐☐
## discrimination [dɪskrìmənéɪʃən]

Age discrimination is becoming a serious problem at work.

名 差別

年齢による差別は職場において重大な問題となりつつある。

0466 ☐☐☐
## resolve [rɪzáːlv]

We need ideas to resolve rising levels of corruption.

他 解消する

増加する汚職を解消するためのアイデアが必要だ。

# Media ①

◀)) 41

**Hanako**: When I search the Internet for information, I sometimes encounter baseless rumors which are later disproven and criticized.

**Taro**: I have the same experience, too. **A huge amount of** information is available on the Internet, but we need to be aware that not all of it is true.

**Hanako**: I suppose we can't just rely on the Internet. We have to watch the news on TV and read the newspaper, too. I feel **as though** what's written or typed up is more reliable.

**Taro**: Yeah. The commentators on TV are usually people with high positions like university professors, too.

**Prof.**: Hmm… I'm not sure that we should believe all of the information we see on TV and read in the newspaper without questioning them, too. Hanako, have you ever heard of the term 'press club system'?

**Hanako**: Press club? No, I've never heard of it.

**Prof.**: In Japan, almost all of the information given to newspapers and television is provided by various government offices. Journalists often belong to the press club within the government offices, and they acquire information through the lectures that are given by government officials.

**Hanako**: So, does that mean journalists for weekly magazines or freelance journalists can't be part of the press club?

**Prof.**: Usually, no.

# メディア ①

花子：ネットで調べていると、たまにデマ（根拠のないうわさ）に遭遇してしまって、それがあとで間違いとわかって批判されていることがあるわ。

太郎：僕もそういうことあるなぁ。ネットは大量の情報が手に入るけど、全ての情報が正しいわけなじゃないから気をつけないとね。

花子：やっぱり、ネットに頼っていてはダメね。テレビのニュースを見たり、新聞を読まなきゃ。活字になっているものは、なんとなくもっと信頼できる気がするわ。

太郎：そうだね。テレビのコメンテーターは、たいてい大学の先生とか偉い人だしね。

教授：テレビで見たり新聞で読んだりする情報だって、疑問を持たずに全てを信じてはいけないんじゃないかな。花子は、「記者クラブ制度」という言葉を聞いたことがあるかい？

花子：記者クラブ？　聞いたことありません。

教授：日本では、新聞やテレビに与えられる情報のほとんどが、各種の官庁によって提供されているんだ。記者たちの多くは官庁の中に設けられた記者クラブに所属し、そこで政府の役人のレクチャーを通して情報を得るんだ。

花子：週刊誌の記者や、フリーランスのジャーナリストは記者クラブに入ることはできないんですか？

教授：通常できないね。

▌熟語・慣用句（表現）

a huge amount of　膨大な量の〜
as though　まるで〜のように

◀)) 0467 - 0480

0467

## search [sə́:rtʃ]

他 調べる、捜す

She searched the folders thoroughly to find the right file.

彼女は適切なファイルを見つけるために徹底的にフォルダの中を捜した。

0468

## encounter [ɪnkáʊntər]

他 遭遇する

Talk to your boss if you encounter any problems at work.

仕事で問題に遭遇したときは上司に相談しなさい。

0469

## baseless [béɪsləs]

形 根拠のない

They decided the allegations made were completely baseless.

彼らはなされた申し立てが完全に根拠のないものだと判断した。

0470

## rumor [rúːmər]

名 うわさ

Rumors of a merger quickly spread around the office.

合併のうわさはすぐにオフィス内で広まった。

0471

## available [əvéɪləbl]

形 手に入る

The product is available in a range of colors.

その製品は幅広い色で手に入る。

0472

## rely [rɪláɪ]

自 頼る、頼りにする

The manager could always rely on his work.

部長はその気になればいつでも彼の仕事ぶりを頼りにすることができる。

0473

## reliable [rɪláɪəbl]

形 信頼できる

Online information is not always reliable.

インターネット上の情報が常に信頼ができるとは限らない。

0474

## question [kwéstʃən]

他 疑問を持つ

He questioned the findings of the marketing report.

彼はマーケティングレポートの調査結果に疑問を持った。

# メディア ①

0475 ☐☐☐
## press [prés]

Only members of the press were allowed into the conference.

名 記者（団）

記者団のメンバーだけがその会議場への立ち入りを許可された。

0476 ☐☐☐
## office [á:fəs]

We have a new office opening in Singapore.

名 庁、事務所

私たちはシンガポールに新しい事務所を開設する。

0477 ☐☐☐
## belong [bɪlɔ́(:)ŋ]

I belong to several sports clubs downtown.

自 所属する

私は商業地区のいくつかのスポーツクラブに所属している。

0478 ☐☐☐
## lecture [léktʃər]

The Professor will give a lecture on FinTech.

名 レクチャー、講義

その教授は FinTech について講義する予定だ。

0479 ☐☐☐
## official [əfíʃəl]

Several corrupt officials are facing prosecution.

名 役人

汚職した役人が数人起訴されている。

0480 ☐☐☐
## freelance [frí:læns]

She prefers working on a freelance basis for the company.

形 フリーランスの

彼女はフリーランスでその会社のために働く方を好む。

---

### ▌文法・構文

● I suppose we can't just rely on the Internet.（やっぱり、ネットに頼っていてはダメね。）

■ can't just は「単純に〜するわけにはいかない」という意味で用いられます。

# Media ②

◀)) 42

**Taro**: It's quite exclusive, isn't it?

**Hanako**: What happens if journalists write something that criticizes a government office or is unfavorable to government officials?

**Prof.**: They would be penalized in some form or another **such as** being excluded from the press club for **a certain period of time**.

**Taro**: Wouldn't that make the journalists nervous and result in them not writing anything that criticizes the government office?

**Prof.**: You're absolutely right. That's why there are many public articles or stories criticizing politicians in newspapers and television, but there aren't many that criticize the government office. But the problem doesn't just **lie within** the press club.

**Hanako**: There are other problems, too?

**Prof.**: Hanako, have you ever heard of the term 'cross ownership'?

**Hanako**: No, I haven't.

**Prof.**: Cross ownership refers to the same corporation owning **various types of** media such as newspapers, television, radio, etc. at the same time. Many commercial broadcasting television stations were established as a subsidiary of the newspaper companies, so there is a strong tendency of cross ownership in Japan.

**Taro**: Is there a problem with cross ownership?

**Prof.**: Sure. If the mass media causes a scandal, there is a high probability that they will not be inclined to actively report it.

# メディア ②

太郎：ずいぶん閉鎖的なんですね。

花子：もし、記者たちが官庁を批判したり、政府の役人に都合の悪い記事を書いたらどうなるんでしょうか？

教授：一定期間、記者クラブを締め出されたりなど、何らかのペナルティを食らうだろう。

太郎：それじゃあ、記者たちも委縮してしまって、官庁を批判するようなことを書けなくなってしまっているんじゃないですか。

教授：全くその通り。だから、新聞やテレビには、政治家を批判する公の記事や話はたくさんあっても、官庁に対する批判は多くないんだ。だけど、問題は記者クラブ内にあるだけじゃないんだ。

花子：まだほかにも問題があるんですか？

教授：花子は「クロスオーナーシップ」という言葉を聞いたことがあるかな？

花子：ありません。

教授：クロスオーナーシップとは、同じ企業が新聞やテレビ、ラジオといった様々な種類のメディア媒体を同時に所有することだ。日本では、多くの民放テレビ局が新聞社の子会社として設立されたため、クロスオーナーシップの傾向が強いんだ。

太郎：クロスオーナーシップに、何か問題があるんですか？

教授：ああ。マスメディアが不祥事を犯した時に、それを積極的に報道したがらない可能性が高いね。

---

▎熟語・慣用句（表現）

such as　〜など　／　a certain period of time　ある一定期間

lie within　〜内にある　／　various types of　様々な種類の〜

🔊 0481 - 0490

0481 ☐☐☐

**exclusive** [ɪksklúːsɪv]

形 閉鎖的な

The exclusive members-only club refused the students entry.

その閉鎖的な会員制のクラブは学生たちの入場を拒否した。

0482 ☐☐☐

**criticize** [krítəsàɪz]

他 批判する

He criticized their decision to stay out late before a game.

彼は試合の前に夜遅くまで出歩くという彼らの決定を批判した。

0483 ☐☐☐

**exclude** [ɪksklúːd]

他 締め出す

He excluded management from participating in the game.

彼は経営陣を試合への関与から締め出した。

0484 ☐☐☐

**nervous** [nə́ːrvəs]

形 萎縮している、緊張している

I always feel nervous before interviews.

面接前はいつも緊張してしまう。

0485 ☐☐☐

**ownership** [óʊnərʃɪp]

名 オーナーシップ、所有権

Foreign ownership of top soccer teams is now common.

外国人がトップサッカーチームの所有権を持つことは現在では一般的だ。

0486 ☐☐☐

**own** [óʊn]

他 所有する

He owns a chain of fast food restaurants across the state.

彼は州全体で展開するファストフードのレストランチェーンを所有している。

0487 ☐☐☐

**subsidiary** [səbsídièri]

名 子会社

The multinational has several subsidiaries in Europe.

その多国籍企業にはヨーロッパにいくつかの子会社がある。

0488 ☐☐☐

**tendency** [téndənsi]

名 傾向

There is a tendency for visitor numbers to drop in winter.

冬に訪問者数が減少する傾向がある。

# メディア ②

0489 ☐☐☐
## probability [prὰːbəbíləti]

名 可能性、確率

There is a strong probability for them to lose the vote.

彼らが選挙に負ける確率はかなり高い。

0490 ☐☐☐
## inclined [ɪnkláɪnd]

形 ～したがる、～したいと思う

I am not inclined to help him because of his bad attitude.

彼の態度が悪いので私は彼の手伝いをしたいと思わない。

---

## ▌文法・構文

● What happens if they write something that criticizes the government office or is unfavorable to them? (もし、官庁に批判的だったり、都合の悪い記事を書いたらどうなるんでしょうか?)

■ something that <criticizes the government office> or <is unfavorable to them>という構造で、<　>の主語は両方thatです。

● They would be penalized in some form or another such as being excluded from the press club for a certain period of time. (一定期間、記者クラブを締め出されたりなど、何らかのペナルティを食らうだろう。)

■ ここでのsomeは単数形についているため、「何らかの、ある」という意味です。そして、anotherのあとにはformが隠れていると考えるとよいでしょう。

● Wouldn't that make the journalists nervous and result in them not writing anything that criticizes the government office? (それじゃあ、記者たちも委縮してしまって、官庁を批判するようなことを書けなくなってしまっているんじゃないですか。)

■ themは目的格で、動名詞 (writing) の意味上の主語の役割を果たしています。また、notは動名詞の直前につきます。したがって語順としては意味上の主語＋not＋動名詞ということになります。

🔊)) 43

**Hanako**: That's a problem.

**Prof.**: Also, for anything **disadvantageous** to the **mass** media, they may report **biased** information deliberately. For example, do you both know that the consumption tax will increase from 8% to 10% on October 1st, 2019?

**Taro**: Yes, I know. I saw on TV that the consumption tax increase is necessary to **reconstruct** the economy.

**Hanako**: Yes, I also read in the newspaper that Japan is experiencing an economic crisis, so the consumption tax increase needs to be implemented as soon as possible.

**Prof.**: But the tax rate for newspapers will remain at 8%.

**Taro**: What!? Isn't that contradictory? They're the ones saying the tax increase is necessary, but they'll be **exempt** from it?

**Hanako**: I've never heard about this on TV or radio.

**Prof.**: That's because of cross ownership. The Japanese **commercial** broadcasting television and radio stations are subsidiaries of the newspaper companies, so they avoid reporting stories which may **inconvenience** the newspaper company.

**Taro**: I suppose no one likes saying things that are not **favorable** to them.

**Hanako**: I'm going to have to be more **aware** of the **intentions** behind what's being **aired** on TV, even when I'm watching the news.

# メディア ③

花子：それは問題ですね。

教授：また、マスメディアに不利なことについても、意図的に偏向した報道をするかもしれないんだ。例えば、2019 年 10 月 1 日に、消費税が 8％から 10％に上がることは二人とも知っているかな。

太郎：はい、知っています。経済を立て直すための消費税増税が必要だということを、テレビで見ました。

花子：ええ、私も日本は経済危機の状況にあるから、一刻も早く消費税増税の実施が必要だと新聞で読みました。

教授：だけど、新聞の税率は 8％のままなんだ。

太郎：ええっ！？　それって矛盾じゃないですか？　増税が必要だと自分たちで言っておきながら自分たちは免れるなんて。

花子：そんな話、テレビでもラジオでも聞いたことがありませんね。

教授：それはクロスオーナーシップのせいだよ。日本の民営のテレビ局やラジオ局は新聞社の子会社だから、新聞社に都合の悪くなるような話を報道することを避けるんだ。

太郎：誰でも、自分に都合の良くないことは言いたくないですもんね。

花子：これからは、ニュースを見る時でさえも、テレビで放映されているものの裏にどんな意図があるのか、もっと気をつけて見なくちゃいけないわね。

🔊 0491 - 0501

0491 ☐☐☐
**disadvantageous** [dɪsæ̀dvəntéɪdʒəs] 形 不利な

The deal will create disadvantageous conditions for us.

その取引では私たちにとって不利な状況になるだろう。

0492 ☐☐☐
**mass** [mǽs] 形 マス、大規模な

A mass riot broke out outside the government buildings.

庁舎の外で大規模な暴動が勃発した。

0493 ☐☐☐
**biased** [báɪəst] 形 偏向した、ひいきしている

The paper was accused of being biased toward the government.

その新聞は政府をひいきしていると批判された。

0494 ☐☐☐
**reconstruct** [rìːkənstrʌ́kt] 他 立て直す、再建する

The committee decided to reconstruct the west wing.

委員会は西棟を再建することを決めた。

0495 ☐☐☐
**exempt** [ɪgzémpt] 形 免れた、免除された

Diplomatic staff are exempt from paying most taxes.

外交職員はほとんどの税金の支払いを免除されている。

0496 ☐☐☐
**commercial** [kəmɔ́ːrʃəl] 形 民営の

I just started working for a commercial radio station.

私はちょうどある民営のラジオ局で働き始めたところだ。

0497 ☐☐☐
**inconvenience** [ìnkənvíːnjəns] 他 都合を悪くする、迷惑をかける

We don't want to inconvenience our customers with closures.

閉店によって客に迷惑をかけることはしたくない。

0498 ☐☐☐
**favorable** [féɪvərəbl] 形 都合の良い、有利な

Conditions are now favorable for us to make a deal.

今は取り引きするのに有利な状況だ。

# メディア ③

0499 □□□

**aware** [əwéər]

Teachers must be more aware of bullying at all levels.

形 気をつけている、注意している

教師はあらゆるレベルでいじめについてもっと注意しなくてはいけない。

0500 □□□

**intention** [inténʃən]

Marketing has the intention of launching a digital campaign.

名 意図、思惑

マーケティング部にはデジタルキャンペーンを開始したいという思惑がある。

0501 □□□

**air** [éər]

The new documentary will air on Netflix tomorrow night.

他 放映する

その新しいドキュメンタリーが明日の夜 Netflix で放映される。

---

**┃文法・構文**

● ...I also read in the newspaper that Japan is experiencing an economic crisis, so the consumption tax increase needs to be implemented as soon as possible.（……私も日本は経済危機の状況にあるから、一刻も早く消費税増税の実施が必要だと新聞で読みました。）

■ readの目的語に相当するのはthat節以降で、その間にin the newspaperという副詞句が入り込んでいる形になります。

● I'm going to have to be more aware of the intentions behind what's being aired on TV, even when I'm watching the news.（これからは、ニュースを見る時でさえも、テレビで放映されているものの裏にどんな意図があるのか、もっと気をつけて見なくちゃいけないわね。）

■ 「こと・もの」という意味の関係代名詞whatが用いられています。それに受け身の進行形（is being＋過去分詞）が組み合わさっています。

🔊 44

**Hanako**: The fact that the Prime Minister is **advocating for** free early childhood education and senior high school education has become a topic of conversation, hasn't it?

**Prof.**: It's a policy that the government is proposing in order to rectify educational inequality.

**Taro**: But, I wonder why they are considering making early childhood education free of charge now.

**Prof.**: To understand this, we'll have to briefly review the history of the educational policies in Japan **up until now**. Let's start with the post war period when junior high school education became compulsory **in addition to** primary education, which had already been compulsory. Education at these levels is virtually free now.

**Taro**: Yes, **apart from** fees like those for school lunches.

**Prof.**: The inauguration of the Democratic Party government in 2009 changed this principle of elementary school and junior high school being free while charging for tuition at senior high schools.

**Taro**: It's quite recent then.

**Prof.**: In 2010, the Democratic Party established a bill for free senior high school education. This made the tuition fees for public senior high schools virtually free, and it was the first revolutionary law since the post-war period when junior high school education became compulsory.

**Hanako**: What about the students who attend private senior high schools?

**Prof.**: At private schools, assistance for tuition fees are given depending on the household income of the student's family, and this can largely take the financial pressure off the parents.

# 教育 ①

Chapter 3 社会 (Society)

花子：首相が幼児教育や高校教育の無償化を唱えていることが話題になっていますね。

教授：教育格差を是正するために、政府が提案している政策だね。

太郎：でも、なんで今、幼児教育の負担をなくす検討をしているんだろう？

教授：それを理解するには、これまでの日本の教育政策の歴史を簡単におさらいする必要があるね。まず、戦後から始めよう。この時期に、すでに義務教育であった初等教育（小学校）に加え、中学校が義務教育となった。これらのレベルは実質的に無償だ。

太郎：そうですね。給食の料金とかは別として。

教授：2009 年の民主党政権の発足は、この、小中学校は無償だが高校の授業料は有償という原則を変えたんだ。

太郎：わりと最近のことなんですね。

教授：2010 年、民主党は高校無償化法を成立させた。これは、公立高校の授業料を実質無償化させたもので、中学校が義務教育となった戦後の時期以降初めての画期的な法律だったんだ。

花子：私立高校に通っている生徒はどうなるんですか？

教授：私立高校の場合は、生徒の家の世帯収入に応じて授業料の支援が支給され、これにより、父兄の金銭的圧迫を大幅に減らすことが可能だ。

---

▌熟語・慣用句（表現）

advocate for　〜を唱える　／　up until now　今に至るまで

in addition to　〜に加えて　／　apart from　〜とは別に、〜の他に

UNIT 44　教育 ①　203

0502 □□□

🔊)) 0502 - 0514

**rectify** [réktəfàɪ]　　　　　　　　　　　　他 是正する

New measures are needed to rectify absenteeism.

欠勤を是正するための新しい措置が必要だ。

0503 □□□

**inequality** [ìnɪkwá:ləti]　　　　　　　名 格差、不平等

There is growing inequality between the richest and poorest.

最富裕層と最貧困層の間の不平等が広がっている。

0504 □□□

**charge** [tʃáːrdʒ]　　　　　　　　　　　名 負担、料金

There is a penalty charge of \$20 for late payment.

支払いが遅れると 20 ドルの罰金がかかる。

0505 □□□

**briefly** [bríːfli]　　　　　　　　　　　副 簡単に、手短に

The team briefly went over their notes before the pitch.

そのチームはピッチの前で手短にメモを確認した。

0506 □□□

**compulsory** [kəmpʌ́lsəri]　　　　　形 義務的な、義務化された

Wearing a uniform at some schools is compulsory.

制服を着ることが義務化されている学校もある。

0507 □□□

**primary** [práɪmèri]　　　　　　　　　形 初等の、初等教育の

We need to hire more primary school teachers for art.

芸術の初等教育の教員をもっと雇う必要がある。

0508 □□□

**fee** [fíː]　　　　　　　　　　　　　　名 料金、費用

The joining fee is waived if you sign up today.

今日登録すれば参加費は免除される。

0509 □□□

**inauguration** [ɪnɔ̀ːgjəréɪʃən]　　　　名 発足、就任（式）

The President's inauguration is scheduled for next Saturday.

大統領の就任式は次の土曜日の予定だ。

# 教育 ①

0510 ☐☐☐
## tuition [t(j)uː)íʃən]

名 授業料

Tuition is extremely high in many private schools.

多くの私立学校は授業料がかなり高い。

0511 ☐☐☐
## attend [əténd]

他 通う、出席する

Students are required to attend at least 75% of all classes.

学生は全ての授業の少なくとも 75 パーセントに出席することが求められる。

0512 ☐☐☐
## assistance [əsístəns]

名 支援

Financial assistance can be provided through scholarships.

奨学金を通して経済的支援が提供されることがある。

0513 ☐☐☐
## financial [faɪnǽnʃəl]

形 金銭的な、金銭上の

The staff offered him sound financial advice.

そのスタッフは彼にきちんとした金銭上の助言を与えた。

0514 ☐☐☐
## pressure [préʃər]

名 圧迫、プレッシャー

New members to the team often feel pressure to meet targets.

そのチームの新メンバーはよく目標を達成するというプレッシャーを感じる。

---

### ▌文法・構文

● Let's start with the post war period when junior high school education became compulsory in addition to primary education, which had already been compulsory. (まず、戦後から始めよう。この時期に、すでに義務教育であった初等教育（小学校）に加え、中学校が義務教育となった。)

■ 関係代名詞whichが主格で用いられています。その後ろに続くhad already been は過去完了です。alreadyがあることからもわかるように、他の出来事よりも、さらに昔のことであることをはっきり示そうとするときに用います。

## Education ②

**Hanako**: So, there are only positives.

**Taro**: But free senior high school education means that the **funds** come from taxes, right? There were a lot of **irresponsible** students in my **grade** who came to school but didn't study at all. Isn't this a **waste** of tax money?

**Prof.**: Well, not really. Education is highly cost **effective**. Professor Greg Duncan from the University of California, Irvine **verified** the results of investing approximately $4,500 per year on American families who were **in a state of** poverty.

**Hanako**: And what happened?

**Prof.**: When they invested it in education, the children's time **spent** studying increased 12.5%. Welfare costs in each household were reduced by around $3,000 per year, the **life-time earnings** of children who received this **support** increased **yearly** by $50,000 to $100,000, and **as a result**, the tax **revenues** for the state increased between $10,000 to $20,000 per person per year.

**Taro**: What dramatic results! So, as the Prime Minister is saying now, early **childhood** education and private senior high school education should also be made free.

**Prof.**: That would be a good **direction** to go in.

**Hanako**: But what would be the source of funding this? Education is **expensive**, isn't it?

**Prof.**: There are a few specific ideas that politicians have **come up with**.

# 教育 ②

花子：いいことづくめですね。

太郎：でも、高校無償化ということは、財源は税金からなんですよね。僕の学年には、学校に来ても全然勉強をしない無責任な生徒もたくさんいますよ。税金の無駄遣いなんじゃないですか？

教授：いや、実際そうでもない。教育は費用対効果がとても高いんだ。カリフォルニア大学アーバイン校のグレッグ・ダンカン教授は、貧困状態にあるアメリカ人家庭に、年間約 4,500 ドル投資した場合の結果を検証している。

花子：それでどうなったんですか？

教授：教育に投資した際、子どもたちの勉強に費やした時間は 12.5% 増え、一世帯あたりの福祉費用は年間約 3,000 ドル減り、援助を受けた子どもの生涯賃金は年間 5 万ドルから 10 万ドル増え、その結果、州の税収入は年間一人当たり 1 万ドルから 2 万ドル増えたんだ。

太郎：劇的な結果ですね！　じゃあやっぱり、首相が今言っているみたいに、幼児教育と私立高校の教育も無償化するべきですね。

教授：それが取るべき正しい方向だろう。

花子：でも、その資金源はどうするんでしょうか？　教育には高いお金がかかりますよね。

教授：いくつかの具体的な案が、政治家によって考えられているよ。

▌**熟語・慣用句（表現）**

in a state of　〜の状態にある　／　as a result　結果として

come up with　〜を考え出す、〜を見つけ出す

🔊》 0515 – 0529

0515 ☐☐☐
### fund [fʌ́nd]
名 財源、資金

We can raise more funds online through crowd funding.

クラウドファンディングを通じてオンラインでもっと資金を募ることができる。

0516 ☐☐☐
### irresponsible [ɪrɪspáːnsəbl]
形 無責任な

Drunk driving is totally irresponsible behavior.

飲酒運転はまったくもって無責任な行動だ。

0517 ☐☐☐
### grade [gréɪd]
名 学年

There were 250 students in my grade in my final year.

私が最終学年のとき私の学年には250人の生徒がいた。

0518 ☐☐☐
### waste [wéɪst]
名 無駄遣い

The training center was considered a waste of public money.

その研修センターは公金の無駄遣いとみなされた。

0519 ☐☐☐
### effective [ɪféktɪv]
形 効果がある

His management style is highly effective.

彼の経営スタイルはかなり効果的だ。

0520 ☐☐☐
### verify [vérəfàɪ]
他 検証する、妥当性を確認する

The insurance company took one year to verify his claim.

その保険会社が彼の主張の妥当性を確認するのに一年かかった。

0521 ☐☐☐
### spend [spénd]
他 費やす、過ごす

He spends more time with friends than his family.

彼は家族より友達と時間を過ごす。

0522 ☐☐☐
### life-time [láɪftàɪm]
形 生涯の、終身の

He has life-time membership at the golf club.

彼はそのゴルフクラブの終身会員権を持っている。

# 教育 ②

0523 ☐☐☐

## earning [ə́ːrnɪŋ]

名 賃金、収入

Half of his monthly earnings were put in savings.

彼の月収の半分は貯蓄に回された。

0524 ☐☐☐

## support [səpɔ́ːrt]

名 援助、支援

He continued to offer financial support after the divorce.

彼は離婚後、経済的支援を提供し続けた。

0525 ☐☐☐

## yearly [jíərli]

副 年間、毎年

Our general meeting is held yearly late in October.

私たちの総会は毎年10月の後半に開かれる。

0526 ☐☐☐

## revenue [révən(j)ùː]

名 収入、歳入

Government revenue from exports is increasing.

輸出による政府の歳入は増えている。

0527 ☐☐☐

## childhood [tʃáɪldhʊ̀d]

名 児童、幼少期

My earliest childhood memory is a family trip to Spain.

一番最初の幼少期の思い出はスペインへの家族旅行だ。

0528 ☐☐☐

## direction [dərékʃən]

名 方向

The company is moving in a new direction next year.

その会社は次年度新しい方向に動き出す。

0529 ☐☐☐

## expensive [ɪkspénsɪv]

形 高い、高価な

Diamonds are one of the most expensive commodities.

ダイヤモンドはもっとも高価な商品の一つだ。

**Prof.**: The most famous one would be the introduction of 'child insurance.' This is what's being proposed by Shinjiro Koizumi, a member of the Diet.

**Taro**: 'Child insurance'?

**Prof.**: They call it 'child insurance,' but it actually **has nothing to do with** insurance. This suggests raising the social insurance premium and using the increased amount as funds to make education free.

**Hanako**: Isn't that **pretty much the same as** increasing taxes?

**Prof.**: Yes, that's right. It means that they would be making education free by raising taxes, so it doesn't lessen the burden for the citizens. It's very deceiving.

**Taro**: Aren't there any other ideas?

**Prof.**: Hakubun Shimomura, a member of the same Liberal Democratic Party as Shinjiro Koizumi, is suggesting that government bonds be issued to provide funds to make education free. The process would be smooth if this is done.

**Hanako**: Won't it be a burden for the future generations if that amount in government bonds is issued?

**Prof.**: **Think back to** what you learned when we discussed monetary policies. Japan is experiencing deflation right now, so…

**Hanako**: There's still enough room for issuing government bonds for new purposes!

**Prof.**: That's right. Utilizing these government bonds for the funds to make education free is the right policy strategy.

# 教育 ③

教授：最も有名なのは、「こども保険」の導入だろう。これは、国会議員の小泉進
　　　次郎氏が提起している。

太郎：「こども保険」？

教授：「こども保険」と言っているけれど、実は保険とは関係ないんだ。これは、
　　　社会保険料を増額して、その増収分を教育無償化のための財源に使うというこ
　　　とだ。

花子：それじゃあ、増税とほとんど一緒なんじゃありませんか？

教授：そうなんだ。増税によって教育無償化をするわけだから、国民の負担を減
　　　らすことにはならない。まさにまやかしだ。

太郎：他に案はないんですか？

教授：小泉進次郎氏と同じ自民党の党員である下村博文氏は、国債の発行によっ
　　　て教育無償化のための財源を賄うことを提案している。それを実行するなら進
　　　行が円滑だ。

花子：そんなに国債を発行して、将来世代の負担にならないかしら。

教授：金融政策について話した時に学んだことを思い出してごらん。日本は今ちょ
　　　うど、デフレだから……。

花子：まだ国債を新しい目的で発行する余地があるということですね！

教授：その通り。教育無償化の財源のために、こうした国債を利用するのは正し
　　　い政策戦略なんだ。

▌熟語・慣用句（表現）

have nothing to do with　～と関係がない
pretty much the same as　～とほぼ同じ
think back to　～を思い出す、～を振り返る

# Education ③

🔊 0530-0540

0530 ☐☐☐
## introduction [ìntrədʌ́kʃən]

名 導入

The introduction of new technology is long overdue.

新技術の導入は長いこと遅れている。

0531 ☐☐☐
## propose [prəpóuz]

他 提起する、提案する

He proposed a new scheme to increase web traffic.

サイトへの訪問者を増やすための新しい計画を彼は提案した。

0532 ☐☐☐
## insurance [ɪnʃúərəns]

名 保険

Health insurance is provided for all employees.

全従業員に健康保険が提供される。

0533 ☐☐☐
## premium [príːmiəm]

名 保険料

The policy requires you to pay monthly premiums.

この方針では毎月の保険料を支払う必要がある。

0534 ☐☐☐
## lessen [lésn]

他 減らす、軽減する

Collaboration helps to lessen the pressure for workers.

共同作業は従業員にとってストレスを軽減するのに役立つ。

0535 ☐☐☐
## deceive [dɪsíːv]

自 まやかす、思い違いをさせる

It's important to realize that some appearances can deceive.

外見には思い違いをさせるものがあることに気づくことが重要だ。

0536 ☐☐☐
## smooth [smúːð]

形 円滑な

After modernizing operations, the process became smooth.

業務を現代化したら手続きが円滑になった。

0537 ☐☐☐
## bond [bάːnd]

名 債務

Bonds helped to raise money from the public for the war.

債務によって戦争のために国民から資金を調達することができた。

# 教育 ③

0538 □ □ □

## room [rúːm]

名 余地

Despite the A grade, he still had room for improvement.

成績でAを取っているとはいえ、彼にはまだ進歩する余地があった。

0539 □ □ □

## purpose [pə́ːrpəs]

名 目的、意図

There was a clear purpose behind the shift in policy.

政策の転換の裏には明確な意図があった。

0540 □ □ □

## strategy [strǽtədʒi]

名 戦略

Management introduced a range of new strategies.

経営陣は様々な新しい戦略を導入した。

---

**┃ 文法・構文**

● This suggests raising the social insurance premium and using the increased amount as funds to make education free.（これは、社会保険料を増額して、その増収分を教育無償化のための財源に使うということだ。）

■ suggestは目的語に動名詞を取ります。このような動詞の仲間としてmind, avoid, escape, consider, enjoyなどがあります。

● Hakubun Shimomura, a member of the same Liberal Democratic Party as Shinjiro Koizumi, is suggesting that government bonds be issued to provide funds to make education free.（小泉進次郎氏と同じ自民党の党員である下村博文氏は、国債の発行によって教育無償化のための財源を賄うことを提案している。）

■ 要求や提案を表す動詞に続くthat節の中では動詞は原形もしくはshould＋原形を用います。ここではbeがそれに相当します。

# はじめてのジェンダー論

加藤秀一著／有斐閣

21世紀に入り、ヨーロッパで同性結婚を認める国が増えると共に、日本でもLGBTの権利擁護に関心が高まっている。LGBTのLはレズビアン（女性同性愛者）、Gはゲイ（男性同性愛者）、Bはバイセクシュアル（両性愛者）、Tはトランスジェンダー（心と体の性が一致しない人）を意味する。つまり、LGBTとは、性的マイノリティの内の代表的な4つのものの頭文字を表したものなのである。

LGBTが話題になる際によく聞く言葉に、「日本は性的マイノリティに寛容な国である」というものがある。だが、それは本当だろうか？

日本は性的マイノリティに寛容な国であるという論者が、よくその証拠として挙げる例に、テレビでのマツコ・デラックスをはじめとする「おネエ」タレントの活躍がある。もし、日本がLGBTに差別的な国であるのなら、そうしたタレントの活躍はありえないというのが、彼らの主張だ。

けれども、奇妙なことに、テレビで活躍する「おネエ」タレントは、総じてトランス女性（男性から女性へと性を越境する人々）ばかりである。反対に、トランス男性（女性から男性へと性を越境する人々）が活躍する場面は、ほとんど見られない。トランス女性を指す蔑称に「オカマ」という呼び方があるのと同様に、トランス男性は「オナベ」という蔑称で呼ばれることがある。テレビの中で「オカマ」がタレントとして活躍する場面は良く見られるが、「オナベ」タレントが活躍する場面を見ることはごく稀だ。

では、マスメディアの中でトランス男性が活躍する場面はないのだろうか？そうではないと、本書の著者である加藤は指摘する。マスメディアの中で、トランス男性が中心となる役割を果たした例として、加藤はドラマ『3年B組金八先生』（2003〜2004年）を挙げる。この作品の主人公は、性同一性障害に苦しむトランス男性である。トランス女性が「おネエ」タレントとしてバラエ

ティ番組を席捲する一方で、トランス男性が活躍する場はシリアスなドラマなどに限られるのが現状だ。

　LGBTという言葉が示すように、性的マイノリティには多様な立場がある。それを踏まえれば、トランス女性が「おネエ」タレントとしてテレビで活躍しているからといって、日本には性的マイノリティに寛容な国であると単純には言えないことがわかるだろう。

　ジェンダー論を学ぶことは、こうした私たちが自明であると思っている現実に、疑問符を投げかけることである。その一例として、加藤は「ホモ疑惑」という言葉に注目する。「ホモ疑惑」とはすなわち、ある特定の人物が実は同性愛者なのではないかと推測し、関心を持つことである。そうした関心を持つだけなら無害であり、問題ないのではといった意見が成り立ちそうだが、ここで注意したいのは、私たちは「ホモ疑惑」といった話題には関心を抱いても「ヘテロセクシャル」（異性愛者）に対して「ヘテロ疑惑」といった好奇心は抱かないという現実である。そこには、私たちの社会が異性愛を自明視しているという構造が透けて見える。

　私たちの社会は、自分たちが普段想像している以上に多様性を有したものである。こうした視点を獲得できることこそが、ジェンダー論を学ぶ醍醐味なのではないだろうか。

## ▌関連図書

- 『女ぎらい』上野千鶴子著／朝日新聞出版
  ミソジニー（女性蔑視）、ホモソーシャル（性的であることを抑圧した男同士の絆）といったフェミニズムの基本概念について、わかりやすく解説されている入門書。

- 『図解雑学 ジェンダー』加藤秀一他著／ナツメ社
  『はじめてのジェンダー論』はちょっと難しそう、という方におすすめの本。イラストや図解が多用されており、気軽にジェンダー論を学ぶことができる。

- 『LGBTを読みとく』森山至貴著／筑摩書房
  LGBTには含まれない、クィア（Queer）という立場の性的マイノリティについて、本格的に解説した本。ブックガイドも充実している。

# 国際関係
## International Relations

　テーマは、国際関係です。terrorism、xenophobia、amendment
といった少し難しめの言葉が登場しますが、これらの単語を修得
すれば辞書なしで英語のニュースや英字新聞が楽しめるようにな
るので、頑張って覚えてください。

　21 世紀に入り、ビジネスの現場もどんどん国際化が進んでい
ます。商社のような業種に限らず、あらゆる仕事において海外に
出張したり、外国のビジネスマンとコミュニケーションする機会
が増えているのです。

　そこで、この Chapter では、これまで私たちにとって馴染み

の深い外国だったアメリカ、ヨーロッパ、中国といった国々のみ
ならず、中東やアフリカといった地域も取り上げてみました。英
単語の学習と並行して、ぜひこれらの地域にも関心を持っていた
だけたらと思います。

　また、教授と学生たちの会話を通じて、世界の各国はそれぞれ
孤立しているのではなく、相互に依存しあっていることがわかる
でしょう。中東で生まれた難民が、ヨーロッパの政治にも影響す
る。そうした時代に、私たちは生きているのです。

🔊) 47

**Hanako**: I hear about **terrorism** on TV a lot these days.

**Prof.**: **It's safe to say that** the existence of the Islamic State or ISIS is having a significant **impact** on the number of terrorist attacks happening globally.

**Taro**: I hear about 'ISIS' a lot, but what kind of **organization** is it? It's called the 'Islamic State,' so is it a **state**?

**Prof.**: ISIS **claims to** be a state, but no countries have **recognized it as** a state. To explain what ISIS is, we'll have to start by going back to the Iraq War in 2003. <u>Do either of you remember this war?</u>

**Taro**: No, I don't.

**Prof.**: <u>Both of you would have been very young at the time, so **it's no wonder** you don't remember it.</u> The Iraq War is the war that the American-led **coalition** fought in order to overthrow the government of Saddam Hussein. Baghdad, the capital of Iraq, **surrendered** after being attacked by the coalition and Saddam Hussein was **arrested**, meaning the collapse of the **dictatorship**.

**Taro**: It's good that Saddam Hussein was arrested.

**Prof.**: There's a lot of **debate** about the **legitimacy** of this particular war, but we **won't get into** that here. The problem was that because Saddam Hussein's dictatorship was gone, the country of Iraq **went through** political **chaos**.

# 中東 ①

花子：最近、テロの話題をよくテレビで聞きますね。

教授：IS（イスラーム国）\*の存在が、世界中で起きているテロ攻撃の数に大きく影響を与えていると言って間違いない。

太郎：「IS」ってよく聞きますけど、どんな組織なんですか。「イスラーム国」と言っているから、国なんですか。

教授：IS 自身は、自分たちは国家だと主張しているけれど、どの国も IS を国家とは認めていないね。IS について説明するには、2003 年のイラク戦争にさかのぼって始めなくてはならない。君たちどちらか、この戦争のことを覚えているかい？

太郎：いいえ、覚えてません。

教授：二人ともその頃とても小さかったから、思い出せなくてもおかしくはないね。イラク戦争は、アメリカの率いる連合が、サダム・フセインの政権を打倒するために戦った戦争だ。イラクの首都バグダッドは、連合の攻撃を受けた後に陥落し、サダム・フセインは逮捕され、独裁政権は崩壊した。

太郎：独裁者のサダム・フセインが捕まって良かったですね。

教授：この特殊な戦争の正統性については様々な議論があるが、ここでは深入りしないでおこう。問題なのは、サダム・フセインの独裁政権がなくなったことで、イラクの国が政治的混乱に陥ってしまったことなんだ。

---

\*イスラーム国（Islamic State）は、一般的には国際社会で承認された「国家」ではなくテロ組織として認識されているため、この組織の呼称については、英語では「国家」と区別して、ISIS（Islamic State of Iraq and Syria）、ISIL（Islamic State of Iraq and Levant）などがよく使われています。本書の会話では ISIS を用いていますが、日本語訳は Islamic State の略称 'IS' としています。

---

▌熟語・慣用句（表現）

it's safe to say that... …と言って間違いない

claim to *do* ～すると主張する

recognize ... as …を～として認める

it's no wonder... …も当然だ、…も不思議ではない

won't get into ～に深入りしないでおく ／ go through ～を経験する

# The Middle East ①

■)) 0541 - 0551

0541 ☐☐☐

## terrorism [térərìzm]

名 テロ

Government agency cooperation is needed to combat terrorism.

テロとの戦いには政府機関の協力が必要だ。

0542 ☐☐☐

## impact [ímpækt]

名 影響

Human behavior is having a profound impact on the climate.

人類の行動は気候に深い影響を与えている。

0543 ☐☐☐

## organization [ɔ̀ːrgənəzéɪʃən]

名 組織

Every member of the organization must follow the rules.

組織の全構成員がルールに従わなければならない。

0544 ☐☐☐

## state [stéɪt]

名 国

The two states have agreed to sit down together for talks.

両国はともに協議の座につくことに同意した。

0545 ☐☐☐

## coalition [kòʊəlíʃən]

名 連合

The coalition's military strength was more powerful.

連合軍の軍事力の方が強力だった。

0546 ☐☐☐

## surrender [səréndər]

自 陥落する、降伏する

After a week without food, the rebels surrendered.

食料が尽きて一週間たつと反乱軍は降伏した。

0547 ☐☐☐

## arrest [ərést]

他 逮捕する

Detectives arrested the suspect after a long car chase.

長いカーチェイスの後、刑事は容疑者を逮捕した。

0548 ☐☐☐

## dictatorship [dɪktéɪtərʃɪp]

名 独裁政権、独裁制

Democracies will usually look to overthrow dictatorships.

民主主義はたいてい独裁制を倒すことを目標としている。

# 中東 ①

0549 ☐☐☐
## debate [dɪbéɪt]
名 議論、討論

The debate has raised serious questions.

その討論は複数の重要な問題を提起した。

0550 ☐☐☐
## legitimacy [lɪdʒítəməsi]
名 正統性、妥当性

The legitimacy of his claims was under investigation.

彼の主張の妥当性は調査中だった。

0551 ☐☐☐
## chaos [kéɪɑːs]
名 混乱

His sudden resignation caused chaos in the boardroom.

彼の突然の辞任は役員会で混乱を引き起こした。

---

**┃ 文法・構文**

● Do either of you remember this war?（君たちどちらか、この戦争のことを覚えているかい？）

■ eitherは単数扱いになることに注意してください。Bothであれば複数ですが、eitherはあくまでも「どちらか」なので単数です。ただし、くだけた話し言葉では複数扱いでdoを用いることもあります。

● Both of you would have been very young at the time, so it's no wonder you don't remember it.（二人ともその頃とても小さかったから、思い出せなくてもおかしくはないね。）

■ would have＋過去分詞は必ずしも仮定法であるとは限りません。今回のように「～だったのかもしれない」と過去を振り返って推測するような使い方もあります。

# The Middle East ②

**Hanako**: **What do you mean by that**?

**Prof.**: After America overthrew the government of Saddam Hussein, they **attempted to** establish a democratic government. However, in Iraq, there was already a split between the Sunni and Shia sects, so the country was not culturally monolithic, making it difficult for it to be united. There are a number of Kurdish people who don't have a country that are living in Iraq, too. ISIS rose during this chaotic period.

**Hanako**: So, it was assumed that overthrowing Saddam Hussein's dictatorship would be a positive move, but actually, ISIS formed as a result of it?

**Prof.**: Yes, that's right. Once ISIS was established, they first overtook Fallujah, a city near Bagdad, in January 2014. Then, in June that year, they made Mosul surrender, and they started to invade Syria, a country bordering Iraq.

**Taro**: It must have been an unstoppable force. I can understand about Iraq because it was vulnerable after Saddam Hussain was gone, but I wonder why Syria was invaded by ISIS so easily?

**Prof.**: To understand Syria's confusion, I'll have to explain the 'Arab Spring,' which started in 2010. This was a movement for democratization started in Tunisia and propagated throughout the surrounding countries. Then, the demand for democratization in Syria — a dictatorship — rose, and this is what eventually caused the civil war there.

# 中東 ②

花子：それはどういうことですか？

教授：サダム・フセインの政権を打倒した後、アメリカは、イラクに民主的な政権を樹立しようとした。だが、イラク国内では、もともと（イスラーム教の）スンナ派とシーア派の間で分裂があったため、国は文化的に一枚岩ではなく、なかなか一つにまとまらなかった。国を持たない多くのクルド人も、イラク国内に暮らしているしね。そうした混乱の時期に IS が台頭した。

花子：じゃあ、サダム・フセインの政権の打倒によって前向きな展開となると想定したところ、実際、それによって IS が生まれてしまったというわけですね。

教授：そうなんだ。IS は成立するとすぐに、まず 2014 年 1 月にバグダッド近郊のファルージャを制した。そして、同年 6 月にはモスルを陥落させ、そしてイラクに隣接している国、シリアへ侵攻し始めた。

太郎：とどまることを知らない勢いですね。イラクは、サダム・フセインがいなくなって脆弱だったからわかるけど、なんでシリアはそう易々と IS に侵攻されてしまったのかな。

教授：シリアの混乱を理解するには、2010 年に始まった「アラブの春」を語る必要があるね。これは、チュニジアで始まった民主化運動で、周辺各国の至る所に伝播した。その後、独裁政権のシリアで民主化への要望が高まり、そして、それがやがて内戦をシリアに引き起こしたんだ。

Chapter 4 国際関係（International Relations）

▌熟語・慣用句（表現）

What do you mean by that?　それはどういう意味ですか。

attempt to *do*　〜するよう試みる

UNIT 48　中東 ②　223

🔊 0552 - 0562

0552 ☐☐☐

**democratic** [dèməkrǽtɪk]　　　形 民主的な

Everyone over 18 has the democratic right to vote.

18歳以上の全ての人が民主的な投票権を持つ。

0553 ☐☐☐

**split** [splít]　　　名 分裂

There was a split in opinion over the direction to take.

進むべき方向について意見が分裂している。

0554 ☐☐☐

**monolithic** [mà:nəlíθɪk]　　　形 一枚岩の

Monolithic party unity was being tested by the new bill.

党の一枚岩の結束が新しい法案によって試されていた。

0555 ☐☐☐

**unite** [ju(:)náɪt]　　　他 一つにまとめる、統合する

The leader wanted to unite factions in the east and west.

その指導者は東部と西部の派閥を統合したいと思っている。

0556 ☐☐☐

**assume** [əs(j)úːm]　　　他 想定する、思う

I assume that he will attend the meeting next week.

彼は来週の会議に出席すると思う。

0557 ☐☐☐

**invade** [ɪnvéɪd]　　　他 侵攻する

The war started when Germany invaded Poland.

戦争はドイツがポーランドに侵攻したときに始まった。

0558 ☐☐☐

**border** [bɔ́ːrdər]　　　他 隣接する、国境を接する

Japan is an island, so it does not border any other states.

日本は島国なので他の国と国境を接していない。

0559 ☐☐☐

**unstoppable** [ʌnstá:pəbl]　　　形 とどまることを知らない

The call for democratic change is now an unstoppable force.

民主的な変革の要求は今やとどまることを知らない勢いだ。

# 中東 ②

0560 ☐☐☐

## vulnerable [vʌ́lnərəbl]

Homeless people are vulnerable and need state protection.

形 脆弱な、弱い

ホームレスの人たちは弱い立場にあるので国の保護が必要だ。

0561 ☐☐☐

## democratization [dɪmà:krətəzéɪʃən]

The state went through a period of democratization.

名 民主化

その国は民主化の期間を経験した。

0562 ☐☐☐

## propagate [prá:pəgèɪt]

The news propagated to their offices around the world.

自 伝播する、広がる

そのニュースは世界中の支店に広がった。

---

### 文法・構文

● ...the country was not culturally monolithic, making it difficult for it to be united. (……国は文化的に一枚岩ではなく、なかなか一つにまとまらなかった。)

■ ここのmaking it...は分詞構文です。今回は「そしてその結果」という意味で用いられています。resultという言葉を使わずに、その後の顛末などを語るときによく用いられます。

■ このforはto不定詞の意味上の主語がitであるということを示すために使われています。

● This was a movement for democratization started in Tunisia and propagated throughout the surrounding countries. (これは、チュニジアで始まった民主化運動で、周辺各国の至る所に伝播した。)

■ このstartは文の動詞ではありません。動詞はその前に出てくるwasです。ここでstartに「始まる」だけではなく「始める」という意味があることを思い出してください。そうするとstartedが過去分詞としてmovementを後ろから修飾していることに気付けるでしょう。

# The Middle East ③

**Hanako**: So, the wish for democratization is what caused the civil war, which is the same situation as Iraq?

**Prof.**: Yes. In June 2014, the supreme leader of ISIS, Abu Bakr al-Baghdadi, declared Raqqa to be the capital of the founded 'nation.'

**Taro**: What happened after that?

**Prof.**: ISIS expanded its control extremely quickly in 2014, but that didn't last for very long. Once 2015 started, the governmental forces in Iraq started to counterattack, and by the end of the year, ISIS lost 40% of the areas and regions they controlled. Then by 2017, ISIS was cleared out of Iraq.

**Taro**: What happened to Syria?

**Prof.**: Raqqa in Syria, the capital of ISIS, was retaken in October 2017, so their power is certainly declining.

**Taro**: I'm glad that ISIS was suppressed.

**Prof.**: Well actually, the story's **not that** straightforward. It became difficult for ISIS to maintain territories, so they're now **focusing on carrying out** terrorist attacks around the globe. In November 2015, ISIS carried out a number of terrorist attacks simultaneously in Paris, and 129 people died as a result. The fight against ISIS **will most likely** continue for the foreseeable future.

# 中東 ③

花子：じゃあ、民主化を求める人々の願いが、国内の戦争を引き起こしてしまったわけですね。イラクと同じ状況ね。

教授：そうなんだ。2014年6月、ISの最高指導者、アブバクル・バグダディは、ラッカを、建国した「国家」の首都として宣言した。

太郎：それから、どうなったんですか？

教授：ISは、2014年に凄まじい勢いでその支配を拡大していったが、それは長くは続かなかった。2015年に入るとすぐに、イラクでは政府軍が反撃を始め、年末には、ISは支配していた地域の4割を失うこととなった。そして、2017年には、ISはイラク国内から一掃されてしまったんだ。

太郎：シリアではどうなったんですか。

教授：ISの首都であったシリアのラッカが2017年10月に奪還されたため、その勢力は確実に衰退している。

太郎：ISが鎮圧されてよかったですね。

教授：それが実は、話はそう簡単でもないんだ。ISは領土を維持することが難しくなったため、現在は世界各地でテロ攻撃を行うことに力を入れているんだ。2015年11月、ISはパリで同時多発テロを実行し、その結果129人が死亡した。見通せる限りの将来において、これからもISとの戦いが続く可能性が高いだろうね。

▌熟語・慣用句（表現）

not that...　そんなに…でない

focus on　〜に焦点を当てる、〜に力を入れる

carry out　実行する

will most likely　〜する可能性が高いだろう、きっと〜するだろう

# The Middle East ③

0563 ☐☐☐
## civil [sívl]

形 国内の

Widespread civil unrest followed the military coup.

軍事クーデターの後に広範囲の国内不安が生じた。

0564 ☐☐☐
## declare [dɪkléər]

他 宣言する

The Minister declared a state of emergency after the storm.

大臣は嵐の後、非常事態を宣言した。

0565 ☐☐☐
## found [fáʊnd]

他 建国する、設立する

The college was founded 100 years ago by a rich immigrant.

その大学は100年前にある金持ちの移民によって設立された。

0566 ☐☐☐
## expand [ɪkspǽnd]

他 拡大する

We will expand our operations into new territories in 2020.

私たちは2020年に事業を新しい領域に拡大するつもりだ。

0567 ☐☐☐
## control [kəntróʊl]

名 支配

Government forces have regained control of eastern areas.

政府軍は東部地域の支配を回復した。

0568 ☐☐☐
## governmental [gÀvərnméntl]

形 政府の

Most governmental agencies will have cuts next fiscal year.

ほとんどの政府機関は来年度に支出削減を行う。

0569 ☐☐☐
## counterattack [káʊntərətæ̀k]

自 反撃する

Rebel forces counterattacked last night in the early hours.

反乱軍は昨夜未明に反撃した。

0570 ☐☐☐
## clear [klíər]

他 一掃する

The leader ruthlessly cleared out dissident elements.

その指導者は反対派を容赦なく一掃した。

# 中東 ③

0571 ☐☐☐
## retake [rɪtéɪk]

In the end, the army was able to retake the capital.

他 奪還する

結局、軍は首都を奪還することができた。

0572 ☐☐☐
## suppress [səprés]

Police managed to suppress the rioters with water cannons.

他 鎮圧する

警察は放水銃で暴徒を鎮圧することに成功した。

0573 ☐☐☐
## straightforward [strèɪtfɔ́ːrwərd]

New guidelines made the data entry process straightforward.

形 簡単な

新しいガイドラインのおかげでデータ入力の作業が簡単になった。

0574 ☐☐☐
## territory [térətɔ̀ːri]

Troops invaded enemy territory in the north.

名 領土

軍隊が北側の敵の領土に侵攻した。

0575 ☐☐☐
## globe [glóʊb]

She is one of the fastest to sail solo around the globe.

名 世界

彼女は最速で世界一周単独航海をする一人だ。

0576 ☐☐☐
## simultaneously [sàɪməltéɪniəsli]

The final will be broadcast simultaneously on TV and radio.

副 同時に

決勝戦はテレビとラジオで同時放送される。

0577 ☐☐☐
## foreseeable [fɔ́ːrsíːəbl]

No new acquisitions will be made for the foreseeable future.

形 見通せる

見通せる限りの将来には新しい買収は行われない。

◀)) 50

**Hanako**: What happened to the Syrian people who got caught up in the civil war?

**Prof.**: Some people stayed in the country, but there were many who fled the country as refugees. Because of their geographic location, many went to Europe.

**Taro**: About how many people ended up as refugees?

**Prof.**: The number of Syrian refugees had risen to 3,900,000 by 2014. The population of Syria was around 16,000,000, so this meant that approximately a quarter of the population became refugees.

**Hanako**: 3,900,000 is a huge number. Were they accepted by Europeans?

**Prof.**: Many European countries were sympathetic toward the Syrian refugees, so they were widely accepted on a large scale. The top of the list was Germany as they accepted 1,100,000 refugees in 2015 alone.

**Taro**: Germany is praiseworthy for helping people in need.

**Prof.**: Yes, but because they allowed a large number of people to **take refuge** in such a short period, there were some people who **raised concerns about** their acceptance within Germany, too.

# ヨーロッパ ①

花子：内戦に巻き込まれたシリアの人たちはどうなったのかしら？

教授：国内に留まった人たちもいるけれど、難民となって国を脱出した人たちも
　　　多い。地理的な位置関係もあって、彼らの多くはヨーロッパに行ったんだ。

太郎：どれくらいの人たちが難民になることになったんですか。

教授：シリア難民の数は、2014 年には 390 万人に上昇した。シリアの人口が約
　　　1,600 万人なので、国民の約 4 分の 1 が国外で難民になったことになるね。

花子：390 万人なんてすごい数ですね。ヨーロッパの人たちに受け入れられたん
　　　でしょうか。

教授：ヨーロッパの多くの国はシリア難民に同情的であったため、彼らは大規模
　　　に広く受け入れられた。その筆頭はドイツで、2015 年だけでも 110 万人の難
　　　民を受け入れたんだ。

太郎：窮地に陥っている人たちを助けて、ドイツは立派ですね。

教授：ただ、あまりに短期間に大量の人が避難するのを許したことによって、ド
　　　イツ国内でも受け入れに対して懸念の声を上げる人がいたんだ。

▌熟語・慣用句（表現）

take refuge　避難する

raise concerns about　～ついて懸念の声を上げる

🔊 0578 - 0592

0578 ☐☐☐
**catch** [kǽtʃ]
他 巻き込む

Several innocent people were caught up in the scandal.

数人の罪のない人たちがそのスキャンダルに巻き込まれた。

0579 ☐☐☐
**stay** [stéɪ]
自 留まる

After several interviews, he decided to stay at the firm.

数回の面談の後、彼は会社に留まることにした。

0580 ☐☐☐
**flee** [flíː]
他 脱出する

After fleeing the country he was applying for asylum.

国を脱出してから彼は亡命を申請していた。

0581 ☐☐☐
**geographic** [dʒìːəgrǽfɪk]
形 地理的な

The geographic riverside location led to the city's growth.

川沿いという地理的な位置がその都市の成長につながった。

0582 ☐☐☐
**location** [loʊkéɪʃən]
名 位置、立地

Location is key for a restaurant to be successful.

レストランが成功するには立地がカギだ。

0583 ☐☐☐
**end** [énd]
自 （〜する）ことになる

If they continue to win, they will end up with the title.

このまま勝ち続ければタイトルを取ることになる。

0584 ☐☐☐
**rise** [ráɪz]
自 上昇する、増加する

Sales are expected to rise by 15% next year.

来年の売上は15%増加する見込みだ。

0585 ☐☐☐
**quarter** [kwɔ́ːrtər]
名 4分の1

About a quarter of the class commutes by bike.

クラスの約4分の1は自転車で通勤している。

Chapter 4 国際関係 (International Relations)

0586 □□□
## sympathetic [sìmpəθétɪk]

The manager was not sympathetic to his new situation.

形 同情的な、共感的な

上司は彼の新しい状況に共感的ではなかった。

0587 □□□
## widely [wáɪdli]

It is widely acknowledged that teens today face more stress.

副 広く

10代がよりストレスに直面しているということは広く知られている。

0588 □□□
## scale [skéɪl]

The company needs to analyze the scale of risk.

名 規模、度合い

その会社はリスクの度合いを分析する必要がある。

0589 □□□
## praiseworthy [préɪzwə̀ːrði]

Her dedication and commitment to the cause was praiseworthy.

形 立派な、称賛に値する

彼女のその目標への専心や打ち込みは称賛に値する。

0590 □□□
## need [níːd]

The charity raises money for families who are in need.

名 窮地、困窮

その慈善団体は困窮する家族のためにお金を募っている。

0591 □□□
## allow [əláʊ]

The student allowed the researcher to record the interview.

他 許す、許可する

その学生は研究者にインタビューを録音することを許可した。

0592 □□□
## acceptance [əkséptəns]

Concerns were raised over the acceptance of casual clothing.

名 受け入れ

カジュアルな服装を受け入れることについて懸念が示された。

🔊 51

**Prof.**: After accepting over 1,000,000 refugees in 2015, Alternative for Germany, a right-wing political party, made rapid progress in the 2016 local elections. It can be said that this result is proof of the existence of people who oppose Merkel's refugee policy.

**Hanako**: Yes, I suppose if you accept such a large number of refugees so suddenly, it's likely to **cause conflict**.

**Prof.**: Also, in the presidential election that was held in Austria in 2016, the Freedom Party of Austria, which is a right-wing political party, gained 49.65% of votes. However, **in the end**, they lost to a left-wing party, the Greens.

**Hanako**: **It's a problem if** the existence of refugees is creating **a sense of** xenophobia in Europe.

**Prof.**: Yes, and there's also the issue of terrorism, too.

**Taro**: What's the connection between refugees and terrorism?

**Prof.**: France, a neighboring country of Germany, also accepted refugees from the Middle East, but in the midst of that, the November 2015 Paris attacks happened.

# ヨーロッパ ②

**教授**：2015 年に 100 万人を超える難民を受け入れた後、右派政党の「ドイツの
　　ための選択肢」が、2016 年のドイツの地方選挙で急速な進出を果たした。これ
　　は、メルケル首相の難民政策に反対する人々がいることを示す証拠と言えるだ
　　ろう。

**花子**：もちろん、急にそんなに大勢の難民を受け入れたら、軋轢の原因になりそ
　　うですね。

**教授**：また、2016 年にオーストリアで行われた大統領選挙では、右派政党のオー
　　ストリア自由党が、49.65％の票を得た。最終的には、左派政党の緑の党に敗
　　れたけどね。

**花子**：難民の存在が、ヨーロッパに排外主義的な感情を生んでいるとすれば、問
　　題ですね。

**教授**：そうだ。そして、さらにテロの問題もある。

**太郎**：難民とテロに、何のつながりがあるんですか？

**教授**：ドイツの隣国フランスも、中東からの難民を受け入れていたが、そんな中
　　で、2015 年 11 月のパリ同時多発テロ事件が起きたんだ。

---

▌**熟語・慣用句（表現）**

cause conflict　争いの原因となる　／　in the end　最後には

it's a problem if...　…なら問題である　／　a sense of　〜の感じ、〜の感覚

◀)) 0593 - 0605

0593 ☐☐☐
## alternative [ɔːltə́ːrnətɪv]

名 選択肢、代替案

Politicians are looking into alternatives to nuclear energy.

政治家たちは核エネルギーの代替案を調査している。

0594 ☐☐☐
## right-wing [ráɪtwɪ̀ŋ]

形 右派の、右翼の

Right-wing parties are proposing tougher immigration laws.

右翼政党はより厳しい移民法を提案している。

0595 ☐☐☐
## rapid [rǽpɪd]

形 急速な

The sector is experiencing rapid growth at the moment.

その部門は現在急速に成長している。

0596 ☐☐☐
## proof [prúːf]

名 証拠

Police did not have sufficient proof to make the conviction.

警察は有罪判決を得るのに十分な証拠を持っていなかった。

0597 ☐☐☐
## existence [ɪgzístəns]

名 いること、存在

Opinions vary over the existence of life on other planets.

他の惑星の生命の存在に関して様々な意見がある。

0598 ☐☐☐
## presidential [prèzədénʃəl]

形 大統領の

Her presidential campaign received party backing.

彼女の大統領選に向けた選挙運動は党の支持を受けた。

0599 ☐☐☐
## gain [géɪn]

他 得る

He gained a lot of new voters from ethnic minorities.

彼は民族的少数派から多くの新しい票を得た。

0600 ☐☐☐
## left-wing [léftwɪ̀ŋ]

形 左派の、左翼的な

The politician held mainly left-wing views.

その政治家は主に左翼的な見解を持っていた。

# ヨーロッパ ②

0601 ☐☐☐

**create** [kriéɪt]

The PR firm's brief was to create a more inclusive image.

他 生む、作り出す

その広告会社の報告はより開かれたイメージを作り出すためのものだ。

0602 ☐☐☐

**xenophobia** [zènəfóʊbiə]

The nationalist movement is feeding xenophobia.

名 排他主義

その民族主義運動は排他主義を助長している。

0603 ☐☐☐

**connection** [kənékʃən]

There is a proven connection between drugs and criminality.

名 つながり、関連

薬物と犯罪の間には立証された関連がある。

0604 ☐☐☐

**neighbor** [néɪbər]

The housing development neighbors the military base.

他 隣接する

その団地は軍事基地に隣接している。

0605 ☐☐☐

**midst** [mídst]

The region is in the midst of a severe recession.

名 中、真っただ中

その地域は深刻な景気後退の真っただ中にいる。

---

## ▌文法・構文

- Also, in the presidential election that was held in Austria in 2016, the Freedom Party of Austria, which is a right-wing political party, gained 49.65% of votes.（また、2016年にオーストリアで行われた大統領選挙では、右派政党のオーストリア自由党が、49.65%の票を得た。）

■ 関係代名詞whichが非制限用法で用いられています。オーストリア自由党がどのような政党なのかということを補足説明しています。

🔊) 52

**Prof.**: On November 13th, 2015, terrorist attacks **in the form of** bombings and shootings **took place** in many parts of Paris. It **resulted in** a catastrophe where **a total of** 129 people died, and over 300 people were injured. Because of the number of deaths, the government proclaimed a state of emergency in the entire country.

**Hanako**: When we talked about the Middle East, we talked about this terrorist attack. It was ISIS who **carried it out**, right?

**Prof.**: Yes. After the attacks, ISIS released a statement, and it became clear that the attacks were carried out by ISIS soldiers.

**Taro**: But there isn't any connection between terrorism and refugees, is there?

**Prof.**: Well, after the Paris attacks, it became clear that one of the terrorists who carried out the attacks was a refugee from Syria.

**Hanako**: I see. That's why people started **linking the terms 'terrorist' and 'refugees.'**

**Prof.**: Of course, most refugees have nothing to do with terrorism, so it's wrong to think that way. But the acceptance of refugees can be risky from two perspectives. The first perspective is the unity of the people, and the second perspective is national security. That's why in reality, it's not possible to **allow an unlimited number of refugees into** the country based on the belief that human nature is fundamentally good.

# ヨーロッパ ③

教授：2015年11月13日、パリの複数の場所で、爆破や銃撃によるテロ攻撃が起こり、計129人が死亡し、300人を超える人が負傷する、という大惨事をもたらした。死者の数から、政府は全国に非常事態を宣言したんだ。

花子：中東の話の時に、そのテロ攻撃について話しましたね。実行したのはISだったんですよね。

教授：ああ。攻撃の後にISが声明を出し、その攻撃がISの戦闘員によって遂行されたことが判明した。

太郎：でも、テロと難民は関係ないんじゃないですか？

教授：それが、パリ同時多発テロ事件の後、その攻撃を行ったテロリストの一人が、シリアからの難民であったことが明らかになったんだ。

花子：なるほど。それで、「テロリスト」と「難民」が結び付けられるようになったんですね。

教授：もちろん、ほとんどの難民はテロとは無関係なのだから、そのように考えるのは間違っている。ただ、難民の受け入れは二つの観点から危険を伴う可能性がある。一つ目の観点は国民統合で、二つ目の観点が国家安全保障だ。したがって、現実には、性善説（人間の本性は基本的に善であるとする説）に基づいて、無制限に難民を国内に入れることを許可することはできないんだ。

---

∥ **熟語・慣用句（表現）**

in the form of　〜の形をとって　／　take place　行われる

result in　〜という結果になる　／　a total of　合計で〜

carry (it) out　（それを）実行する

link... and...　〈link A and B〉AとBを結びつける

allow ... into　…が〜の中に入ることを許す

🔊 0606 - 0617

0606 ☐☐☐

**bombing** [bá:mɪŋ]

名 爆破、爆撃

Carpet bombing was a strategy adopted in World War II.

絨毯爆撃は第二次世界大戦でとられた戦略だった。

0607 ☐☐☐

**catastrophe** [kətǽstrəfi]

名 大惨事、大災害

The storm was a catastrophe leading to hundreds of deaths.

その嵐は数百人もの死者を出す大災害だった。

0608 ☐☐☐

**injure** [índʒər]

他 負傷させる

He was sent off after trying to injure his opponent.

彼は相手選手を負傷させようとして退場させられた。

0609 ☐☐☐

**proclaim** [proʊkléɪm]

他 宣言する、公表する

The government proclaimed new initiatives to combat terror.

政府はテロと戦うための新しい構想を公表した。

0610 ☐☐☐

**emergency** [ɪmɔ́:rdʒənsi]

名 非常事態、緊急事態

He is always calm and decisive in times of emergency.

彼は緊急事態でも常に落ち着いていて決断力がある。

0611 ☐☐☐

**statement** [stéɪtmənt]

名 声明

He made a statement outlining his vision for the party.

彼は自分の持つ党の展望を大まかに示した声明を発表した。

0612 ☐☐☐

**soldier** [sóʊldʒər]

名 戦闘員、兵士

Soldiers completely surrounded the building.

兵士たちはその建物を完全に包囲した。

0613 ☐☐☐

**risky** [ríski]

形 危険を伴う、危険な

It was too risky for the journalists to go to the frontline.

ジャーナリストたちがその前線に行くのは危険すぎた。

# ヨーロッパ ③

0614 ☐☐☐
## unity [júːnəti]
名 統合、統一

Peace and unity were restored after years of conflict.

数年にわたる紛争のあと、平和と統一が回復された。

0615 ☐☐☐
## reality [riǽləti]
名 現実

Workers are facing the harsh reality of imminent job cuts.

従業員たちは即刻の人員削減という厳しい現実に直面している。

0616 ☐☐☐
## base [béɪs]
他 基礎を置く

He based his beliefs on solid principles.

彼の信念は確固とした原則に基づいていた。

0617 ☐☐☐
## fundamentally [fʌndəméntəli]
副 基本的に、根本的に

The new management will fundamentally change our direction.

新しい経営陣は私たちの方向性を根本的に変えるつもりだ。

---

## ▌文法・構文

● It resulted in a catastrophe where a total of 129 people died, and over 300 people were injured.（計129人が死亡し、300人を超える人が負傷する、という大惨事をもたらした。）

■ このwhereは関係副詞で手前のcatastropheにかかっています。これをin whichで言い換えることもできます。

● Of course, most refugees have nothing to do with terrorism, so it's wrong to think that way.（もちろん、ほとんどの難民はテロとは無関係なのだから、そのように考えるのは間違っている。）

■ have nothing to do withで「～とは無関係である」という意味です。一つの決まり文句なので、have nothing / to do / withのように分解してしまわないようにしましょう。

# イスラーム国の衝撃

池内恵著／文藝春秋

　2014年6月、IS（イスラーム国）の最高指導者、アブバクル・バグダディはシリアの都市ラッカを「首都」として、建国を宣言した。武装グループが「国家の建国」を主張するだけでも驚きだが、世界を震撼させたのは、異教徒の奴隷化といった彼らの特異な主張や、斬首による処刑映像の公開といった、陰惨なメディア・キャンペーンだった。

　2003年、アメリカの率いる有志連合は、フセイン政権打倒を掲げてイラク戦争を起こした。有志連合の攻撃を受けたイラクの首都バグダッドは陥落し、フセインは逮捕され、独裁政権は崩壊した。

　フセイン政権を打倒したアメリカは、イラクに民主的な政権を樹立しようとした。だが、元々イラクはイスラーム教のスンナ派とシーア派が対立しており、国内は一枚岩ではない。国を持たないクルド人も、イラク国内に多く暮らしている。そうした混乱状況の中生まれたのが、IS だ。

　本書の著者の池内は、イラクで生まれた IS が周辺各国に伝播していった背景に、2010年に始まった「アラブの春」の存在があると指摘する。チュニジアで始まった民主化運動は、エジプト、イエメン、リビア、バーレーン、シリアといった各国へと広がっていった。だが、比較的スムーズに民主化が達成されたのはチュニジアだけであり、それ以外の各国では、むしろ運動が始まる以前より、政治的混乱は深まった。中でもリビアとシリアは、大規模な内戦状態に陥るまでになってしまった。

　IS は、2014年6月にイラク第二の都市、モスルを陥落させると、その勢いに乗じて隣国シリアに攻め入った。独裁的なアサド政権に対して反対派が蜂起し、内戦状態にあったシリアは、IS が侵攻するのに格好のターゲットだったのである。

　2014年には凄まじい勢いで勢力を拡大していた IS だが、2015年からイラ

クでは政府軍が猛反撃を始め、2017年12月になると掃討作戦の完了を発表、ISに対する勝利宣言を行った。シリアでも、2017年10月にISの首都ラッカが陥落。12月にロシアのプーチン大統領がシリア内にあるロシアの基地を訪問し、ISに対する勝利宣言を行った。

　現在のISは、2014年頃と異なり、既に領域国家を維持する力を失っている。ISの脅威は去ったのだろうか？　そうではない、と池内は指摘する。なぜなら、ISはその真の目的として、「サイクス・ピコ協定によって画された秩序の打倒」を掲げているからだ。

　サイクス・ピコ協定とは、第一次世界大戦中に英、仏、露の間で結ばれたオスマン帝国領の分割を取り決めた密約のことである。このとき、欧米各国の手によって、アラブ民族は恣意的な国境線により分断され、クルド民族に至っては、自らの国家を失う事態となってしまった。

　今から約百年前に欧米列強のエゴによって生じたこの矛盾は、現在に至るまで解決されていない。第二次世界大戦後に生じたパレスチナ問題もあり、中東の混迷はますます深まるばかりである。

　現在、領域国家を維持することが難しくなったISは、世界各地でテロ起こすことに力を入れている。2015年11月、ISはフランスの首都パリで同時多発テロを起こし、129人もの人が死亡した。ISのテロのターゲットには、日本も含まれている。私たちは、ISの問題を「遠い中東のこと」として無関心ではいられない時代に生きているのだ。

### ▌関連図書

- 『テレビ・新聞が決して報道しないシリアの真実』国枝昌樹著／朝日新聞出版
  「アラブの春」がシリアの民主化運動に与えた影響から、内戦まで。そして、ISの台頭から退潮までが時系列的に整理され、よくわかる。

- 『難民問題』墓田桂著／中央公論新社
  ISのシリア侵攻によって生じた、約400万人もの難民。それを受け入れることになったヨーロッパの苦悩、そして日本の対応についても触れられている。

- 『経済大陸アフリカ』平野克己著／中央公論新社
  未だ「貧困」のイメージが強いアフリカ。だが、本書を読むと21世紀に入り、急速に資源国として経済成長していることがよくわかる。

# America ①

◀)) 53

**Hanako**: I heard that the American President, Donald Trump, announced that he is going to significantly increase the **customs duties** for goods, such as cars, imported into the United States.

**Taro**: Why would he do such a thing?

**Prof.**: He was elected in the presidential election because he won the votes of Ohio, Pennsylvania, Wisconsin, Michigan, and Iowa, all of which are in the Great Lakes region. This region is referred to as the 'rust belt,' because it historically had strong iron and manufacturing industries. However, it has been performing poorly since the 1980s when manufacturing in countries such as Japan and China progressed rapidly. President Trump is trying to meet the expectations of his supporters by implementing policies that protect the industry that they're in.

**Hanako**: In his speech, he stated that customs duties will be raised because trade deficits are an issue in America at the moment. Will increasing customs duties improve America's economy?

**Prof.**: **It's hard to say** yes to that. **What do you both think of** when you hear the term 'trade deficit'?

**Taro**: Well, it includes the word 'deficit,' so **it's got to** have a negative meaning. If companies have deficits, they could **go bankrupt**, so they need to **get back to** a surplus.

# アメリカ ①

花子：アメリカのトランプ大統領が、自国に輸入される自動車などの物品に対して、大幅に関税を上げると予告したって聞いたわ。

太郎：何でそんなことをするのかな？

教授：トランプ大統領は、五大湖地域に位置しているオハイオ州、ペンシルベニア州、ウィスコンシン州、ミシガン州、アイオワ州の票を得ることによって大統領選挙に当選した。この地域は「ラストベルト（さび地帯）」と呼ばれている。なぜなら、製鉄業、製造業を牽引していた歴史があるからだ。だが、日本や中国などの国の製造が躍進してきた 1980 年代以降は業績が低迷しているんだ。トランプ大統領は、支持者のいる地域の産業を保護する政策を実行することで、自らの支持者の期待に応えようとしているんだね。

花子：演説では、アメリカの貿易赤字が問題だから、関税を上げると言っていますね。関税を上げると、アメリカの経済が良くなるのでしょうか。

教授：そうとは言い難いんだ。二人は「貿易赤字」という言葉を聞くと、どう思うかな？

太郎：えぇと、赤字という言葉が入っているんだから、当然悪い意味ですよね。会社が赤字だったら倒産しちゃうわけですから。黒字に戻さなくちゃならないですよね。

▌熟語・慣用句（表現）

customs duties　関税　／　it's hard to say...　…と言い難い
what do you think of　～をどう思いますか
it's (it has) got to *do*　それは～するに違いない
go bankrupt　倒産する　／　get back to　～に戻る

🔊 0618 - 0627

0618 ☐☐☐
## announce [ənáʊns]
他 予告する、発表する

The director announced that she would step down next month.

その重役は来月に辞任すると発表した。

0619 ☐☐☐
## elect [ɪlékt]
他 当選させる、選出する

The state elected her because of her centrist policies.

その州は中道的な政策を理由に彼女を選出した。

0620 ☐☐☐
## rust [rʌst]
名 さび

Lots of rust was discovered on the car frame.

車のフレームにたくさんの錆が見つかった。

0621 ☐☐☐
## iron [áɪərn]
名 鉄

Australia is the world's biggest producer of iron ore.

オーストラリアは世界最大の鉄鉱石生産国だ。

0622 ☐☐☐
## manufacturing [mænjəfǽktʃərɪŋ]
形 製造の

The entire manufacturing process needs to be evaluated.

製造過程全体が評価対象とされる必要がある。

0623 ☐☐☐
## industry [índəstri]
名 産業

The tourism industry has continued to grow quickly.

旅行産業は急な成長を続けてきた。

0624 ☐☐☐
## expectation [èkspektéɪʃən]
名 期待

Customer expectations must always be met.

客の期待は常に満たされなければならない。

0625 ☐☐☐
## implement [ímpləmènt]
他 実行する、実施する

Ministers are implementing new education policies from next year.

大臣たちは来年から新しい教育政策を実施することにしている。

# アメリカ ①

0626 □□□

**deficit** [défəsɪt]

名 赤字

Negotiations had started to cut the budget deficit.

交渉によって財政赤字が削減され始めていた。

0627 □□□

**term** [tə́ːrm]

名 言葉、用語

The term "voluntourism" is starting to appear more and more.

「ボランティアツーリズム」という用語が登場する機会がますます増えている。

## ▌文法・構文

● Why would he do such a thing?(何でそんなことをするのかな?)

■ wouldには様々な意味があり、常に文脈から判断することが必要です。今回は「〜しようとする」という意思の意味です。

● He was elected in the presidential election because he won the votes of Ohio, Pennsylvania, Wisconsin, Michigan, and Iowa, all of which are in the Great Lakes region.(トランプ大統領は、五大湖地域に位置しているオハイオ州、ペンシルベニア州、ウィスコンシン州、ミシガン州、アイオワ州の票を得ることによって大統領選挙に当選した。)

■ whichは手前に出てきている州すべてを指しています。関係代名詞は結局名詞なので、このように前にall ofやnone ofといった表現を足すことができます。

● However, it has been performing poorly since the 1980s when manufacturing in countries such as Japan and China progressed rapidly.(だが、日本や中国などの国の製造が躍進してきた1980年代以降は業績が低迷しているんだ。)

■ 現在完了進行形です。「ずっと〜し続けている(そして今もそうである)」という意味で、ある動作や状態がずっと続いていることを表します。難しそうですがよく使われる文法事項です。

◀))) 54

**Prof.**: Yes, it's an issue if a company has deficits, but a trade deficit doesn't always **equal** something bad, and similarly, a trade surplus doesn't always equal something **positive**.

**Hanako**: **What do you mean?** I don't understand.

**Prof.**: For example, President Trump said that he will increase customs duties after looking at the trade **balance** between the two countries. But Japan doesn't have any **petroleum** or oil, so if you look at the trade balance between Japan and an oil producing country in the Middle East, Japan will always have deficits.

**Hanako**: Yes, you're right. I understand.

**Prof.**: That's why the idea that the trade balance between two countries needs to be equal is **nonsense**. Also, if the idea that trade surplus meant something positive and trade deficit meant something **negative** was true, the national **finances** of Canada, a country that has had deficits for around 100 years, should have already **collapsed**.

**Hanako**: So, **what you're saying is** that government finances **differ** from **corporate** finance.

**Taro**: But then why did he **end up with** this **mistaken** idea?

**Prof.**: Well actually, the idea that 'trade deficits are bad' **is not just limited to** President Trump.

# アメリカ ②

教授：企業が赤字なのは問題だが、貿易赤字は、必ずしも悪いものに匹敵するというわけではない。また同様に、貿易黒字は良いもの、というわけでもないんだ。

花子：どういうことですか？　意味がわからないんですけど。

教授：例えば、トランプ大統領は二国間の貿易収支のバランスを見てから、関税を上げると言っているよね。でも、日本は石油が出ないから、日本と中東の産油国の二国間の貿易収支を見ると、いつも日本の赤字だよ。

花子：その通りですね。わかります。

教授：だから、二国間の貿易収支が均衡しなくてはならないという発想は、無意味なんだよ。それに、もし貿易黒字が良いもので、貿易赤字が良くないものという考えが正しいとしたら、100年間ほど赤字状態のカナダの国家財政なんて、とっくに破綻しているはずだ。

花子：つまり、政府の財政は、企業の財政とは異なるということですね。

太郎：でも、それじゃあ、どうして彼はそんな間違った考えを抱いてしまうことになったんだろう？

教授：ああ、実は「貿易赤字は悪」という考えはトランプ大統領だけに限ったことではないんだ。

▌熟語・慣用句（表現）

What do you mean?　どういう意味ですか。
what you're saying is...　…ということですね
end up with　～で終わる　／　be not just limited to　～だけに限らない

🔊 0628 - 0638

0628 ☐☐☐

## equal [íːkwəl]

他 匹敵する

The rent was equal to about a third of his monthly salary.

家賃は彼の月収の約三分の一に匹敵するものだった。

0629 ☐☐☐

## positive [pάːzətɪv]

形 良い

The classmate has a positive influence on her study habits.

同級生は彼女の学習習慣に良い影響を与えている。

0630 ☐☐☐

## balance [bæləns]

名 バランス

It is important to have a good work-life balance.

良好なワークライフバランスがあることが重要だ。

0631 ☐☐☐

## petroleum [pətróuliəm]

名 石油

Petroleum is a non-renewable energy source.

石油は再生できないエネルギー資源だ。

0632 ☐☐☐

## nonsense [nάːnsens]

名 無意味、ばかげた考え

Reports of the merger are complete and utter nonsense.

合併の報告は全くばかげた考えだ。

0633 ☐☐☐

## negative [négətɪv]

形 良くない

Recent negative publicity led to a drop in sales.

最近の良くない評判によって売上が減少した。

0634 ☐☐☐

## finance [fáɪnæns]

名 財政

The company finances are in a good state.

その会社の財政は良い状態にある。

0635 ☐☐☐

## collapse [kəlǽps]

自 破綻する、崩壊する

Irreconcilable differences meant the peace talks collapsed.

和解し難い意見の違いによって和平交渉が崩壊した。

# アメリカ ②

0636 ☐☐☐

**differ** [dífər]

自 異なる

The politicians' views on transport policy greatly differ.

交通政策に関する政治家たちの考え方は大きく異なる。

0637 ☐☐☐

**corporate** [kɔ́ːrpərət]

形 企業の、法人の

Corporate tax reductions could stimulate the economy.

法人税の引き下げは経済を刺激する可能性がある。

0638 ☐☐☐

**mistaken** [məstéikən]

形 間違った、取り違えた

Mistaken identity led to his release from jail.

身元の取り違えによって彼の勾留が解かれた。

---

## ▍文法・構文

● That's why the idea that the trade balance between two countries needs to be equal is nonsense. （だから、二国間の貿易収支が均衡しなくてはならないという発想は、無意味なんだよ。）

■ 文構造がつかめたでしょうか。the idea <that the trade balance between two countries needs to be equal> is nonsenseとなっています。主語がideaで動詞がisです。

● ...the national finances of Canada, a country that has had deficits for around 100 years, should have already collapsed. （……100年間ほど赤字状態のカナダの国家財政なんて、とっくに破綻しているはずだ。）

■ should have＋過去分詞というと、「〜すべきだったのに（しなかった）」という意味が思いつくかもしれませんが、もう一つ、今回のように「〜したはずだ」という意味もあります。

◀)) 55

**Prof.**: These ideas that 'a trade surplus is good' and 'a trade deficit is bad' are called mercantilism. The root of this is quite deep, and it has been claimed **from time to time** from the 16th century **up until now**.

**Hanako**: Is it because surplus is seen as positive in business accounting?

**Prof.**: Yes, **I'd say so**. In household or business accounting, it's standard to consider surplus as positive and deficit as negative, so I think it fits people's intuition. However, in the 19th century, a British economist named David Ricardo proved that this typical mercantilist mindset was incorrect.

**Taro**: What did Ricardo say?

**Prof.**: Ricardo challenged the idea of mercantilism by suggesting the theory of comparative advantage. **To put it simply**, the theory of comparative advantage is the idea that from a productivity perspective, it would be best for each country and globally if each country specialized in the trade of that country's most productive asset.

**Hanako**: So, each country should create what they're best at creating and then trade that?

**Prof.**: Yes. By promoting free trade over mercantilism, the world could become economically richer.

# アメリカ ③

**教授**：「貿易黒字は善」、「貿易赤字は悪」というこうした考え方は、重商主義と呼ばれている。この考え方の根はかなり深くて、16世紀から今日まで、しばしば主張されてきているんだ。

**花子**：企業会計では黒字は善として見なされているからかしら？

**教授**：ああ、そうだと思うね。家計や企業会計では、黒字は善で赤字は悪、と考えるのが基準だから、人々の直感に合うんだと思うよ。だが、19世紀、デヴィッド・リカードゥというイギリスの経済学者は、こうした典型的な重商主義的な考え方が間違っていることを証明したんだ。

**太郎**：リカードゥは、どんなことを言ったんですか？

**教授**：リカードゥは、比較優位説を提示することによって、重商主義の考え方を批判した。簡単に言うと、比較優位説とは、各国がその国で最も生産性の高い資産を取引することに特化するならば、生産性の点から見て各国にとっても世界全体にとっても一番良い、という考え方のことだ。

**花子**：つまり、それぞれの国が、作ることが最も得意である物を作って、それを取引するべきだということですね。

**教授**：そうだ。重商主義ではなく自由貿易を推進することによって、世界が経済的に豊かになることができるんだよ。

▌**熟語・慣用句（表現）**

from time to time　時々　／　up until now　今に至るまで

I'd say so.　そう思います。　／　to put it simply　簡単に言えば

0639 ☐☐☐
**surplus** [sə́:rplʌs]

名 黒字

The trade surplus is expected to continue to grow next year.

貿易黒字は来年も増加し続けると予想されている。

0640 ☐☐☐
**mercantilism** [mə́:rkənti:lïzm]

名 重商主義

Managed mercantilism is a policy adopted by some states.

統制された重商主義は一部の国で採用されている政策だ。

0641 ☐☐☐
**root** [rúːt]

名 根

The root of the problem can be dated back years.

その問題の根は数年前にさかのぼることができる。

0642 ☐☐☐
**accounting** [əkáʊntɪŋ]

名 会計

He was good with numbers and wanted a role in accounting.

彼は数字が得意で会計の役割を担いたがった。

0643 ☐☐☐
**intuition** [ìnt(j)uíʃən]

名 直感

He is guided by both intuition and sound reasoning.

彼は直感と健全な論理的思考の両方に基づいて行動する。

0644 ☐☐☐
**prove** [prúːv]

他 証明する

The scientists eventually proved their theory to be correct.

その科学者たちはついに自分たちの説が正しいことを証明した。

0645 ☐☐☐
**mercantilist** [mə́:rkənti:lɪst]

形 重商主義的な

The state pursued a mercantilist trading policy.

その国は重商主義的な貿易政策を追求した。

0646 ☐☐☐
**mindset** [máɪndsèt]

名 考え方

The firm needs to change its traditional mindset.

その会社は伝統的な考え方を変える必要がある。

0647 ☐☐☐
## challenge [tʃǽlɪndʒ]

Opponents challenged the new draconian immigration laws.

他 批判する、異議を唱える

反対派はその新しい厳格な移民法に異議を唱えた。

0648 ☐☐☐
## comparative [kəmpérətɪv]

She presented a comparative analysis of the two concepts.

形 比較の

彼女はその二つの概念の比較分析を発表した。

0649 ☐☐☐
## productivity [pròʊdʌktívəti]

Productivity will increase when workers are comfortable.

名 生産性

労働者が快適なら生産性は向上する。

0650 ☐☐☐
## specialize [spéʃəlàɪz]

He now specializes in mergers and acquisitions.

自 特化する、専門とする

彼は現在合併と買収を専門としている。

0651 ☐☐☐
## asset [ǽset]

Investment made the fishing industry a key national asset.

名 資産、財産

投資によって漁業が重要な国の財産になった。

---

**▌文法・構文**

● In household or business accounting, it's standard to consider surplus as positive and deficit as negative, so I think it fits people's intuition.（家計や企業会計では、黒字は善で赤字は悪、と考えるのが基準だから、人々の直感に合うんだと思うよ。）

■ consider <surplus as positive> and <deficit as negative>という形です。< >の両方にconsiderがくっついていると考えてください。

🔊) 56

**Hanako**: I saw on the news that the Constitution of China was amended.

**Prof.**: The biggest change made in this amendment was that the president's term limit was repealed, and therefore, the length of the presidency is now unlimited. Prior to this amendment, the maximum length was two consecutive five-year terms, so 10 years in total.

**Taro**: If it's unlimited, does that mean that Xi Jinping will continue being the president forever?

**Prof.**: Yes, that's right. Unless he retires **out of his own accord** or can **no longer** continue his duties for reasons such as illness, Xi Jinping **will most likely** continue being the president.

**Hanako**: Are there any benefits of having the same leader for a long period of time?

**Prof.**: Well, the continuity of policies would be guaranteed. If the Prime Minister changed from year to year like they did in Japan before the Abe Administration, the citizens and leaders of foreign countries would become **skeptical of** the continuity of policies.

**Taro**: I see. So, that means that they can manage the country on a long-term basis, right? I wonder what kind of country China will become then?

**Prof.**: I think they have a few things in mind, but one of the things the Xi Administration is aiming for is to gain control of the ocean.

# アジア ①

花子：中国の憲法が改正されたとニュースで見たわ。

教授：今回の憲法改正での一番大きな変化は、国家主席の任期の制限が撤廃され、それゆえに、国家主席の任期の長さが今や無制限となっていることだね。改定前は、任期の最大の長さが5年任期の連続2期、つまり合わせて10年だった。

太郎：無制限ということは、これからもずっと習近平氏が国家主席であり続けるということですか？

教授：その通りだ。自ら進んで引退するか、病気などの理由で職務がそれ以上続けられなくならない限り、習近平氏が国家主席を続ける可能性が高いだろう。

花子：長い間、同じリーダーであることで、何かいいことがあるんでしょうか？

教授：そうだね。政策の継続性が担保されるということはあるだろうね。安倍政権の前の日本のように、一年程度で首相が変わっていると、国民や諸外国のリーダーが、政策に継続性があるかどうか懐疑的になってしまうからね。

太郎：なるほど。長期的に国の運営ができるということですね。じゃあ、中国はどんな国になろうとしているんですか。

教授：いくつか考えがあると思うけど、習政権が目標としていることの一つに海洋支配があるよ。

▌**熟語・慣用句（表現）**

out of one's own accord　自ら進んで、自発的に
no longer　もはや〜でない
will most likely　〜する可能性が高いだろう、きっと〜するだろう
skeptical of　〜に懐疑的である

🔊)) 0652 - 0663

0652 □□□
**amend** [əménd]　　　　　　　　　他 改正する

Politicians will amend the laws to avoid a similar incident.

政治家たちは同様の出来事を回避するために法律を改正するつもりだ。

0653 □□□
**amendment** [əméndmənt]　　　名 改正、修正案

There will be an amendment to abolish the death penalty.

死刑を廃止する修正案が出されるだろう。

0654 □□□
**term** [tə́ːrm]　　　　　　　　　名 任期

He just won a second term as Prime Minister.

彼は首相としての二期目を勝ち取ったところだ。

0655 □□□
**repeal** [ripíːl]　　　　　　　　他 撤廃する、廃止する

They want to repeal the new tax on high income brackets.

彼らは高所得層に対する新しい税を廃止したいと考えている。

0656 □□□
**length** [léŋkθ]　　　　　　　　名 長さ

The length of the movie was edited to under 3 hours.

その映画の長さは3時間以下に編集された。

0657 □□□
**presidency** [prézədənsi]　　　名 国家主席の任期、大統領の任期

A strong economy was a key feature during his presidency.

強い経済が彼の大統領の任期中の重要な特色だった。

0658 □□□
**prior** [práɪər]　　　　　　　　形 前

She worked in HR prior to her new role in logistics.

彼女は物流部門で新しい任務に就く前に人事部で働いていた。

0659 □□□
**maximum** [mǽksəməm]　　　　形 最大の

He faces the maximum sentence of ten years.

彼は最大で10年の判決を受ける。

# アジア ①

0660 ☐☐☐

## consecutive [kənsékjətɪv]

形 連続した

The team won three consecutive titles with the same manager.

そのチームは同じマネージャーのもと、3回連続でタイトルを獲得した。

0661 ☐☐☐

## retire [rɪtáɪər]

自 引退する、退職する

After three decades of impeccable service he retired.

30年にわたって完璧に勤務した後に彼は退職した。

0662 ☐☐☐

## duty [d(j)úːti]

名 職務

Alleged improprieties made it impossible to do his duties.

不正の疑いがあったため彼は職務を果たすことができなくなった。

0663 ☐☐☐

## continuity [kàːntən(j)úːəti]

名 継続性

A conflict will threaten the continuity of fuel supplies.

紛争によって燃料供給の継続が脅かされるだろう。

---

**┃ 文法・構文**

● If it's unlimited, does that mean that Xi Jinping will continue being the president forever?（無制限ということは、これからもずっと習近平氏が国家主席であり続けるということですか？）

■ continueはto不定詞も動名詞も目的語に取ることができます。両方ほぼ同じような意味ですがどちらかといえばto不定詞のcontinue to doのほうがよく用いられます。

● Unless he retires out of his own accord or can no longer continue his duties for reasons such as illness, Xi Jinping will most likely continue being the president.（自ら進んで引退するか、病気などの理由で職務がそれ以上続けられなくならない限り、習近平氏が国家主席を続ける可能性が高いだろう。）

■ unlessは「そうならない唯一の例外は」という意味です。「もしそうでなければ」という意味で覚えておくと意味を取り違えることがあるので注意が必要です。

🔊)) 57

**Taro**: What do you mean by that?

**Prof.**: Let's **take the South China Sea as an example**. In 2012, a patrol ship of the Chinese State Oceanic Administration interfered when a Philippines authority ship attempted to **crack down on** a Chinese fishing boat in the Philippine's Scarborough Shoal. At the time, neither country **backed down**, and eventually, in 2013, the Philippines proceeded to the International Court of Justice to arbitrate this incident **in accordance with** the United Nations Convention on the Law of the Sea.

**Hanako**: What was the decision of the International Court of Justice?

**Prof.**: In 2016, the arbitration court passed judgement that basically denied all the rights that China had asserted.

**Taro**: So, the case was closed?

**Prof.**: Well, **not exactly**. China insisted that the arbitration court did not have the authority to judge this issue, and they refused to accept the judgement. In addition, China then appealed to the world to say that they own the jurisdiction inside the **nine-dash line** which surrounds most of the South China Sea.

**Taro**: The 'nine-dash line'?

**Prof.**: The nine-dash line refers to the lines shown on a map created by the Republic of China in 1947.

**Taro**: So, they are the lines that show the Republic of China's offshore territory?

# アジア ②

太郎：それはどういうことですか？

教授：例えば南シナ海だ。2012 年、フィリピン領スカボロー礁で、フィリピン当
　　　局の船が中国漁船を取り締まろうとした際、中国国家海洋局の監視船が妨害し
　　　たんだ。この時、両国は一歩も譲らず、ついに 2013 年、フィリピンは国際裁
　　　判所へと進み、国連海洋法条約に従ってこの事件の仲裁を訴えたんだ。

花子：国際裁判所は、どんな決定を下したんですか？

教授：2016 年、仲裁裁判所は中国が主張する全ての権利を、基本的に否定する判
　　　決を出した。

太郎：じゃあ、一件落着ですね。

教授：ところが、そうでもないんだ。中国は、仲裁裁判所にこの問題を裁く権限
　　　はないと主張して、判決の受け入れを拒んだんだ。そしてさらに中国は、南シ
　　　ナ海のほぼ全域を取り囲む九段線の内側の管轄権を自分たちが持っていると、
　　　国際社会に訴えたんだ。

太郎：「九段線」？

教授：「九段線」とは、1947 年に中華民国が作った地図に掲載されていた線のこ
　　　とだ。

太郎：じゃあ、中華民国の領海（沖合の領域）を示す線ということですか？

Chapter 4 国際関係（International Relations）

▌熟語・慣用句（表現）

take ～ as an example　～を例として取り上げる

crack down on　～を取り締まる　／　back down　引き下がる

in accordance with　～に従って

not exactly　全くその通りというわけではない　／　nine-dash line　九段線

UNIT 57　アジア ②　261

🔊 0664 - 0678

0664 ☐☐☐
## interfere [ɪntərfíər]
自 妨害する、妨げになる

Constant usage of online games interferes with his studies.

オンラインゲームで絶えず遊ぶことが彼の研究の妨げになっている。

0665 ☐☐☐
## authority [əθɔ́:rəti]
名 当局、自治体

Local authorities are clamping down on public smoking.

地方自治体が公共の場での喫煙を取り締まっている。

0666 ☐☐☐
## eventually [ɪvéntʃuəli]
副 ついに、やっと

Eventually the student learned not to plagiarize.

その学生はやっと剽窃が良くないということを学んだ。

0667 ☐☐☐
## proceed [prəsí:d]
自 進む

We proceeded to the next item on the agenda.

私たちは議題の次の項目に進んだ。

0668 ☐☐☐
## court [kɔ́:rt]
名 裁判所

The Supreme Court will make the final ruling.

最高裁判所が最終判決を出すことになっている。

0669 ☐☐☐
## arbitrate [áːrbətrèɪt]
他 仲裁を訴える、仲裁する

They hired a third party to arbitrate the dispute.

彼らは紛争を仲裁するために第三者を雇った。

0670 ☐☐☐
## convention [kənvénʃən]
名 条約

The Convention on the Rights of the Child protects children.

子どもの権利条約は子どもを保護する。

0671 ☐☐☐
## arbitration [àːrbətréɪʃən]
名 仲裁

The pilot strike was eventually settled through arbitration.

パイロットのストライキは最終的に仲裁によって解決された。

# アジア ②

0672 ☐☐☐
## assert [əsə́ːrt]

They assert their claim to sovereignty over the islands.

他 主張する

彼らはその島々に対する主権の所有を主張している。

0673 ☐☐☐
## insist [ɪnsíst]

He insisted on paying for the damage he caused.

他 主張する、言い張る

彼は自分が引き起こした損害の代金を支払うと言い張った。

0674 ☐☐☐
## refuse [rɪfjúːz]

The officer refused to believe the suspects' account.

他 拒む、拒否する

その警察官は容疑者たちの供述を信じるのを拒否した。

0675 ☐☐☐
## appeal [əpíːl]

They will appeal the ruling if it doesn't go their way.

自 訴える、上訴する

彼らの思惑通りに行かなければ彼らはその判決を不服として上訴するだろう。

0676 ☐☐☐
## jurisdiction [dʒùərɪsdíkʃən]

The courts have complete jurisdiction on these matters.

名 管轄権

裁判所はこれらの問題について完全な管轄権を有する。

0677 ☐☐☐
## surround [səráʊnd]

Residential areas and offices surround the college campus.

他 取り囲む

住宅地区と事務所がその大学のキャンパスを取り囲んでいる。

0678 ☐☐☐
## offshore [ɔ́(ː)ffɔ́ːr]

The offshore wind farm generated 20% of their energy needs.

形 沖合の

その沖合の風力発電基地は彼らのエネルギー需要の 20 パーセントを生産した。

◀)) 58

**Prof.**: No, these lines surround most of the South China Sea, so they do not represent the Republic of China's offshore territory. Also, **to this day**, China hasn't explained to the global society what grounds they have to claim jurisdiction inside the nine-dash line.

**Hanako**: Oh, so there's no historical evidence to say it's China's territory? The arbitration court denied China's rights, so I hope the Philippines and China don't **end up in** a dispute over territory…

**Prof.**: Well actually, the tension in both countries didn't increase. Two weeks before the arbitration court released their decision, Rodrigo Duterte became the new President of the Philippines. He chose to **engage in** friendly relations with China rather than confront them. Then, three months later, when President Duterte officially visited China, President Xi promised that China would provide the Philippines with a loan of over 900 billion yen.

**Hanako**: Seems like money solved the problem…

**Prof.**: China has economic power, so it's likely that it will continue to use its economic power to conciliate the surrounding countries into facilitating its progress into the South China Sea. Countries with relations, including Japan, need to ensure that they respond in a calm and cooperative way without being tempted by financial returns.

# アジア ③

**教授**：いや、この線は南シナ海のほぼ全域を取り囲むものなので、中華民国の領海を示してはいない。そして今日に至るまで、中国は、何の根拠があって九段線の内側の管轄権を主張しているのか、国際社会に向けて説明していないんだ。

**花子**：そう、それなら、中国の領土だと言えるような歴史的根拠のある領土というわけではないんですね。仲裁裁判所は中国の権利を否定したわけですし、フィリピンと中国が領土をめぐって紛争にならないといいけど……。

**教授**：それが実は、両国の緊張は高まらなかったんだ。仲裁裁判所が判決を出した2週間前に、ロドリゴ・ドゥテルテ氏がフィリピンの新大統領になった。彼は、中国と対立するよりも友好的な関係にあることを選んだ。そして、3カ月後にドゥテルテ大統領が中国を公式訪問した際、習主席は、中国がフィリピンに9,000億円を超える融資を提供することを約束したんだ。

**花子**：何だか、お金の力で解決したみたい……。

**教授**：中国は経済力があるから、これからもその経済力を使って周辺国を懐柔し、南シナ海への進出を促進するだろうと思われる。日本を含めた関係各国は、経済的な見返りに惑わされることなく、冷静に連携して対応するということを確実にする必要があるね。

▌**熟語・慣用句（表現）**

to this day　今日に至るまで　／　end up in　最後には〜になる
engage in　〜をする、〜に従事する

◀)) 0679 - 0687

0679 ☐☐☐
## historical [hɪstɔ́:rɪkl]
形 歴史的な

The historical account reveals life in 18th century Rome.

その歴史的な記述は 18 世紀ローマの生活を明らかにしている。

0680 ☐☐☐
## deny [dɪnáɪ]
他 否定する

He denied that he had ever made contact with her.

彼は一度も彼女と連絡をとったことがないと否定した。

0681 ☐☐☐
## tension [ténʃən]
名 緊張

Tensions in the region have started to escalate.

この地域での緊張がエスカレートし始めている。

0682 ☐☐☐
## confront [kənfrʌ́nt]
他 対立する、立ちはだかる

Protestors confronted the politician outside the building.

抗議者たちはその建物の外でその政治家に立ちはだかった。

0683 ☐☐☐
## conciliate [kənsílièɪt]
他 懐柔する、取りもつ

The lawyer was hired to conciliate between the two parties.

その弁護士は両者を取りもつために雇われた。

0684 ☐☐☐
## facilitate [fəsílətèɪt]
他 促進する

The new runway will facilitate economic development.

その新しい滑走路は経済発展を促進するだろう。

0685 ☐☐☐
## ensure [ɪnʃúər]
他 確実にする

Detailed tactical analysis ensured a comprehensive victory.

詳細な戦術解析が全面的な勝利を確実にした。

0686 ☐☐☐
## cooperative [koʊɑ́:pərətɪv]
形 連携した、共同の

The new enterprise is a cooperative venture.

その新しい企業は共同事業だ。

# アジア ③

0687 ☐☐☐

## tempt [témpt]

[他] 惑わす、心を惹く

She was tempted by the offer because of the higher salary.

彼女はより高い給料が原因でそのオファーに心を惹かれた。

---

## 文法・構文

- Also, to this day, China hasn't explained to the global society what grounds they have to claim jurisdiction inside the nine-dash line.（そして今日に至るまで、中国は、何の根拠があって九段線の内側の管轄権を主張しているのか、国際社会に向けて説明していないんだ。）

■ what grounds <they have> to claim jurisdiction inside the nine-dash lineという形です。have to claimという結びつきではありません。

- He chose to engage in friendly relations with China rather than confront them.（彼は、中国と対立するよりも友好的な関係にあることを選んだ。）

■ rather thanは比較表現ですからその前後には文法的に対等なものが来ます。この文では動詞engage inとconfrontがそれにあたります。

- Seems like money solved the problem...（何だか、お金の力で解決したみたい……）

■ 文法的には、主語のitがなくていいのか？　と思われるかもしれませんが、seems likeやlooks likeなどの一部の表現では、口語の場合、主語のitを省略することがあります。

- Countries with relations, including Japan, need to ensure that they respond in a calm and cooperative way without being tempted by financial returns.（日本を含めた関係各国は、経済的な見返りに惑わされることなく、冷静に連携して対応するということを確実にする必要があるね。）

■ 受け身be＋過去分詞が前置詞の後ろに来てbeが動名詞になっています。

◀)) 59

**Taro**: I **can't help but** notice how well the African teams are doing in the World Cup.

**Hanako**: Many countries in Africa are poor, aren't they? I hear about conflicts over there too. I wonder how people can concentrate on soccer in an environment like that…

**Prof.**: Most of the players in the African teams are those who play in club teams in places like Europe. However, Africa has been developing economically, so soccer players in Africa could have more opportunities to play in their country in the future.

**Taro**: This is the first time I've heard that Africa is developing economically.

**Hanako**: When I hear 'Africa,' I think of words like 'UNICEF' or 'poverty.'

**Prof.**: The Africa you're both thinking of is Africa in the 20th century. Since entering the 21st century, Africa is experiencing rapid economic development.

**Hanako**: What has caused the change?

**Prof.**: Originally, it was because the prices of resources started to surge once we entered this century.

**Taro**: An increase in the price of resources?

**Prof.**: Since the 21st century started, the price of resources has generally continued to rise **on a global basis**.

**Hanako**: What is the cause of it?

# アフリカ ①

太郎：ワールドカップでのアフリカのチームの活躍には注目せざるを得ないなぁ。

花子：アフリカの多くの国は貧しいんでしょ。あちらでの紛争の話も聞くし。そんな環境でサッカーに専念できるのかしら。

教授：アフリカのチームの選手の多くは、ヨーロッパなどにあるクラブチームでプレーしている人たちだね。ただ、アフリカも経済発展してきているし、アフリカのサッカー選手が母国でプレーをする機会が今後はもっと増えるかもしれないよ。

太郎：アフリカが経済発展しているって初めて聞きました。

花子：「アフリカ」というと、「ユニセフ」とか「貧困」といった言葉が浮かびますけど。

教授：二人が思い浮かべているアフリカは、20世紀のアフリカだね。21世紀に入ってから、アフリカは急激に経済成長をしているんだ。

花子：なぜ、そんな変化がもたらされたんでしょうか？

教授：発端は、今世紀に入ってから資源価格が急上昇し始めたことにあるんだ。

太郎：資源価格の上昇？

教授：21世紀が始まってから、世界的規模で、資源価格が基本的に右肩上がりの基調にあるんだ。

花子：どうしてかしら？

▎熟語・慣用句（表現）

can't help but *do* 〜せずにはいられない

on a global basis 世界的規模で

◀)) 0688 - 0697

0688

**notice** [nóʊtəs]    他 注目する、気づく

He immediately noticed the change in her appearance.

彼は彼女の見た目の変化にすぐに気づいた。

0689

**environment** [ɪnváɪərnmənt]    名 環境

A noisy environment is not conducive to learning.

うるさい環境は学習に適さない。

0690

**develop** [dɪvéləp]    自 発展する、向上する

Close relations help students to develop academically.

緊密な人間関係は学生の学力向上に貢献する。

0691

**opportunity** [à:pərt(j)úːnəti]    名 機会

The intern has a great opportunity to learn from management.

実習生は経営陣から学ぶ素晴らしい機会がある。

0692

**enter** [éntər]    他 入る

We have entered a new era of cooperation.

私たちは新しい協調の時代に入った。

0693

**cause** [kɔ́ːz]    他 もたらす、生み出す

The disagreement caused an uneasy feeling in the office.

意見の不一致がオフィス内の不愉快な雰囲気を生み出した。

0694

**price** [práɪs]    名 価格、値段

Prices of dairy products have fallen dramatically.

乳製品の値段が急激に下落した。

0695

**resource** [ríːsɔ̀ːrs]    名 資源

The country is rich in natural resources.

その国は天然資源が豊富だ。

# アフリカ ①

0696 ☐☐☐
## surge [sə́ːrdʒ]

Interest in the product range has surged since the campaign.

自 急上昇する、急激に高まる

そのキャンペーン以降取扱商品への関心が急激に高まっている。

0697 ☐☐☐
## increase [ínkriːs]

There has been an increase in refugee asylum applications.

名 上昇、増加

難民の亡命申請が増加している。

---

**┃文法・構文**

● Many countries in Africa are poor, aren't they?（アフリカの多くの国は貧しいんでしょ。）

■ 付加疑問文です。自分の発している文の内容について、「そうだよね」と確認・念押しをするときに使います。

● However, Africa has been developing economically, so soccer players in Africa could have more opportunities to play in their country in the future. （ただ、アフリカも経済発展してきているし、アフリカのサッカー選手が母国でプレーをする機会が今後はもっと増えるかもしれないよ。）

■ 現在完了進行形です。「ずっと~し続けている（そして今もそうである）」という意味で、ある動作や状態がずっと続いていることを表します。難しそうですがよく使われる文法事項です。

■ couldは必ずしも過去とは限りません。現実味がある可能性について言うときに「~かもしれない」という現在の意味でよく使われます。

● Since entering the 21st century, Africa is experiencing rapid economic development.（21世紀に入ってから、アフリカは急激に経済成長をしているんだ。）

■ sinceには前置詞と接続詞の用法があり、どちらも「~以降」という意味です。今回は後ろに動名詞が来ているので前置詞として使われていると判断します。

🔊) 60

**Prof.**: The reason for this **lies in** the dramatic rise in China's demand for resources. In 2010, China became the second-largest economy **in terms of** nominal GDP, and in addition to that, China's population is currently over 1.3 billion. In order to provide for this many consumers, **large amounts of** resources are needed.

**Hanako**: I see. I understand that that's why the price of resources rose, but the economic development of China isn't going to **last forever**, is it? Once their development starts to **settle down**, won't the value and price of resources start to decline too?

**Prof.**: Yes, as you say Hanako, I'd say that China's economic development will slow down. However, after that, India's economic development is not **far behind**. India is a superpower, and people are saying that India's population is going to exceed China's soon.

**Hanako**: I see. So, I guess the rise in resource prices will continue.

**Prof.**: There are movements to develop new resources too, like America mining for shale gas, but **generally speaking**, the rise in prices for resources will likely continue. That's why China started to participate in the development of Africa.

**Prof.**: This is why the number of Chinese people residing in Africa rose from around 50,000 in 1999 to about 1,000,000 by the end of 2010.

**Taro**: Wow, that's a large growth rate.

# アフリカ ②

**教授**：その理由は、中国の資源需要の劇的な増加にある。2010 年、中国は名目
GDP 世界第二位の経済大国となった。その上、中国の人口は現在 13 億人（1.3
× 10 億人）を超える。これだけ多くの消費者を賄うためには、大量の資源が
必要だ。

**花子**：なるほど。それで、資源価格が上がったというわけですね。でも、中国の
経済成長だっていつまでも続くというわけでもないんじゃありませんか？
いったん中国の成長が落ち着き始めたら、資源の価値や価格も下がり始めるん
じゃないでしょうか。

**教授**：確かに、花子の言う通り、中国の経済成長は鈍化するだろうと思う。だが、
それに続いて、インドの経済成長も負けてはいない。インドは超大国で、もう
すぐインドの人口が中国の人口を上回るだろうと言われている。

**花子**：そうなんですね。じゃあ、これからも資源価格の上昇は続きそうですね。

**教授**：アメリカでのシェールガス（頁岩気）の採掘のように、新しい資源開発の
動きもあるが、全般的には資源価格の上昇が続きそうだね。だから、中国はア
フリカ開発に乗り出したんだ。

**教授**：そのため、アフリカに在住している中国人の数は、1999 年には 5 万人ほ
どであったのが、2010 年末には 100 万人に増えた。

**太郎**：わぁ、すごい増加率ですね。

---

❚ 熟語・慣用句（表現）

lie in　〜にある　／　in terms of　〜に関して、〜の点から

large amounts of　大量の〜　／　last forever　永久に続く

settle down　落ち着く　／　far behind　遠く及ばない、非常に遅れて

generally speaking　全般的に　／　by the end of　〜の終わりまでに

🔊 0698 - 0708

---

0698 □□□

**dramatic** [drəmǽtık]

形 劇的な

Dramatic increases in pollution are harming the environment.

汚染の劇的な増加は環境に害を及ぼしている。

---

0699 □□□

**demand** [dımǽnd]

名 需要

There is not enough supply to meet the demand.

需要に合うだけの十分な供給がない。

---

0700 □□□

**nominal** [nάːmənl]

形 名目上の

Nominal wages have risen 20% in ten years.

10 年で名目賃金が 20％上昇した。

---

0701 □□□

**billion** [bíljən]

名 10 億

The country's foreign debt is now over $10 billion.

その国の対外債務は現在 10 億ドルを超えている。

---

0702 □□□

**provide** [prəváıd]

自 賄う、養う

More money is needed to provide for the poorest families.

最貧困層の家庭を養うためにより多くのお金が必要だ。

---

0703 □□□

**slow** [slóʊ]

自 鈍化する、減速する

Production of the new model slowed sharply.

その新しいモデルの生産は大幅に減速した。

---

0704 □□□

**superpower** [súːpɚpàʊər]

名 超大国

As a global superpower, the country has enormous influence.

世界的な超大国としてその国は多大な影響力を持っている。

---

0705 □□□

**mining** [máɪnɪŋ]

名 採掘

Mining activities were interrupted by recent earthquakes.

採掘活動は最近の地震により中断された。

# アフリカ ②

0706 ☐☐☐
## shale [ʃéɪl]

**名** シェール、頁岩

The new shale oil refinery created many jobs.

新しいシェールオイル（頁岩油）の精製所は多くの雇用を生み出した。

0707 ☐☐☐
## reside [rɪzáɪd]

**自** 在住する、住む

Many students reside in campus dormitories.

多くの学生がキャンパスの寮に住んでいる。

0708 ☐☐☐
## growth [gróʊθ]

**名** 増加、成長

The growth in the sector is unprecedented.

この部門の成長は前例のないものだ。

---

## ▌文法・構文

● I understand that that's why the price of resources rose, but the economic development of China isn't going to last forever, is it? （それで、資源価格が上がったというわけですね。でも、中国の経済成長だっていつまでも続くというわけでもないんじゃありませんか？）

■ be going toを否定で用いると「そういうことにはならない」という意味を表すことができます。「二度としません」というときによくThis is not going to happen.と言いますがこれもその例です。

● This is why the number of Chinese people residing in Africa rose from around 50,000 in 1999 to about 1,000,000 by the end of 2010. （そのため、アフリカに在住している中国人の数は、1999年には5万人ほどであったのが、2010年末には100万人に増えた。）

■ この residing は現在分詞で、residing in Africa という句全体で直前の名詞句 Chinese people を修飾しています。

**Africa** ③

**Prof.**: These days, it's not rare to see Chinese people in any African country.

**Hanako**: And, was China able to acquire the resources as they had hoped?

**Prof.**: Yes. In 2010, China was already dependent on Africa for 22% of the import of crude oil in particular. **To be specific**, they **depend on** Angola.

**Taro**: Angola? I don't know anything about it.

**Prof.**: Angola is an oil producing country that represents African countries. In 2005, the crude oil China imported from Angola exceeded what they imported from Russia, so Angola became the second largest oil supplier to China following Saudi Arabia.

**Hanako**: Does Japan import petroleum from Africa too?

**Prof.**: As of 2016, the top 5 source countries for Japan's petroleum have all been **located in** the Middle East. Number 1 is Saudi Arabia, and number 5 is Kuwait. Russia **comes in 6th**, but none of the African countries have been in the top 10 supplying countries for Japan so far. **At the moment**, it is concerning whether Japan will be able to import petroleum **on a regular basis** if the situation in the Middle East becomes unstable **as a result of** conflicts. So, from the perspective of security, Japan should make an effort to trade with Africa, too.

# アフリカ ③

教授：今ではアフリカのどこの国でも、中国人の姿は珍しくないよ。

花子：それで、中国は望み通り、資源を手に入れたんですか？

教授：ああ。2010 年に中国はすでに、特に原油の輸入の 22% をアフリカに依存していた。具体的には、アンゴラに依存している。

太郎：アンゴラ？　全然知らないなぁ。

教授：アンゴラは、アフリカ諸国を代表する産油国だよ。2005 年、中国がアンゴラから輸入した原油がロシアからの輸入を凌駕したことによって、アンゴラは、中国にとってサウジアラビアに次いで二番目に大きな原油供給国となったんだ。

花子：日本もアフリカから石油を輸入しているんですか？

教授：2016 年の時点で、日本の石油の資源供給国のトップ 5 は全て中東に位置している。第一位がサウジアラビアで、5 位がクウェートだ。ロシアが 6 位に入っているが、これまでのところ、日本への供給国のトップ 10 にはアフリカ諸国のいずれも入っていない。当面、紛争によって中東情勢が不安定になった際、定期的に石油を輸入できるかどうかが心配だ。したがって、安全保障上の観点から、日本もアフリカと貿易を行うよう努力するべきだろうね。

---

▌**熟語・慣用句（表現）**

to be specific　具体的に言うと　／　depend on　～に頼る、～次第である

located in　～に位置して　／　come in ＋ 序数　～位に入る

at the moment　ちょうど今、当面　／　on a regular basis　定期的に

as a result of　～の結果として

🔊 0709 - 0722

| 0709 ☐☐☐ | |
|---|---|
| **rare** [réər] | 形 珍しい、まれ |

It is rare for supporters to see the owner at the stadium.

サポーターがスタジアムでオーナーを見ることはまれだ。

| 0710 ☐☐☐ | |
|---|---|
| **acquire** [əkwáɪər] | 他 手に入れる、習得する |

It is easier for children to acquire language skills.

言語能力を習得するのは子どもたちの方が簡単だ。

| 0711 ☐☐☐ | |
|---|---|
| **dependent** [dɪpéndənt] | 形 依存している |

He was still financially dependent on his parents.

彼は未だに両親に経済的に依存していた。

| 0712 ☐☐☐ | |
|---|---|
| **crude** [krúːd] | 形 原料の |

They were fined for spilling crude oil into the ocean.

彼らは原油を海に流出させたとして罰金を科せられた。

| 0713 ☐☐☐ | |
|---|---|
| **represent** [rèprɪzént] | 他 代表する、代表になる |

She represented all of her colleagues at the area meeting.

彼女は地域会議で同僚全員の代表になった。

| 0714 ☐☐☐ | |
|---|---|
| **import** [ɪmpɔ́ːrt] | 他 輸入する |

We import most of our machinery from the EU.

ほとんどの機械を EU から輸入している。

| 0715 ☐☐☐ | |
|---|---|
| **supplier** [səpláɪər] | 名 供給国、供給業者 |

They are the leading supplier of agricultural machinery.

彼らは農業機械の大手供給業者だ。

| 0716 ☐☐☐ | |
|---|---|
| **follow** [fáːlou] | 他 ～に次ぐ、～の後に来る |

Defining rules follows the planning stage in negotiation.

交渉において規則の定義づけは計画段階の後に来る。

# アフリカ ③

0717 □□□
## source [sɔ́ːrs]

Russia is our largest source of natural gas imports.

名 資源供給（国）

ロシアは我々にとって最大の輸入天然ガスの資源供給国だ。

0718 □□□
## none [nʌ́n]

None of the members voted for the proposal.

代 いずれも…ない、誰も…ない

そのメンバーのうち誰もその提案に賛成票を投じなかった。

0719 □□□
## unstable [ʌnstéɪbl]

The unstable political climate worried investors.

形 不安定な

不安定な政治状況に投資家たちは不安になった。

0720 □□□
## conflict [káːnflɪkt]

Regional conflict will have an effect on global oil prices.

名 紛争

地域紛争は世界の石油価格に影響を及ぼすことになる。

0721 □□□
## perspective [pərspéktɪv]

Their analysis was from an economic and social perspective.

名 観点

彼らの分析は経済的および社会的観点からなされたものだった。

0722 □□□
## effort [éfərt]

We need to make more of an effort to reduce costs.

名 努力

コストを削減するためにより多くの努力をする必要がある。

---

## ▌文法・構文

● And, was China able to acquire the resources as they had hoped?（それで、中国は望み通り、資源を手に入れたんですか？）

■ このasは接続詞です。いろいろな意味がありますが、ここでは「〜の通りに」という意味です。

# 悪と全体主義

仲正昌樹著／NHK出版

本書は、20世紀を代表する哲学者の一人である、ハンナ・アーレントの主著『全体主義の起源』の解説書である。

全体主義とは、1920年代にイタリアのファシズム運動の指導者たちによって用いられ始めた言葉で、個に対して全体を優先させる考え方を意味する。当初はポジティヴな意味で用いられていたが、第二次大戦が勃発すると、ドイツのナチズムやソ連のスターリン主義などを指す、ネガティヴな言葉として使用されるようになった。

なぜ、ドイツ人はナチズムのような全体主義に熱狂したのだろうか？　アーレントは全体主義の特徴の一つに、「物語的世界観」があると指摘する。第二次世界大戦中のドイツの場合なら、アーリア人の純血を汚し、世界を支配しようとするユダヤ人と、それに立ち向かうナチスの闘いといった構図が、国民に共有されていたというわけだ。

そうした当時のドイツ人のユダヤ人観を裏付ける資料の一つに、『シオンの賢者たちの議定書』がある。この資料は、シオンの賢者と呼ばれるユダヤ人の指導者たちによる、世界支配のための計画書とされるものだが、1921年に、イギリスの『タイムズ』紙によって、まったくの偽書であることが明らかになっている。だが、そうして捏造であることが指摘されているにもかかわらず、ナチス政権誕生前夜のドイツでは、このようなユダヤ人による陰謀が、まことしやかに信じられていたのである。

21世紀の現代から見れば、それはまったく荒唐無稽な陰謀論に聞こえるだろう。けれども、19世紀末のオーストリア・ハンガリー帝国の首都ウィーンでは、大学教授の4割、医者や弁護士の5割がユダヤ人で占められていた。また、金融の世界でも、多くのユダヤ人たちが活躍をしていた。そうした事実を背景に、当時のドイツ人たちの中で、「自分たちの社会は、ユダヤ人に牛耳られているのでは？」という疑念が醸成されていったのである。

こうした陰謀論的世界観は、現代に生きる私たちにとっても、無縁なものではない。ネットを見てみれば、右派の論客が「コミンテルンの意向を受けた隠れ共産主義者が、日本の学界やマスコミに浸透し、内部破壊工作をしている」といった陰謀論を雄弁に語っている。そして、その一方で、左派の論客は「政府や東京電力は、原発事故の真実を隠蔽している。10年後には、放射能の影響によって、何十万人もの人々が、癌で死ぬだろう」といった科学的根拠は何もない陰謀論を、これまた堂々と語っているのである。

　人はだれしも、現実をわかりやすく説明してくれるような、陰謀論に心を惹かれやすい。それはナチズムに熱狂した第二次世界大戦中のドイツ人だけではなく、私たち自身にも言えることだ。では、そうした罠に囚われないようにするためにはどうしたらいいのだろうか？　アーレントは、私たちのコミュニケーションの質を高めていくことに、その可能性を見出している。

　そして、そのコミュニケーションの質を高めていくことの基盤になるのが、教養を身に着けることなのである。文系・理系といった枠にとらわれず、最先端の知見に積極的に触れていくこと。そこにこそ、私たちが陰謀論に陥らないためのヒントがあるのではないだろうか。

## ▌関連図書

- ●『今こそアーレントを読み直す』仲正昌樹著／講談社
  『悪と全体主義』は、アーレントの主著『全体主義の起源』を中心に論じたものだが、本書ではそれ以外の代表的な著作についても解説されている。

- ●『ルポ トランプ王国』金成隆一著／岩波書店
  過激な発言を繰り返しながらも、大方の予想を覆して大統領に就任したドナルド・トランプ。その支持者たちを、全米各地を巡って徹底取材。

- ●『習近平の中国』林望著／岩波書店
  近年、独裁体制を強める中国の習近平指導部。現地で長期間取材を続けてきた著者が、その体制の内幕に迫り、中国の未来を予測する。

# Chapter 5

# 宗教と歴史
## Religion and History

　ここでは、宗教と歴史がテーマになります。取り上げられている単語は比較的やさしく、スムーズに学習も進むと思いますが、中には commandment、prophet、circumcision といった宗教の分野に特有の言葉も登場します。

　普段、私たちは日本で暮らしているため、あまり宗教ということを意識しません。しかし、一歩日本の外に出てみれば、信心深さの差こそあれ、ほとんどの国の人々が、なんらかの信仰を持っています。ですから、21世紀を生きる社会人として、様々な国の人々と接する可能性のある私たちは、宗教とその背景となる歴

史について最低限の知識を身につけておいたほうがよいのです。

　また、この Chapter では、私たちにとって身近な宗教として、仏教を取り上げています。普段から慣れ親しんでいる仏教のようなものも、改めて英語で表現しようとすると、なかなか単語が思い浮かばないものです。ここでの学習を通じて、ぜひ外国から来た人達に、英語で日本文化を紹介できるようになりましょう。

# Christianity and Islam ①

◀)) 62

**Hanako**: The fact that President Trump has acknowledged Jerusalem as the capital of Israel has become a world-wide issue.

**Taro**: Why can't Jerusalem be the capital of Israel?

**Prof.**: Jerusalem is a holy place for three different religions: Islam, Judaism and Christianity. Israel, a country of Judaism, and Palestine, a state of Islam, both claim Jerusalem to be their capital, so that's why it's causing conflict.

**Hanako**: Why are so many holy places of different religions concentrated in Jerusalem?

**Prof.**: That's because Judaism, Christianity, and Islam all have faith in the same God called Yahweh.

**Taro**: Christianity and Islam believe in the same God? I didn't think that they shared common beliefs. **It seems to me that** they are often **at war** with each other.

**Hanako**: In Islam, I think they refer to God as 'God of Allah,' not 'Yahweh.' Is it still the same God?

**Prof.**: Actually, 'Allah' is a common noun in Arabic which means 'God.' So, saying 'God of Allah' isn't correct because that would translate to 'God of God,' which doesn't make sense.

# キリスト教とイスラーム教 ①

花子：アメリカのトランプ大統領が、エルサレムをイスラエルの首都と認定した
　　　ことが、世界的な問題になっているわ。

太郎：どうして、エルサレムがイスラエルの首都になってはいけないんだろう？

教授：エルサレムはイスラーム教、ユダヤ教、キリスト教の3つの宗教の聖地な
　　　んだ。ユダヤ教のイスラエルと、イスラーム教のパレスチナの双方が、エルサ
　　　レムを彼らの首都であると主張しているため、紛争の火種となっているんだ。

花子：どうして、エルサレムにそんなにいくつも異なる宗教の聖地が集中してい
　　　るんでしょうか。

教授：それは、ユダヤ教、キリスト教、イスラーム教は皆、ヤハウェという同じ
　　　神に対する信仰を持っているからだよ。

太郎：キリスト教とイスラーム教って、同じ神様を信じているんですか？　信仰
　　　を共有しているとは思わなかったな。いつも戦争状態にあるように思えて。

花子：イスラーム教では神をヤハウェでなく「アッラーの神」と言っていると思
　　　いますが。それでも、同じ神様なんですか？

教授：実は、「アッラー」というのはアラビア語で神を意味する一般名詞なんだ。
　　　だから本当は「アッラーの神」という言い方は間違いで、それだと「神の神」
　　　と解釈されることになってしまい、意味が通じなくなってしまうんだよ。

Chapter 5　宗教と歴史（Religion and History）

▌熟語・慣用句（表現）

it seems to me that...　私には…のように思える

at war　戦争中で

# Christianity and Islam ①

0723 ☐☐☐

## acknowledge [əkná:lɪdʒ]

他 認定する

The party acknowledged her as the new leader.

その党は彼女を新しい党首に認定した。

0724 ☐☐☐

## capital [kǽpətl]

名 首都

His trip was to Istanbul, the capital city of Turkey.

彼の旅の目的地はトルコの首都イスタンブールであった。

0725 ☐☐☐

## world-wide [wɔ́ːrldwáɪd]

形 世界的な、世界規模の

World-wide sales in every region led to record profits.

全ての地域での世界規模の販売が記録的な利益につながった。

0726 ☐☐☐

## holy [hóʊli]

形 聖なる

They destroyed many holy places after conquering the town.

彼らはその町を征服してから多くの聖地を破壊した。

0727 ☐☐☐

## Judaism [dʒúːdìɪzm]

名 ユダヤ教

She converted to Judaism before getting married.

彼女は結婚する前にユダヤ教に改宗した。

0728 ☐☐☐

## claim [kléɪm]

他 主張する

He claimed that he was innocent and should be freed.

彼は自分が無実であり釈放されるべきだと主張した。

0729 ☐☐☐

## concentrate [ká:nsəntrèɪt]

他 集中させる

The majority of people are concentrated south of the river.

大多数の人が川の南部に集中して住んでいる。

0730 ☐☐☐

## faith [féɪθ]

名 信仰

He questioned his faith after the loss of his father.

父親を失ってから彼は自分の信仰に疑問を感じた。

# キリスト教とイスラーム教 ①

0731 ☐☐☐

**belief** [bɪlíːf]

The groups had fundamentally different religious beliefs.

名 信仰、信念

それらのグループは根本的に異なる宗教的信念を持っていた。

0732 ☐☐☐

**noun** [náʊn]

"Safety" is the noun form, and "safe" is the adjective.

名 名詞

「安全性 (Safety)」は名詞の形であり、「安全な (Safe)」は形容詞だ。

0733 ☐☐☐

**translate** [trǽnsleɪt]

Some English words do not translate easily into Japanese.

自 解釈される、翻訳される

英単語の中には簡単に日本語に翻訳できないものもある。

---

## 文法・構文

● The fact that President Trump has acknowledged Jerusalem as the capital of Israel has become a world-wide issue.（アメリカのトランプ大統領が、エルサレムをイスラエルの首都と認定したことが、世界的な問題になっているわ。）

■ the fact thatの後ろに完全な文が来ていた場合、このthatは「〜という」の意味（同格）です。今回はthe fact ... Israelまでが主語です。

● That's because Judaism, Christianity, and Islam all have faith in the same God called Yahweh.（それは、ユダヤ教、キリスト教、イスラーム教は皆、ヤハウェという同じ神に対する信仰を持っているからだよ。）

■ allは手前に出てきた複数の名詞を受けて「それらのすべてが」という意味で用いることができます。強調するときはallをややゆっくり目に発音することがあります。

● So saying 'God of Allah' isn't correct because that would translate to 'God of God,' which doesn't make sense.（だから本当は「アッラーの神」という言い方は間違いで、それだと「神の神」と解釈されることになってしまい、意味が通じなくなってしまうんだよ。）

■ このwhichは手前の内容を受ける用法で、「そしてそのことは」という意味です。

# Christianity and Islam ②

**Hanako**: I thought they were completely different religions… but **in fact** they believe in the same God.

**Taro**: But why is it that they believe in the same God, yet they became different religions?

**Prof.**: You'll understand the reason if you study their history. First of all, the religion that emerged first out of the three was Judaism. There are various views, but it is generally believed that Judaism began at the time Moses and the people he led were blessed with the 'Ten Commandments' from Yahweh at Mount Sinai in the 13th Century B.C.E after Moses and his group members who were slaves escaped from Egypt.

**Hanako**: Does that mean Moses is the founder of Judaism?

**Prof.**: No. Christianity specifies Jesus Christ and Islam specifies Muhammad as the founders, but there is none for Judaism, so Moses isn't considered to be the founder.

**Hanako**: So, they're still quite different, even though they believe in the same God.

**Prof.**: Yes, that's right. The next religion that formed after Judaism was Christianity. Christianity began when Jesus was executed around the year 30 **C.E.** It is thought that Jesus and his followers were Jewish, but that was when they parted to become a different group which then **developed into** Christianity.

# キリスト教とイスラーム教 ②

花子：全然別の宗教だと思っていたけど、実は同じ神様を信仰していたのね。

太郎：でも、なんで同じ神様を信じているのに、別々の宗教になってしまったんですか。

教授：彼らの歴史を学ぶと、その理由がわかるよ。まず、3つの宗教のうち、初めに現れたのがユダヤ教だ。色々な見方はあるけれど、モーセと奴隷であった彼の仲間たちがエジプトから脱出した後、紀元前13世紀にモーセと彼が率いた人々がシナイ山でヤハウェから「十戒」を授かった時点で、ユダヤ教が始まったと考えるのが一般的だ。

花子：モーセがユダヤ教の開祖ということですか？

教授：いや、キリスト教はイエス・キリストを、イスラーム教はムハンマドを開祖として特定しているけれど、ユダヤ教には開祖はいないんだ。だから、モーセは開祖じゃないと考えられているんだよ。

花子：じゃあ、同じ神様を信仰しているといっても、やっぱりけっこう違うんですね。

教授：そうだね。ユダヤ教の後に形成された次の宗教が、キリスト教だ。キリスト教は、紀元30年頃、イエスが処刑された時に始まった。イエスとその弟子たちはユダヤ教徒だったが、その時点で、彼らは分かれて別のグループとなり、キリスト教に発展していったと考えられている。

▌熟語・慣用句（表現）

in fact　事実上、実際に（は）　／　C.E.（Common Era）　紀元

develop into　～に発展する

# Christianity and Islam ②

---

0734 ☐☐☐

**various** [véəriəs]

形 色々な、様々な

We have various matters to address in today's meeting.

今日の会議では取り組むべき様々な問題がある。

---

0735 ☐☐☐

**view** [vjúː]

名 見方、考え

I take the view that we need to make drastic changes.

私たちは大きな変化を起こす必要があるというのが私の考えだ。

---

0736 ☐☐☐

**bless** [blés]

他 授ける、恵む

Tokyo is blessed with many Michelin-starred restaurants.

東京は数多くのミシュランの星のついたレストランに恵まれている。

---

0737 ☐☐☐

**commandment** [kəmǽndmənt]

名 戒め

The 8th commandment states people shouldn't steal anything.

第八戒は、人は何も盗むべきでないと述べている。

---

0738 ☐☐☐

**slave** [sléɪv]

名 奴隷

I quit the job as it was essentially slave labor.

実質的に奴隷労働のようなものだったので、私はその仕事を辞めた。

---

0739 ☐☐☐

**escape** [ɪskéɪp]

自 脱出する、逃亡する

A manhunt is underway after three convicts escaped.

3人の囚人が逃亡して捜索が行われている。

---

0740 ☐☐☐

**founder** [fáʊndər]

名 開祖、創設者

The founder of the company retired last week.

会社の創設者が先週退職した。

---

0741 ☐☐☐

**execute** [éksəkjùːt]

他 処刑する、死刑に処す

The judge's decision to execute him is being appealed.

彼を死刑に処すという裁判官の判決は控訴されている。

---

# キリスト教とイスラーム教 ②

0742 ☐ ☐ ☐

**follower** [fáːlouər]

名 弟子、信奉者

The cult leader has gained many devoted followers.

そのカルト集団の指導者はたくさんの熱心な信奉者を獲得している。

0743 ☐ ☐ ☐

**part** [páːrt]

自 分かれる

After 25 years of marriage, they decided to part ways.

25年の結婚生活の後、彼らは別れることにした。

---

**┃ 文法・構文**

● But why is it that they believe in the same God, yet they became different religions?（でも、なんで同じ神様を信じているのに、別々の宗教になってしまったんですか。）

■ Why is it that SV?で「SVなのはいったいなぜなのか」という意味です。ここではitはthat SVを指しています。

● ...it is generally believed that Judaism began at the time Moses and the people he led were blessed...（……モーセと彼が率いた人々がシナイ山でヤハウェから「十戒」を授かった時点で、ユダヤ教が始まったと考えるのが一般的だ。）

■ at the time SVで「SVするときに」です。ここではat the timeがひとかたまりでwhenと同じように接続詞の役割を果たしています。

● So they're still quite different, even though they believe in the same God.（じゃあ、同じ神様を信仰しているといっても、やっぱりけっこう違うんですね。）

■ even thoughはdespite the fact that「〜という事実にもかかわらず」という意味で用いられています。

● It is thought that Jesus and his followers were Jewish, but that was when they parted to become a different group...（イエスとその弟子たちはユダヤ教徒だったが、その時点で、彼らは分かれて別のグループとなり……）

■ that was whenは決まった言い方で、「そしてそのとき〜」という意味です。thatとwhen以下の内容がまさに同じタイミングで起こったことを強調するために用います。

# Christianity and Islam ③

**Taro**: Why couldn't they continue being Jewish?

**Prof.**: In Judaism, the people subject to being saved by Yahweh is limited to the Jewish people. However, in the Roman Empire at around the time when Christianity started to spread, there were many people of different races who were not Jewish, too. The teachings of Christianity say that the people who can be saved by Yahweh are not **limited to** those who are Jewish, so the opportunity to be saved **expanded to** a wide range of people.

**Hanako**: Is that the only difference between Christianity and Judaism?

**Prof.**: For Jewish people, there are a number of obligations that need to be fulfilled such as circumcision for boys, whereas there aren't any obligations like that for Christian people.

**Taro**: It's nice that there aren't any obligations in Christianity.

**Prof.**: The reason for this is that in Christianity, there's a much clearer separation between 'the holy' and 'the common' when compared to Judaism. For example, 'the holy,' like Catholic fathers, monks, and nuns, serve God, so they do not marry in their lifetime; for 'the common' followers, however, there are no obligations like this.

# キリスト教とイスラーム教 ③

太郎：どうして、ユダヤ教徒のままではいけなかったんですか？

教授：ユダヤ教においては、神ヤハウェの救済を受ける人はユダヤ人に限定される。だが、キリスト教が広まり始めた頃のローマ帝国には、ユダヤ人でない異民族の人も多くいた。キリスト教の教えでは、ヤハウェの救いを受けることができる人は、ユダヤ人に限られていない。だから、様々な人に救済の機会が広がったんだ。

花子：キリスト教と、ユダヤ教の違いはそれだけですか？

教授：ユダヤ教徒には、男子の割礼のような、果たさなければならない義務がたくさんある。それに対して、キリスト教徒にはそうした義務はないんだ。

太郎：義務がないなんて、キリスト教はいいですね。

教授：その理由としては、キリスト教はユダヤ教に比べて、「聖」と「俗」の関係がもっとはっきりと分かれていることがあるだろうね。例えば、カトリックの神父や修道士、修道女などは「聖」であり、神に仕えているので生涯結婚することはない。だが、「俗」の信徒たちにはそうした義務はないからね。

▌熟語・慣用句（表現）

limited to　〜に限られる
expand to　〜まで広がる

◀)) 0744 - 0754

0744 ☐☐☐
## subject [sʌ́bdʒekt]
形 受ける

Food prices are subject to seasonal variations.

食品の価格は季節によって変動を受ける。

0745 ☐☐☐
## empire [émpaɪər]
名 帝国

He built a large and successful business empire.

彼は大規模で成功した企業帝国を築いた。

0746 ☐☐☐
## race [réɪs]
名 民族

The Japanese are widely regarded as a respectful race.

日本人は広く礼儀正しい民族とみなされている。

0747 ☐☐☐
## teaching [tíːtʃɪŋ]
名 教え

Muslims study and follow the teachings of the Koran.

イスラーム教徒はコーランの教えを学びそれに従う。

0748 ☐☐☐
## obligation [àːblɪɡéɪʃən]
名 義務

We have certain contractual obligations we must honor.

私たちには守らなければならない特定の契約上の義務がある。

0749 ☐☐☐
## fulfill [fʊlfíl]
他 果たす

The worker was able to fulfill all of his duties.

その労働者はすべての義務を果たすことができた。

0750 ☐☐☐
## circumcision [sə̀ːrkəmsíʒən]
名 割礼

Circumcision is a painful procedure for boys to go through.

割礼は男子が経験しなければならない苦痛な処置だ。

0751 ☐☐☐
## separation [sèpəréɪʃən]
名 分かれていること、分裂

A separation of views started to develop.

意見の分裂が拡大し始めた。

# キリスト教とイスラーム教 ③

0752 □□□
**father** [fáːðər]

The father looked after the spiritual needs of his parish.

名 神父

その神父は自分の教区の精神面での必要性のケアをした。

0753 □□□
**monk** [mʌ́ŋk]

The Buddhist monk sat for days deep in meditation.

名 修道士、僧侶

その仏教の僧侶は何日も座禅して深い瞑想に入った。

0754 □□□
**nun** [nʌ́n]

She moved into the monastery after becoming a nun.

名 修道女

彼女は修道女になって修道院に移った。

---

**┃ 文法・構文**

● For Jewish people, there are a number of obligations that need to be fulfilled such as circumcision for boys, whereas there aren't any obligations like that for Christian people.（ユダヤ教徒には、男子の割礼のような、果たさなければならない義務がたくさんある。それに対して、キリスト教徒にはそうした義務はないんだ。）

■ whereasは対比を表す接続詞で比較的フォーマルな響きがします。話すときはwhereasのところで一息おくのが一般的です。

● The reason for this is that in Christianity, there's a much clearer separation between 'the holy' and 'the common' when compared to Judaism.（その理由としては、キリスト教はユダヤ教に比べて、「聖」と「俗」の関係がもっとはっきりと分かれていることがあるだろうね。）

■ この文の主語は The reason for this までで、動詞が is です。次の that は接続詞で「〜ということ」という意味です。

■ whenとcomparedの間にit is が省略されています。when compared to自体は決まり文句で、as compared toと言うこともあります。

# Christianity and Islam ④

**Hanako**: Is that why Christianity spread to so many countries around the world?

**Prof.**: I think that is one of the factors. Christianity also became the state religion of the Roman Empire. This was **most likely** because Christian attitudes toward manners and customs stayed **in line with** Roman Law. <u>It would have been difficult for Christianity to have become the state religion in the Roman Empire if it had considered the Torah to be more important.</u> Even this was possible because of the clear separation between 'the holy' and 'the common.'

**Hanako**: Did Christianity spread to other areas outside of the Roman Empire too?

**Prof.**: Islam was the next religion that emerged in the early 7th century in the Arabian Peninsula, but at that time, there were already many Christian people there. This illustrates just how far Christianity had spread beyond the Roman Empire.

**Taro**: <u>Islam emerged much later compared to Judaism and Christianity, didn't it?</u>

**Prof.**: Yes, you're right. Muhammad started preaching Islam in the early 7th century, so that's about when Prince Shotoku was active in Japan.

**Hanako**: <u>Based on what we just discussed, the God of Islam is the same God worshipped in Judaism and Christianity, isn't it?</u>

# キリスト教とイスラーム教 ④

花子：だから、キリスト教はこんなに多くの国に広まったということでしょうか？

教授：要因の一つだと思う。キリスト教はさらに、ローマ帝国の国教になった。それはきっと、慣習や風習に対するキリスト教徒の態度がローマ法と調和していたからだろう。律法をもっと重視した考えであったら、ローマ帝国の国教となることは難しかっただろう。こうしたことも「聖」と「俗」がはっきりと分かれているからこそ可能だったことだ。

花子：キリスト教は、ローマ帝国の外にも広まっていったんでしょうか。

教授：イスラーム教が次に現れた宗教で、7世紀はじめのアラビア半島でのことだったが、その頃には、すでに多くのキリスト教徒がそこにいたんだ。いかに遠くまでキリスト教がローマ帝国を超えて広まっていたかを説明しているね。

太郎：イスラーム教は、ユダヤ教やキリスト教に比べて、随分遅くに出現したんですね。

教授：その通り。ムハンマドは7世紀はじめにイスラーム教を説き始めたから、日本では聖徳太子が活躍していた頃だね。

花子：さっきの話からすると、イスラーム教の神様は、ユダヤ教とキリスト教が崇めている神様と同じということですよね。

▌熟語・慣用句（表現）

most likely　きっと
in line with　～と一致して、～と調和して

# Christianity and Islam ④

0755 ☐☐☐

## factor [fǽktər]

名 要因

Several factors contributed to her decision to quit.

彼女が辞める決断をしたのにはいくつかの要因があった。

0756 ☐☐☐

## attitude [ǽtət(j)ùːd]

名 態度

Attitudes toward same-sex marriage have started to change.

同性結婚に対する態度は変わり始めている。

0757 ☐☐☐

## manner [mǽnər]

名 慣習、マナー

Older people often criticize the manners of millennials.

年配の人たちはしばしばミレニアル世代のマナーを批判する。

0758 ☐☐☐

## custom [kʌ́stəm]

名 風習

The country has many customs that are unique.

その国には多くの独特な風習がある。

0759 ☐☐☐

## peninsula [pənínsələ]

名 半島

Temperatures vary from north to south of the peninsula.

気温はその半島の北部と南部で異なる。

0760 ☐☐☐

## illustrate [íləstrèit]

他 説明する、示す

My point illustrates that overtime must be regulated.

私の主張は残業の規制の必要性を示すものだ。

0761 ☐☐☐

## beyond [biːɑ́nd]

前 ～を超えて、～の向こうに

The stadium is located beyond the highway to the north.

そのスタジアムは高速道路の向こうの北側にある。

0762 ☐☐☐

## compare [kəmpéər]

他 比べる

The new model is much faster compared to previous versions.

その新しいモデルは前のバージョンと比べてかなり速い。

# キリスト教とイスラーム教 ④

0763 ☐☐☐

**active** [ǽktɪv]

The criminal gang was active in many cities in the 1930s.

形 活躍している

その犯罪集団は 1930 年代に多くの都市で活動していた。

0764 ☐☐☐

**worship** [wə́ːrʃəp]

Different civilizations worshipped gods in different ways.

他 崇める、崇拝する

異なる文明が異なる方法で神々を崇拝していた。

---

▎文法・構文

● It would have been difficult for Christianity to have become the state religion in the Roman Empire if it had considered the Torah to be more important.（律法をもっと重視した考えであったら、ローマ帝国の国教となることは難しかっただろう。）

■ it would have＋過去分詞が「（あの時）～であっただろうに」、if it had＋過去分詞が「もし（あの時）～であったなら」です。仮定法過去完了で、過去に起こらなかったことを仮定しています。

● Islam emerged much later compared to Judaism and Christianity, didn't it?（イスラーム教は、ユダヤ教やキリスト教に比べて、随分遅くに出現したんですね。）

■ 比較を強調するmuchです。「どこに比較があるの？」と思う人もいるかもしれませんが、laterがそうです。「後で」という日本語で覚えていて気づかないかもしれませんがlateの比較級です。

● Based on what we just discussed, the God of Islam is the same God worshipped in Judaism and Christianity, isn't it?（さっきの話からすると、イスラーム教の神様は、ユダヤ教とキリスト教が崇めている神様と同じということですよね。）

■ based on <what we just discussed>というように、what...が名詞句で、まるごとonにくっついていることが見抜けるかがポイントです。

# Christianity and Islam ⑤

**Prof.**: That's right. That's why Moses and Jesus appear in the Koran, the sacred book of Islam, as prophets in the generations before Muhammed.

**Hanako**: So, is Islam more like Judaism or Christianity?

**Prof.**: Well, Islam doesn't have a clear separation between 'the holy' and 'the common' like Christianity, so **with regard to** this, Islam is more similar to Judaism. There are actions believers of Islam must take, and these are called the 'Five Pillars of Islam.' **To be specific**, the 'Five Pillars of Islam' include actions such as the act of worshipping five times a day and pilgrimage.

**Taro**: Having to pray five times a day seems tough.

**Prof.**: There are also actions that are prohibited too, and these include drinking alcohol and eating pork.

**Taro**: **It sounds like** a strict religion.

**Prof.**: From a Japanese perspective, yes, **it might seem that way**. Also, in Islam, there is no clergy like there is in Christianity.

**Hanako**: But I've heard people say 'Muslim Clergy' on TV news before.

**Prof.**: They are probably referring to Muslim religious law jurists who are called ulama. They are specialists in Muslim religious laws and are religious leaders, but they're not separated from the common world like Catholic priests are. That's why they can get married and have a family.

**Hanako**: Are there any similarities between Islam and Christianity?

# キリスト教とイスラーム教 ⑤

教授：そうだ。だから、イスラーム教の聖典であるコーランには、ムハンマドより以前の世代の預言者として、モーセとイエスが登場しているんだ。

花子：じゃあ、イスラーム教は、むしろユダヤ教に近いんですか、それともキリスト教に近いんですか？

教授：う〜ん、イスラーム教はキリスト教のように「聖」と「俗」がはっきりと分かれていないので、そういう点では、イスラーム教はユダヤ教の方に似ている。イスラーム教の信徒にはなすべき行為があって、それを「イスラーム教の五行（五柱）」と呼んでいる。具体的に言うと、「イスラーム教の五行」には、一日に５回の礼拝や、巡礼などの行為が含まれる。

太郎：一日に５回もお祈りしなくちゃならないなんて、大変そう。

教授：また、禁じられている行為もあって、それには、お酒を飲むことや、豚肉を食べることが含まれているよ。

太郎：何だか厳しい宗教という感じがしますね。

教授：日本人の視点からは、そうだね。そう見えるかもしれないね。またイスラーム教には、キリスト教のような聖職者はいないんだ。

花子：でも、以前テレビのニュースで「イスラーム教聖職者」と言っているのを聞いたことがありますけど。

教授：おそらく彼らは、ウラマーと呼ばれるイスラーム法学者のことだね。彼らはイスラーム法の専門家であり、宗教指導者ではあるけれども、カトリックの司祭のように世俗の世界を離れているわけではない。だから結婚して家庭を持つことができるんだ。

花子：イスラーム教とキリスト教が似ている点はありますか？

**Chapter 5　宗教と歴史 (Religion and History)**

▌**熟語・慣用句（表現）**

with regard to　〜に関して　／　to be specific　具体的に言うと
it sounds like　〜のようだ、〜みたいだ
it might seem that way　そう見えるかもしれない

◀») 0765 - 0774

---

**0765** ☐☐☐

## sacred [séɪkrəd]

形 聖なる、神聖な

Cows are considered sacred animals in India.

インドで牛は神聖な動物とみなされている。

---

**0766** ☐☐☐

## prophet [práːfət]

名 預言者

The prophet was always completely faithful to his religion.

その預言者は常に自らの信仰に完全に忠実だった。

---

**0767** ☐☐☐

## generation [dʒènəréɪʃən]

名 世代

Three generations of the family were on the board.

その一族は三世代で取締役になった。

---

**0768** ☐☐☐

## pillar [pílər]

名 柱

Observation and logic are the two pillars of science.

観察とロジックは科学の二つの柱だ。

---

**0769** ☐☐☐

## pilgrimage [pílgrəmɪdʒ]

名 巡礼

Millions make a pilgrimage to Mecca every year.

毎年何百万人もがメッカへ巡礼する。

---

**0770** ☐☐☐

## clergy [kláːrdʒi]

名 聖職者

All members of the clergy attended the memorial service.

聖職者全員が追悼式に出席した。

---

**0771** ☐☐☐

## jurist [dʒúərɪst]

名 法学者、法律専門家

Judges are expected to be knowledgeable jurists.

裁判官は知識の豊富な法律専門家であることが期待される。

---

**0772** ☐☐☐

## specialist [spéʃəlɪst]

名 専門家

Security specialists were asked to brief the minister.

セキュリティの専門家たちが大臣に概要を説明するように依頼された。

---

# キリスト教とイスラーム教 ⑤

0773 ☐☐☐

## priest [príːst]

名 司祭

The priest listened carefully to his troubles.

その司祭は彼の問題に注意深く耳を傾けた。

0774 ☐☐☐

## similarity [sìməlérəti]

名 似ている点、類似点

There are many similarities between the authors' styles.

その作家たちの文体には多くの類似点がある。

---

**┃ 文法・構文**

● Well, Islam doesn't have a clear separation between 'the holy' and 'the common' like Christianity, ...（う〜ん、イスラーム教はキリスト教のように「聖」と「俗」がはっきりと分かれていないので、……）

■ 名詞表現は動詞的に意味を考えてみることが、英文を読み取るコツの一つです。separationから「分かれる」という動詞的意味を読み取り、「じゃあ何と何が分かれているの？」と考えると次にbetweenが出てきて答えがわかる、というのが理想的な流れです。

● There are actions believers of Islam must take, and these are called the 'Five Pillars of Islam.'（イスラーム教の信徒にはなすべき行為があって、それを「イスラーム教の五行（五柱）」と呼んでいる。）

■ actionsとbelievers...の間には関係代名詞whichあるいはthatが省略されていると考えます。takeの目的語がactionsだということになります。

● Also, in Islam, there is no clergy like there is in Christianity.（またイスラーム教には、キリスト教のような聖職者はいないんだ。）

■ like there isの後ろにはclergyが省略されています。このlikeは「〜のように」という接続詞で、後ろにSVが来ます。

● But I've heard people say 'Muslim Clergy' on TV news before.（でも、以前テレビのニュースで「イスラーム教聖職者」と言っているのを聞いたことがありますけど。）

■ hear O doで「Oが〜するのを（一部始終）聞く」という意味です。hearは知覚動詞の仲間で、このような形を取る動詞としてseeやwatchがあります。

◀)) 67

**Prof.**: Well actually, Islam has many believers all around the world, and they are not all Arabic people. This is unlike Judaism where the religion is only for the Jewish people. There are a few hundred million Muslims in India and Indonesia **in particular**. In terms of this universality, Islam is actually more similar to Christianity than Judaism.

**Hanako**: It's clear to me now that in Christianity, 'the holy' and 'the common' are separated more than they are in Judaism and Islam.

**Prof.**: Well, that's only the principle theory. Historically, **it's not to say** that the Catholic Church didn't meddle in the common world whatsoever. Taro, have you ever heard of an incident called the 'Road to Canossa'?

**Taro**: 'Road to Canossa'? Hmm… I feel like I've heard of it before in history lessons at senior high school…

**Prof.**: It's an incident that occurred in 11th century Europe. The king at the time, Henry IV, opposed Pope Gregory VII concerning the power of appointing bishops. This opposition continued to intensify, and in the end, Pope Gregory VII excommunicated Henry IV.

**Taro**: Excommunicated? But Henry IV was the king and had military power, right? Couldn't he have just ignored the order from the Pope?

**Prof.**: It was almost impossible to continue being a sovereign prince without being Christian in Europe then. That's how powerful the Catholic Church was at the time.

# キリスト教とイスラーム教 ⑥

**教授**：実は、イスラーム教は世界中にたくさんの信徒がいて、彼らは皆アラブ人というわけではない。そこがユダヤ民族だけの宗教であるユダヤ教と異なっている。特にインドネシアやインドには、数億人ものイスラーム教徒がいる。こうした普遍性という意味では、イスラーム教は実際、ユダヤ教よりキリスト教に近いんだよ。

**花子**：キリスト教はユダヤ教やイスラーム教に比べて、「聖」と「俗」がもっとはっきり分かれているということがよくわかりました。

**教授**：まあ、それは原則論だ。歴史的に、カトリック教会が世俗の世界に全く干渉しなかったというわけではないんだ。太郎は、「カノッサの屈辱」という事件を知っているかい？

**太郎**：カノッサの屈辱？　ええと、高校の世界史の授業で聞いたような気が……。

**教授**：11世紀のヨーロッパで起きた事件なんだ。当時王だったハインリヒ4世は、ローマ教皇のグレゴリウス7世と司教の任命権に関して対立していた。やがて対立はエスカレートしていき、ついにグレゴリウス7世は、ハインリヒ4世を破門したんだ。

**太郎**：破門？　でも、ハインリヒ4世は王様で武力を持っているわけですよね。教皇の命令なんて無視することはできなかったんですか。

**教授**：当時のヨーロッパで、キリスト教徒であることなく君主を続けていくことはほとんど不可能だったんだ。それほど、カトリック教会の権威は当時絶大だったということだね。

Chapter 5　宗教と歴史（Religion and History）

▌**熟語・慣用句（表現）**
in particular　特に
it's not to say...　…というわけではない

UNIT 67　キリスト教とイスラーム教 ⑥　305

# Christianity and Islam ⑥

0775 ☐☐☐

**unlike** [ʌ̀nláɪk]

前 ～と異なって、～と違って

The class was quiet unlike the noisy one down the corridor.

廊下沿いの騒々しいクラスとは違ってそのクラスは静かだった。

0776 ☐☐☐

**universality** [jùːnəvəːrsǽləti]

名 普遍性

The universality of human rights is a key goal of the UN.

人権の普遍性が国連の重要な目標だ。

0777 ☐☐☐

**meddle** [médl]

自 干渉する、介入する

Church leaders are advised not to meddle in politics.

教会の指導者たちは政治には介入しない方が良い。

0778 ☐☐☐

**pope** [póup]

名 教皇

The Pope was given a warm welcome by the audience.

教皇は聴衆から温かい歓迎を受けた。

0779 ☐☐☐

**concerning** [kənsə́ːrnɪŋ]

前 ～に関して、～について

Opinion was divided concerning the new appointment.

新しい任命について意見が分かれた。

0780 ☐☐☐

**appoint** [əpɔ́ɪnt]

他 任命する、指名する

The hiring committee appointed the experienced candidate.

人事委員会は経験のある候補者を指名した。

0781 ☐☐☐

**bishop** [bíʃəp]

名 司教

The bishop's views were widely criticized.

その司教の見解は多方面から批判された。

0782 ☐☐☐

**opposition** [àːpəzíʃən]

名 対立、野党

The opposition leader is not a viable alternative.

野党の党首はふさわしい対抗馬ではない。

# キリスト教とイスラーム教 ⑥

0783 ☐☐☐

**intensify** [ɪnténsəfàɪ]

自 エスカレートする、激化する

With both sides adding forces, the conflict will intensify.

双方がさらに兵を派遣すれば紛争は激化するだろう。

0784 ☐☐☐

**excommunicate** [èkskəmjúːnəkèɪt]

他 破門する

The Vatican excommunicated the two priests.

バチカンは二人の司祭を破門した。

0785 ☐☐☐

**ignore** [ɪɡnɔ́ːr]

他 無視する

He arrogantly ignored the directive from his superior.

彼は傲慢にも上司からの指令を無視した。

0786 ☐☐☐

**order** [ɔ́ːrdər]

名 命令

The order was given to advance on the enemy position.

敵陣に向かって前進するよう命令が下された。

---

**▌文法・構文**

● It's clear to me now that in Christianity, 'the holy' and 'the common' are separated more than they are in Judaism and Islam.（キリスト教はユダヤ教やイスラーム教に比べて、「聖」と「俗」がもっとはっきり分かれているということがよくわかりました。）

■ more than they are の後ろにはseparatedが省略されています。

● Historically, it's not to say that the Catholic Church didn't meddle in the common world whatsoever.（歴史的に、カトリック教会が世俗の世界に全く干渉しなかったというわけではないんだ。）

■ not ... whatsoever で not ... at all と同じような意味になりますが、響きとしてはnot ... at allよりも強めです。

# Christianity and Islam ⑦

**Hanako**: So, what happened to Henry IV after he was expelled?

**Prof.**: To ask the Pope for forgiveness, he continued to offer prayers to God for three days in the snow without shoes or food. As a result of that, the Pope restored him to the church.

**Taro**: Wow… sounds so cold.

**Hanako**: The Catholic Church must have been mighty if even the king couldn't oppose it.

**Prof.**: The Catholic Church continued to become increasingly influential in Medieval Europe. And when they entered the 16th century, they even started selling indulgentia.

**Taro**: Indulgentia?

**Prof.**: Indulgentia was a certificate to say that you could be forgiven for the crimes you committed.

**Taro**: It doesn't sound right to be able to buy forgiveness for a crime you commit…

**Prof.**: Your doubts are understandable, Taro. The person who then **stood up to** the corruption of the Catholic church was Martin Luther. Luther and his supporters rebelled against the Catholic Church, and because they started a new faction called the Protestants, the concentration of power that the Catholic Church had declined.

**Hanako**: And what happened after that?

**Prof.**: Even after Luther **passed away**, the confrontation between Catholics and Protestants remained.

# キリスト教とイスラーム教 ⑦

花子：それで、追放されたハインリヒ4世はどうなったんですか？

教授：教皇に許しを請うため、雪の中で三日間、裸足で断食をしながら、祈りを捧げ続けたんだ。その結果、教皇は王を教会に復帰させたんだ。

太郎：わぁ、寒そう。

花子：王様でも逆らえなかったなんて、カトリック教会は強い力を持っていたんですね。

教授：カトリック教会は、中世ヨーロッパでますます影響力が大きくなっていった。そして16世紀に入ると、贖宥状を販売し始めるまでになった。

太郎：贖宥状ですか？

教授：贖宥状とは、犯した罪が許されるという証明書のことだよ。

太郎：犯した罪に対する許しを買うことができるなんて、なんだかおかしいなぁ。

教授：太郎の疑問はもっともだ。こうしたカトリック教会の堕落に対して立ち上がった人物が、マルティン・ルターだ。ルターとその支持者たちがカトリック教会に反旗を翻し、プロテスタントという新しい派閥を立ち上げたため、カトリック教会への権力の集中は低下した。

花子：それから、どうなったんでしょうか？

教授：ルターが亡くなった後も、カトリックとプロテスタントの対立は続いた。

▌熟語・慣用句（表現）

stand up to 〜に立ち向かう

pass away 亡くなる

◀)) 0787 - 0800

0787 ☐☐☐

### expel [ɪkspél]

他 追放する、辞めさせる

She was expelled from school for drinking alcohol.

彼女はアルコールを飲んで学校を辞めさせられた。

0788 ☐☐☐

### forgiveness [fərɡívnəs]

名 許し

He begged for forgiveness from his wife after the affair.

彼は浮気をしたあと妻に許しを請うた。

0789 ☐☐☐

### offer [ɔ́:fər]

他 捧げる

The congregation offered their prayers for the sick priest.

会衆は病気の司祭のために祈りを捧げた。

0790 ☐☐☐

### restore [rɪstɔ́:r]

他 復帰させる

He was cleared, so the board restored him to his role.

彼の嫌疑が晴れたので、役員会は彼を役職に復帰させた。

0791 ☐☐☐

### mighty [máɪti]

形 強い、強大な

The mighty Roman empire eventually collapsed.

強大なローマ帝国は最終的に崩壊した。

0792 ☐☐☐

### influential [ɪnfluénʃəl]

形 影響力が大きい

His most influential work was written in the 19th century.

彼の最も影響力が大きい作品は 19 世紀に書かれた。

0793 ☐☐☐

### medieval [mì:dí:vl]

形 中世の

The dig uncovered remains of a medieval settlement.

発掘によって中世の集落が発見された。

0794 ☐☐☐

### certificate [sərtífɪkət]

名 証明書

He included his certificates as part of his application.

彼は申請書類の一部として証明書を同封した。

# キリスト教とイスラーム教 ⑦

0795 ☐☐☐

**commit** [kəmít]

He committed the robbery to pay off mounting debts.

他 犯す、働く

彼は増え続ける借金を返済するために強盗を働いた。

0796 ☐☐☐

**corruption** [kərʌ́pʃən]

Allegations of corruption were made before the election.

名 堕落、汚職

選挙前に汚職の申し立てが行われた。

0797 ☐☐☐

**rebel** [rɪbél]

Opponents rebelled against the new laws.

自 反旗を翻す、反発する

反対派はその新しい法律に反発した。

0798 ☐☐☐

**faction** [fǽkʃən]

The moderate faction wasn't as powerful as the nationalists.

名 派閥、派

穏健派は国家主義者ほど強力ではなかった。

0799 ☐☐☐

**concentration** [kà:nsəntréɪʃən]

The concentration of forces in the east decimated the enemy.

名 集中

東部へ兵力を集中させることで敵を絶滅させた。

0800 ☐☐☐

**confrontation** [kà:nfrəntéɪʃən]

Worker demands led to a confrontation with management.

名 対立

労働者の要求は経営陣との対立につながった。

---

**▎文法・構文**

● The Catholic Church must have been mighty if even the king couldn't oppose it.（王様でも逆らえなかったなんて、カトリック教会は強い力を持っていたんですね。）

■ must have＋過去分詞で「〜した／だったに違いない」という意味です。ただし、あくまでもこの表現は「推測」であり、「断定」でないことに注意してください。

Chapter 5 宗教と歴史 (Religion and History)

# Christianity and Islam ⑧

**Prof.**: When the influence and power of the Protestants increased, a war between the Catholic states and the Protestant states **broke out**. That is what is referred to as the 'Thirty Years' War.'

**Taro**: It's scary to think that people were killing each other even though they were all essentially Christians.

**Prof.**: Exactly, Taro. **In addition**, this war lasted for 30 years as the name suggests, so the participating nations **ended up being** ruined.

**Hanako**: Which nation won in the end?

**Prof.**: There were too many that were part of the war, so it's difficult to specify which country won. But as a result of this war, the position of the Protestants was recognized. Therefore, there hasn't been large-scale disputes between Catholics and Protestants since the Thirty Years' War.

**Taro**: They were at war for 30 years, and that was the only result that **came of** it?

**Prof.**: Well, no. The most important result that came of this war was the fact that the idea of 'religious freedom' emerged. **Up to that point**, people weren't able to choose their religions individually because it was only decided by the sovereign, but the idea of religious freedom was what eventually led to the modern concept of separation between church and state. So, we could say that the Thirty Years' War was a significant event in the history of mankind.

# キリスト教とイスラーム教 ⑧

教授：プロテスタントの影響と勢力が増してくると、カトリックの国家とプロテスタントの国家との間で戦争が勃発した。それが「三十年戦争」だ。

太郎：基本的に皆キリスト教徒なのに、互いに殺しあうなんて怖いですね。

教授：太郎の言う通りだ。しかも、この戦争はその名が示す通り 30 年にもわたって続いたため、参加した国々は荒廃してしまった。

花子：結局、どの国が勝ったんでしょうか。

教授：参加している国があまりに多いため、どの国が勝者か特定することは難しい。だが、この戦争の結果として、プロテスタントの立場が認められたんだ。だから、三十年戦争以降、カトリックとプロテスタントの間で、大規模な紛争は起こっていない。

太郎：30 年も戦争をして、生じた結果はそれだけですか？

教授：いや、そうではない。この戦争から得られた最も大事な結果は、「信教の自由」という概念が生まれたことなんだ。この時点まで、宗教は主君が決めただけのものであって、個人的に選ぶことはできなかった。だが、信教の自由という考え方が、やがて政教分離という現代の概念へとつながっていくことになったんだ。だから、三十年戦争は、人類の歴史上とても重要な出来事だと言えるんだ。

▌熟語・慣用句（表現）

break out　起こる、勃発する　／　in addition　加えて
end up -ing　最後には～することになる
come of　～から生じる　／　up to that point　それまでは

🔊 0801 - 0814

0801 ☐☐☐
## essentially [ɪsénʃəli]
副 基本的に

The book essentially provides an introduction to the course.

この本は基本的にはそのコースの導入となる。

0802 ☐☐☐
## last [lǽst]
自 続く

The meeting lasted for over three hours.

会議は3時間以上続いた。

0803 ☐☐☐
## suggest [səgdʒést]
他 示す、示唆する

The conflict lasted over 100 years as the name suggests.

名前が示唆する通りその戦いは100年以上続いた。

0804 ☐☐☐
## participate [pɑːrtísəpèɪt]
自 参加する

We invited another team to participate in the project.

別のチームにそのプロジェクトに参加するように要請した。

0805 ☐☐☐
## nation [néɪʃən]
名 国

The nation is completely divided over the issue.

この問題に関して国が完全に二分している。

0806 ☐☐☐
## ruin [rúːɪn]
他 荒廃させる、破壊する

The incessant bombing campaign ruined all structures.

絶え間ない空爆作戦が全ての建造物を破壊した。

0807 ☐☐☐
## specify [spésəfàɪ]
他 特定する、指定する

She specified the time and place for the meeting by email.

彼女は会議の時間と場所をメールで指定した。

0808 ☐☐☐
## dispute [dɪspjúːt]
名 紛争

The dispute between parents and teachers continued.

親たちと教師側の間の紛争は続いた。

# キリスト教とイスラーム教 ⑧

0809 ☐☐☐

**emerge** [ɪmə́ːrdʒ]

After the disagreement, new problems started to emerge.

自 生まれる、発生する

意見の対立の後で新しい問題が発生し始めた。

0810 ☐☐☐

**sovereign** [sɑ́ːvərən]

The King was the sovereign of England, Wales, and Scotland.

名 主君

その王はイングランドとウェールズとスコットランドの主君だった。

0811 ☐☐☐

**lead** [líːd]

Concessions led to the conclusion of the negotiation.

自 つながる

譲歩によって交渉の締結につながった。

0812 ☐☐☐

**concept** [kɑ́ːnsept]

Some voters are against the concept of regional government.

名 概念、考え

一部の有権者は地方自治の考えに反対している。

0813 ☐☐☐

**event** [ɪvént]

A memorial service was held to remember the event.

名 出来事

その出来事を記念して追悼式が行われた。

0814 ☐☐☐

**mankind** [mǽnkáɪnd]

Mankind will always seek power and influence.

名 人類、人間

人間は常に権力と影響力を求めるものだ。

---

**┃ 文法・構文**

● The most important result that came of this war was the fact that the idea of 'religious freedom' emerged.（この戦争から得られた最も大事な結果は、「信教の自由」という概念が生まれたことなんだ。）

■ The most important result <that came of this war> was the fact [that the idea of 'religious freedom' emerged].という構造です。<　>が関係代名詞節でresultを修飾しています。[　]のthatは接続詞でthe factに対して同格です。

　明治維新後、日本で起きた大きな変化の一つに、信教の自由が確立したことがある。これによって、江戸時代には禁止されていたキリスト教の布教も解禁され、海外のキリスト教国は日本への伝道へ力を入れることになった。

　1863年、医師のジェームス・カーティス・ヘボンとその妻クララが、横浜でキリスト教主義学校としてヘボン塾を開いた。このヘボン塾が、今日の明治学院大学の前身である。ヘボン塾で学んだ者の中には、後の内閣総理大臣である高橋是清もいた。

　1875年には、新島襄によって、やはりキリスト教主義学校として、同志社英学校が京都に開設された。仏教の根強い京都の地に、キリスト教主義学校が開校されることに懸念を抱いた仏教関係者も多くいたが、当時は廃仏毀釈の影響で日本仏教の力が弱まっていたこともあり、大きな反対運動などにつながることはなかった。

　こうして新興勢力であるキリスト教に押されていた日本仏教界であったが、1880年代後半にもなってくると、徐々にその勢いを取り戻しつつあった。廃仏毀釈が収まったため、少しずつ各地に仏教結社が再興されていったのだ。そして、それら仏教結社は、自らの結社の団結を強めるため、仏教雑誌を刊行していった。

　そんな仏教雑誌の目玉の一つに、欧米仏教徒に関する記事があった。自分たちが時代遅れなものだと思っていた仏教が、欧米では逆に時代の最先端の宗教ともてはやされている。こうした事実は、キリスト教勢力に圧倒され、意気消沈していた日本人仏教徒にとって大きな光明となった。

　だが、どうして一九世紀末の欧米で、仏教が流行していたのだろうか？　その謎を解く鍵が、神智学の存在である。仏教に強い関心を抱いていたロシア系女性ブラヴァッキーとアメリカ人のオルコットは、1875年、ニューヨークで神智学協会を結成。その後二人は1880年にスリランカで受戒し、正式な仏

徒となった。

　オルコットはそれからも、仏教の基本教理を英語でまとめた『仏教問答』を出版するなど、精力的に欧米に仏教を広める活動を続けた。その活躍ぶりを伝える英語の記事が翻訳され、日本の仏教雑誌に紹介されると、オルコットは多くの日本人にとって欧米仏教徒を代表する人物と見做されるようになった。

　こうして一躍有名人となったオルコットを、ぜひ日本に招聘したいという機運が日本仏教界に高まっていった。その時オルコットの滞在するインドに単身赴き、彼に来日の説得をするという大役を担ったのが、本書の主人公の一人、野口復堂である。英語教師であった復堂の語学力と、その生来の胆力を見込んでのことであった。

　復堂の冒険の詳細については、ぜひ本書をご覧になっていただきたいが、ここで注目してほしいのは「失われた二十年」と形容される、長期化したデフレに苦しむ暗い現代日本人と異なる、破天荒な明治人の生き様である。

　平井金三、野口復堂、釈興然といった正史ではメジャーではない人々の活躍するさまは、さながら物語のようでもあり、読者は「明治時代には、こんなにも自由に人生を謳歌した日本人がいたのか！」と驚くことだろう。

　グローバリゼーションが説かれる現代以上に、国際的な規模で活躍した明治の人々。こうした先人たちに笑われぬためにも、私たちはもっと世界に目を向けていくべきなのだ。

### 関連図書

- 『わかる仏教史』宮元啓一著／KADOKAWA
  インドで発祥した仏教が、チベット、中国、日本に伝播していく様を、わかりやすく記述した仏教史の本。仏教史を学ぶ最初の一冊におすすめ。

- 『日本仏教史』末木文美士著／新潮社
  仏教伝来から、江戸時代までの日本仏教を通史として解説した本。代表的宗派の開祖についても詳しく説明されている。

- 『ゴータマは、いかにしてブッダとなったのか』佐々木閑著／NHK出版
  カルチャーセンターで行った公開講座を本にしたもの。仏教という教えが生まれた時代背景を、歴史学的知見から懇切丁寧に説明している。

# Buddhism ①

**Hanako**: Religion seems to be related so closely to peace, but it's scary to think that it can **cause conflict** and wars, too.

**Taro**: I don't believe in a particular faith, so I'm glad I was born in Japan because religion isn't such **a big part of** the culture here.

**Hanako**: Oh, but Taro, when you go to funerals, you listen to the monk's sutras, right? I don't think you can say that you're not religious at all, could you?

**Taro**: I suppose you're right. Does that mean that we're Buddhists?

**Hanako**: You have a family grave, and you go to visit it, so I suppose you would be.

**Taro**: I see… So, does that mean that we don't believe in Yahweh, but believe in a God called Buddha?

**Prof.**: Buddha isn't actually a God. Buddha is a person who existed in India around the 5th Century B.C.E.

**Taro**: Really?? Buddha actually existed?

**Prof.**: Buddha means 'the Awakened One,' and his actual name was Gotama Siddhattha. He was born as the prince of Śākya, but when he was 29 years old, he decided to leave his life as a prince and became a monk instead. He then preached Buddhism.

**Hanako**: If he existed, does he have a grave? If he does, is it in India?

# 仏教 ①

花子：宗教って平和と密接につながっているように見えるけど、それがもとで争いや戦いにもなったりすると思うと怖いわ。

太郎：僕は特定の宗教を信じていないし、宗教が文化的にそれほど大きな存在ではない日本に生まれてよかったなぁ。

花子：あら、太郎だってお葬式に行けば、お坊さんのお経を聞いたりするでしょ。全く無宗教って言えないんじゃない。

太郎：君の言う通りだと思う。じゃあ、僕たちは仏教徒なのかな？

花子：家のお墓があって、お参りに行ったりしているんだから、そうじゃない？

太郎：なるほど。じゃあ、僕たちはヤハウェを信じているんじゃなくて、ブッダという神様を信じているということになるのかな。

教授：ブッダは実は神様じゃなくて、紀元前5世紀頃、インドに実在した人物だよ。

太郎：えっ、ブッダって本当にいたんですか？

教授：ブッダは「覚者」という意味で、実の名はゴータマ・シッダッタだ。彼は、シャーキャ国の王子として生まれたが、29歳で、王子としての生活を捨てる決心をしてその代わりに出家した。その後、仏教を説いたんだ。

花子：実在の人物なら、お墓もあるのかしら。もしあるなら、インドにあるんですか？

▌熟語・慣用句（表現）

cause conflict　争いの原因となる

a big part of　～の大きな部分

🔊 0815 - 0825

0815 ☐☐☐

## relate [rɪléɪt]

他 つなげる、関連付ける

Bonus incentives are directly related to staff performance.

賞与のインセンティブ（報奨金）は、社員の業績と直接的に関連している。

0816 ☐☐☐

## scary [skéəri]

形 怖い

It is scary that some diseases can spread so quickly.

そんなに急速に広まる病気があるのは怖いことだ。

0817 ☐☐☐

## funeral [fjú:nərəl]

名 お葬式、葬儀

Many friends showed their respects at his funeral.

彼の葬儀で多くの友人が敬意を表した。

0818 ☐☐☐

## suppose [səpóuz]

他 思う

I suppose that the event is totally sold out now.

その行事は今では完売していると思う。

0819 ☐☐☐

## grave [gréɪv]

名 お墓

They laid a beautiful bouquet of roses on his grave.

その人々は彼のお墓に美しいバラのブーケを置いた。

0820 ☐☐☐

## exist [ɪgzíst]

自 実在する、存在する

Many people claim that UFOs do not exist.

多くの人たちは UFO など存在しないと主張する。

0821 ☐☐☐

## awaken [əwéɪkən]

他 目覚めさせる

He is awakened daily by the sound of his cell phone alarm.

彼は毎日携帯電話のアラームの音で目覚める。

0822 ☐☐☐

## actual [ǽktʃuəl]

形 実の、実際の

This is a rough estimate as I don't have the actual figures.

実際の数値が手元にないのでこれは推定値だ。

# 仏教 ①

0823 ☐☐☐

## instead [ɪnstéd]

副 (その) 代わりに

After studying accounting, he joined the police instead.

会計を勉強した後で彼は代わりに警察に入った。

0824 ☐☐☐

## preach [príːtʃ]

他 説く

Europeans first preached Christianity in Japan in 1549.

1549 年にヨーロッパ人たちが日本で初めてキリスト教を説いた。

0825 ☐☐☐

## Buddhism [búːdɪzm]

名 仏教

She decided to convert her faith to Buddhism.

彼女は仏教に改宗することを決断した。

---

▌ **文法・構文**

● Oh, but Taro, when you go to funerals, you listen to the monk's sutras, right?(あら、太郎だってお葬式に行けば、お坊さんのお経を聞いたりするでしょ。)

■ 一般的論を述べているので動詞は現在時制になっています。

● You have a family grave, and you go to visit it, so I suppose you would be.(家のお墓があって、お参りに行ったりしているんだから、そうじゃない？)

■ suppose は「～かなあと思う」という意味です。やんわりした言い方で、ここで使われている would も「～だろう」という婉曲的な用法です。

● If he existed, does he have a grave? If he does, is it in India?(実在の人物なら、お墓もあるのかしら。もしあるなら、インドにあるんですか？)

■ if 節に過去形があるからといって、仮定法過去とは限りません。今回は単に「もし～であったなら」というただの過去の話をしています。

◀)) 71

**Prof.**: Buddha doesn't have a grave. Well actually, there's no custom for people in India to have graves in general.

**Taro**: What!? But I thought Buddhism **is related to** having funerals and graves, isn't it??

**Prof.**: The reason why it became common among Japanese people to have and create graves is because this was a part of Chinese customs. Buddhism came to Japan via China and not directly from India, and that is why some Chinese customs were mixed in.

**Hanako**: But I still associate Buddhism with funerals…

**Prof.**: This association was probably created in the Edo period. Taro, do you know that there were many Christians in Japan between the civil war era and the Edo era?

**Taro**: Yes, you're talking about 'the secret Christians,' right? I've heard this being explained before on a TV program about history.

**Prof.**: The Tokugawa Shogunate sensed that the large number of Christians could be a potential threat, so they established the 'jidan system.'

**Hanako**: Jidan system?

**Prof.**: Yes. **To put it simply**, it was a system which forced all Japanese citizens to be a supporter of a Buddhist temple. This prevented the citizens from becoming Christians by making the temples monitor each one of their parishioners.

**Hanako**: So, in the Edo era in Japan, people didn't have freedom of religion?

# 仏教 ②

教授：ブッダにはお墓はないよ。それに実は、一般的にインド人には、お墓を持つという習慣はない。

太郎：ええー！？　だって仏教と言えば、お葬式にお墓ですよね。

教授：日本人の間でお墓を所有して建てる習慣が普及したのは、それが中国の習慣にあったからだろうね。仏教は、インドから直接ではなく、中国を経由して日本に伝わった。だから、中国の習慣が混ざってしまった部分があるんだ。

花子：でもやっぱり、仏教と言えばお葬式を連想してしまうわ。

教授：そうした結びつきができたのは、おそらく江戸時代だろう。太郎は、戦国時代から江戸時代にかけて、日本に多くのキリスト教徒がいたことを知っているかい？

太郎：「隠れキリシタン」ですね。テレビの歴史番組で解説を聞いたことがあります。

教授：江戸幕府は、大量のキリスト教徒たちが潜在的な脅威になることを察知したので、「寺檀制度」を制定した。

花子：寺檀制度？

教授：ああ。簡単に言えば、全ての日本国民にどこかの仏教寺院の檀家になることを強制する、という制度だ。寺院がその寺に属する者の一人ひとりを監視することによって、国民のキリスト教化を防いだんだね。

花子：じゃあ、日本の江戸時代には信教の自由はなかったんですね。

┃熟語・慣用句（表現）

be related to　〜に関連している

to put it simply　簡単に言えば

🔊)) 0826 - 0837

0826 ☐☐☐
**general** [dʒénərəl]　　　　　　形 一般的な、全体的な

In general, we support the changes made in policy.

全体的には方針の転換を支持する。

0827 ☐☐☐
**via** [váiə]　　　　　　前 ～を経由して

I flew to Lisbon via Charles de Gaulle in Paris.

パリのシャルル・ド・ゴールを経由して飛行機でリスボンへ行った。

0828 ☐☐☐
**mix** [míks]　　　　　　他 混ぜる

The chef mixed the chopped basil in with the tomato sauce.

シェフは刻んだバジルをトマトソースに混ぜ入れた。

0829 ☐☐☐
**associate** [əsóuʃièit]　　　　　　他 連想する

Consumers associate these brands with high quality.

消費者はこれらのブランドの名前を聞けば高品質を連想する。

0830 ☐☐☐
**era** [íərə]　　　　　　名 時代

The era was defined by political upheaval.

その時代は政変によって定義された。

0831 ☐☐☐
**shogunate** [ʃóuɡənət]　　　　　　名 幕府

The Ashikaga shogunate was in power from 1336 to 1573.

足利幕府は 1336 年から 1573 年まで権力を握っていた。

0832 ☐☐☐
**sense** [séns]　　　　　　他 察知する、感じる

Leaders sensed that public support was waning.

指導者たちは国民の支持が衰えつつあると感じた。

0833 ☐☐☐
**threat** [θrét]　　　　　　名 脅威

The threat of a revolt was increasing day by day.

反乱の脅威は日に日に増大していた。

# 仏教 ②

0834 ☐☐☐

**establish** [ɪstǽblɪʃ]

They wanted to establish a new set of procedures.

他 制定する、確立する

彼らは新しい手順を確立することを望んだ。

0835 ☐☐☐

**force** [fɔ́ːrs]

The army forced the citizens to give up their homes.

他 強制する

軍は市民に自分たちの家を放棄するように強制した。

0836 ☐☐☐

**monitor** [mάːnətər]

Police forces have measures to monitor suspects.

他 監視する

警察隊には容疑者を監視する手段がある。

0837 ☐☐☐

**parishioner** [pəríʃənər]

All of the parishioners donated to restore the church.

名 寺に属する者、教区民

全ての教区民が教会を修復するために寄付をした。

---

**▌文法・構文**

● Well actually, there's no custom for people in India to have graves in general. （それに実は、一般的にインド人には、お墓を持つという習慣はない。）

■ people in Indiaがto have...の意味上の主語であることをforが示しています。

● I've heard this being explained before on a TV program about history. （テレビの歴史番組で解説を聞いたことがあります。）

■ このthisは動名詞beingの意味上の主語です。this being explainedがカタマリとしてheardにくっついています。

● The Tokugawa Shogunate sensed that the large number of Christians could be a potential threat, so they established the 'jidan system.' （江戸幕府は、大量のキリスト教徒たちが潜在的な脅威になることを察知したので、「寺檀制度」を制定した。）

■ このcouldは「可能性がある」という意味のcanが時制の一致を受けて（主節の動詞が過去形sensedであるため）過去形になったものです。

◀)) 72

**Prof.**: That's right. <u>It was only in the Meiji era that freedom of religion was established in Japan.</u>

**Hanako**: What happened to the 'jidan system' in the Meiji period?

**Prof.**: It still remains as a representation of history because it was part of the culture for many years, but now, people are not bound by the system like they used to be in the Edo era.

**Taro**: What's going to happen to the temples **from now on**?

**Prof.**: There are many responsibilities correlated with being a parishioner of a particular temple, so in recent times, there are many who quit being a parishioner at these kinds of temples. Instead, many of them decide to purchase graves located in cemeteries that do not have strong religious ties. I think the monk's role in managing the graves will continue to decline as a result of this.

**Hanako**: Does that mean monks will disappear from Japan?

**Prof.**: No, I don't think so. I think that temples will become places of learning similar to schools. There, people could learn about the teachings of the founders of each religious sect such as Shinran and Dogen. **In that case**, the monks will be like teachers to those who come to the temple. Originally, temples were considered to have a school aspect which was referred to as 'Terakoya.'

**Hanako**: I see. So, in the future, temples will be more like a community center.

# 仏教 ③

教授：そうだ。日本に信教の自由が確立したのは、明治時代になってからだね。

花子：明治時代に「寺檀制度」はどうなったんでしょうか。

教授：それが長年の文化であったから、歴史の表れとして今だに残っているけれど、現在は、江戸時代のように、そうした制度に縛られてはいないんだ。

太郎：これからのお寺は、どうなっていくのかな。

教授：特定の寺院の檀家でいることには、それに関連する義務も多いから、最近では、そうした寺院の檀家であることを辞める人が多い。むしろ、宗教と強い結びつきのない霊園に設置される墓を購入しようとする人が多い。したがって、お墓を管理するという僧侶の役割は、だんだんとなくなっていくんじゃないかな？

花子：それは、日本からお坊さんがいなくなっちゃうということ？

教授：いや、そうではないと思う。お寺は、学校のような学ぶ場所になっていくんじゃないかな。そこで、親鸞や道元といった各宗派の祖師方の教えを学ぶことができるだろう。その場合、僧侶はお寺にやってくる人たちにとって、先生のような立場になるだろうね。もともと、寺院には「寺子屋」と呼ばれる学校の側面があると考えられていたしね。

花子：なるほど。未来、お寺はコミュニティ・センター（地域社会の活動の中心施設）のような感じになっていくということですね。

▌熟語・慣用句（表現）

from now on　これから先、今後

in that case　その場合には

# Buddhism ③

0838 ☐☐☐

## remain [rɪméɪn]

自 残る

Many policies from the previous government remain today.

前政権から引き継がれた多くの政策が今日でも残っている。

0839 ☐☐☐

## representation [rèprɪzentéɪʃən]

名 表れ、描写

The work was an accurate representation of Mayan life.

この作品はマヤ人の生活を正確に描写したものだ。

0840 ☐☐☐

## bind [báɪnd]

他 縛る、拘束する

The two states are bound by the terms of the treaty.

その二つの国はその条約の条項に拘束されている。

0841 ☐☐☐

## responsibility [rɪspà:nsəbíləti]

名 義務、責任

As the new manager, she has many more responsibilities.

新しい部長として彼女にはさらに責任が増えた。

0842 ☐☐☐

## correlate [kɔ́:rəlèɪt]

他 関連させる、相互に関連付ける

Scientists are trying to correlate the two data sets.

科学者たちはその二組のデータを相互に関連付けようとしている。

0843 ☐☐☐

## quit [kwít]

他 辞める、退く

She quit her position after being passed over for promotion.

彼女は昇進を見送られて退職した。

0844 ☐☐☐

## locate [lóʊkeɪt]

他 設置する

Our new training center is located in Chicago.

私たちの新しいトレーニングセンターはシカゴに設置されている。

0845 ☐☐☐

## cemetery [sémətèri]

名 霊園、共同墓地

The boy was taken to the cemetery for the burial service.

その少年は埋葬式に参列するため共同墓地に連れて行かれた。

# 仏教 ③

0846 ☐☐☐

**manage** [mǽnɪdʒ]

She manages the team with a collaborative style.

他 管理する、運営する

彼女は他の人たちと共同してチームを運営している。

0847 ☐☐☐

**decline** [dɪkláɪn]

Sales of the old model have continued to decline.

自 なくなる、下落する

古いモデルの売り上げは下落し続けている。

0848 ☐☐☐

**disappear** [dìsəpíər]

Traditional forms of clothing will eventually disappear.

自 いなくなる、なくなる

伝統的な形態の衣服は最終的になくなるだろう。

0849 ☐☐☐

**aspect** [ǽspekt]

A positive aspect is that we can leave the office earlier.

名 側面

良い側面は今までより早く退社できることだ。

0850 ☐☐☐

**community** [kəmjúːnəti]

The local community is protesting over the lack of schools.

名 コミュニティ、地域社会、自治会

その土地の自治会は学校不足に抗議している。

---

**┃ 文法・構文**

● It was only in the Meiji era that freedom of religion was established in Japan.
（日本に信教の自由が確立したのは、明治時代になってからだね。）

■ 強調構文です。It was ... that でonly in the Meiji eraを強調しています。onlyはあってもなくてもかまいませんが、あったほうが「明治時代まではなかった」という意味合いを強めることができます。

# Japanese People and Religion ①

**Taro**: If temples become more like community centers, they're not going to seem related to religion at all anymore.

**Hanako**: And, **is it ok that** Japanese people are the only ones who aren't religious?

**Prof.**: Having faith doesn't always equate to positive results all the time. Remember the Thirty Years' War we talked about before.

**Taro**: Christians fought each other for 30 years, didn't they?

**Prof.**: That's right. In addition, the reason why the Edo shogunate created the 'jidan system' to eradicate Christianity from Japan wasn't just to discriminate against or harass Christians. Taro, do you know about the Shimabara Rebellion?

**Taro**: I learned about it in Japanese history class. Christian people led by Amakusa Shirou fought against the army dispatched by the Edo shogunate.

**Prof.**: Yes, and this fight was extremely fierce and rigorous. It is said that the Edo shogunate sent over 100,000 people to suppress the Shimabara Rebellion. The people under Shimabara's dominion lost, and most of them were killed. As a result, this fight **is referred to as** the largest revolt that occurred in the Edo era.

**Hanako**: I see, so I understand that that's how the shogunate government banned Christianity. But both the Thirty Years' War and the Shimabara Rebellion are linked with Christianity, right? I think Buddhism is more peaceful, so I can't imagine it being associated with anything so violent.

**Prof.**: Hanako, do you know about 'Ikko Ikki,' the uprising of the Ikko sect followers?

# 日本人と宗教 ①

太郎：お寺がコミュニティ・センターのようになったら、もう全く宗教という感じはしないね。

花子：そうすると、日本人だけ無宗教でいいのかしら？

教授：信仰を持つことが、必ずしもいい結果に相当するわけではないよ。さっき話した三十年戦争の話を思い出してごらん。

太郎：キリスト教徒同士で 30 年も戦ったんでしたよね。

教授：その通り。それに、江戸幕府がキリスト教を日本から撲滅するために「寺檀制度」を作ったのも、単なるキリスト教徒への差別や嫌がらせのためではないんだ。太郎は島原の乱を知っているかな？

太郎：日本史の授業で習いました。天草四郎に率いられたキリスト教徒が、江戸幕府の派遣した軍隊と戦ったんですね。

教授：そうだ。戦いは極めて激しく厳しいものだった。島原の乱を鎮圧するために江戸幕府が派遣した軍勢は 10 万人以上と言われている。島原領の民は敗れて、ほとんど殺されてしまった。そのため、この戦いは江戸時代に起きた最大の反乱とも言われているんだ。

花子：それで幕府はキリスト教を禁じたんですね。でも、三十年戦争や島原の乱はキリスト教のことでしょう。仏教はもっと平和的だと思うから、そんな暴力的なものと結びつけてイメージすることはできないんですけど。

教授：花子は、一向宗の信者による一揆、「一向一揆」を知っているかな？

Chapter 5 宗教と歴史 (Religion and History)

▌熟語・慣用句（表現）

is it ok that...　…で良いですか

be referred to as　〜と呼ばれる、〜と言われる

🔊 0851 - 0861

---

0851 ☐ ☐ ☐

### equate [ɪkwéɪt]

自 相当する、等しい

In many capitalist countries, wealth equates to happiness.

多くの資本主義の国々では富は幸福に等しい。

---

0852 ☐ ☐ ☐

### eradicate [ɪrǽdəkèɪt]

他 撲滅する、根絶する

Our mission is to eradicate all poverty.

私たちの使命はすべての貧困を根絶することだ。

---

0853 ☐ ☐ ☐

### harass [hərǽs]

他 嫌がらせする

The officers who harassed the teenager were suspended.

十代の若者に嫌がらせをした警官たちは停職処分を受けた。

---

0854 ☐ ☐ ☐

### rebellion [rɪbéljən]

名 乱、反乱

The government moved quickly to suppress the rebellion.

政府は反乱を鎮圧するために迅速に行動した。

---

0855 ☐ ☐ ☐

### dispatch [dɪspǽtʃ]

他 派遣する

The US is preparing to dispatch 10,000 troops to the region.

アメリカはこの地域に 10,000 人の部隊を派遣する準備をしている。

---

0856 ☐ ☐ ☐

### fierce [fɪərs]

形 激しい

Fierce opposition stopped the army from advancing.

激しい抵抗が軍隊の進軍を阻止した。

---

0857 ☐ ☐ ☐

### rigorous [rígərəs]

形 厳しい、厳格な

Rigorous safety tests are in place in the aviation industry.

航空業界では厳格な安全テストが行われている。

---

0858 ☐ ☐ ☐

### dominion [dəmínjən]

名 領（土）

He extended his dominion after becoming King of France.

フランスの国王になった後で彼は領土を拡大させた。

---

# 日本人と宗教 ①

0859 ☐☐☐

**revolt** [rɪvóʊlt]

Leaders of the revolt were captured and then executed.

名 反乱

反乱の指導者が捕らえられ、その後処刑された。

0860 ☐☐☐

**ban** [bǽn]

Smoking has now been banned in most public places.

他 禁じる、禁止する

喫煙は今ではほとんどの公共の場で禁止されている。

0861 ☐☐☐

**link** [líŋk]

The new tunnel linked the western and eastern regions.

他 結びつける、つなげる

新しいトンネルが西部地域と東部地域をつなげた。

---

**▌文法・構文**

● If temples become more like community centers, they're not going to seem related to religion at all anymore.（お寺がコミュニティ・センターのようになったら、もう全く宗教という感じはしないね。）

■ seemはseem to do「～するように見られる」だけでなくseem C「Cであるように見える」という使い方もあります。

● Having faith doesn't always equate to positive results all the time.（信仰を持つことが、必ずしもいい結果に相当するわけではないよ。）

■ doesn'tはalwaysとall the timeの両方にかかっています。本来はnot alwaysだけで「いつも～とは限らない」という意味になりますがそれに強調の気持ちが入ってall the timeが続いています。

● I think Buddhism is more peaceful, so I can't imagine it being associated with anything so violent.（仏教はもっと平和的だと思うから、そんな暴力的なものと結びつけてイメージすることはできないんですけど。）

■ この文で it は目的格であり、動名詞 being の意味上の主語となっています。it（それが）being associated...（結びついていること）を想像できない（imagine）ということです。

# Japanese People and Religion ②

**Hanako**: Yes, it was a large-scale uprising that occurred in the civil war era.

**Prof.**: Did you know that the people who led this uprising were monks of the Jodo-shin sect?

**Hanako**: What? Monks? Not samurai or peasants?

**Prof.**: That's right. Ikko Ikki was suppressed by Nobunaga Oda in the end, but **up until then**, they exercised a level of violence and fierceness that would have even **put warlords to shame**. As one example, they overthrew the provincial military governor of the Kaga province. Not all monks are peaceful and calm people.

**Hanako**: But, that's going back to the civil war era, right? I don't think that has anything to do with the peaceful times we are in now.

**Prof.**: Well, **not exactly**. The relationship between Buddhism and war has continued even **up until now**. During the times of the Pacific War in Japan, the ideology of the 'imperial-state Zen' became extremely popular. This ideology was about being able to reach a state of perfect selflessness by giving your life to the country and its government.

**Taro**: Buddhism is supposed to promote the non-harming of any living thing, so it sounds very contradictory to know that the Buddhist establishment was cooperating in the war.

**Prof.**: Yes, that's correct, Taro. So, it's extremely important for us to remember that there is a danger for religions, including Buddhism and Christianity, to move people's hearts toward war.

# 日本人と宗教 ②

花子：はい、戦国時代に起きた大規模な一揆のことですね。

教授：この一揆を率いたのは、浄土真宗の僧侶たちだったんだ。

花子：えっ、お坊さんが？　武士や農民じゃなくて？

教授：そうなんだ。一向一揆は最終的には織田信長によって鎮圧させられたが、それまでに、戦国大名も顔負け（恥じ入るほど）の暴力と荒々しさを発揮していた。例えば、加賀の国の守護大名を打倒したりしていたんだ。仏教徒といっても、平和的で穏やかな人たちばかりではないんだよ。

花子：でもそれは戦国時代にさかのぼった話でしょう？　現代の平和な世の中とは無関係な気がしますけど。

教授：いや、そういうわけでもない。仏教と戦争のかかわりは現代に至ってもまだ続いているんだ。太平洋戦争の頃の日本では、「皇国禅」の思想が大流行したんだ。その思想は、国と政府に命を投げ出すことによって、禅の無我の境地に至れるとするものだった。

太郎：仏教は、どんな生き物にも危害を加えないよう奨励するはずだから、仏教の組織が戦争に協力するなんて、すごく矛盾しているようですね。

教授：そうだね。太郎の言う通りだ。それだから、仏教やキリスト教も含めて、宗教は容易に人々の心を戦争に向かわせてしまう危険性があることを覚えておくことが極めて大切だね。

▌熟語・慣用句（表現）

up until then　それまで　／　put someone to shame　（人に）恥をかかせる
not exactly　全くその通りというわけではない
up until now　今に至るまで

🔊 0862 - 0871

0862 ☐☐☐

**uprising** [ʌ́pràɪzɪŋ]　　　　名 一揆、蜂起

The pro-democracy uprising was gaining momentum.

民主化を求める蜂起は勢いを増していた。

0863 ☐☐☐

**sect** [sékt]　　　　名 宗派、教派

The religious sect draws on a range of ideologies.

その宗教の教派は様々なイデオロギーに頼っている。

0864 ☐☐☐

**peasant** [péznt]　　　　名 農民

Peasants lived in poverty and were reliant on their harvest.

農民は貧困の中で暮らしていて自分たちの収穫が頼みだった。

0865 ☐☐☐

**fierceness** [fíərsnəs]　　　　名 荒々しさ、激しさ

The fierceness of the defense surprised the general.

防衛の激しさにその将軍は驚いた。

0866 ☐☐☐

**shame** [ʃéɪm]　　　　名 恥

He was put to shame after the embarrassing revelations.

みっともないことが発覚して彼は恥をかいた。

0867 ☐☐☐

**overthrow** [òʊvərθróʊ]　　　　他 打倒する

The coalition forces managed to overthrow the dictatorship.

連合軍は何とかその独裁国家を打倒した。

0868 ☐☐☐

**province** [prɑ́:vɪns]　　　　名 国、州

The new airport has improved access to the province.

新しい空港によってその州へのアクセスが改善した。

0869 ☐☐☐

**promote** [prəmóʊt]　　　　他 奨励する、推進する

The organization has to commit to promoting gender equality.

その組織は男女平等を推進するために尽力しなければならない。

# 日本人と宗教 ②

0870 ☐ ☐ ☐

**contradictory** [kɑ̀:ntrədíktəri] ［形］ 矛盾した

Contradictory advice from the agency was causing confusion.

その政府機関が出した矛盾したアドバイスが混乱を引き起こしていた。

0871 ☐ ☐ ☐

**cooperate** [koʊɑ́:pərèɪt] ［自］ 協力する

He decided to fully cooperate with the investigation.

彼は捜査に全面的に協力することにした。

## ▌ 文法・構文

● Ikko Ikki was suppressed by Nobunaga Oda in the end, but up until then, they exercised a level of violence and fierceness that would have even put warlords to shame.（一向一揆は最終的には織田信長によって鎮圧させられたが、それまでに、戦国大名も顔負け（恥じ入るほど）の暴力と荒々しさを発揮していた。）

■ このwould haveは過去の推量（～だったのだろう）です。この形を使えるようになるのは難しいかもしれませんが少なくとも読めるようになっておきたい項目です。

● So, it's extremely important for us to remember that there is a danger for religions, including Buddhism and Christianity, to move people's hearts towards war.（それだから、仏教やキリスト教も含めて、宗教は容易に人々の心を戦争に向かわせてしまう危険性があることを覚えておくことが極めて大切だね。）

■ that there is a danger <for religions, [including Buddhism and Christianity]>, to move people's hearts towards warという構造です。religionsがto moveの意味上の主語であることが読み取れたでしょうか。

# Japanese People and Religion ③

◀)) 75

**Hanako**: I wonder whether it's actually better not to have any religion at all…

**Taro**: I'm really glad that I don't believe in any particular religion.

**Prof.**: You said this before too Hanako, but could you actually say that you're not **religious** at all? Don't you go to Hatsumode to say the first **prayers** of the year?

**Hanako**: Well I do, but, **it doesn't mean that** I have faith or believe in Shintoism.

**Prof.**: You also don't think that you're a Buddhist, but you go to the family graves around the week of the **equinox** and Obon festival, right?

**Hanako**: Yes, I do.

**Prof.**: So, I don't think that it's exactly **accurate** when people say that most Japanese people aren't religious. Many Japanese don't believe that when people die, they are reduced to nothing. This is why, like you, people think of and **cherish** their **ancestors**.

**Hanako**: Hmm… I suppose **now that you say that**, I do find myself vaguely wondering whether there is a God now and again.

**Prof.**: I think it's **quite** religious to think that there is life after death or to feel in **awe** of nature, even if there are no clear **doctrines** like there are in Christianity. This attitude may seem 'loose' or **vague**, which I think has the advantage of preventing our beliefs from becoming too **rigid**.

# 日本人と宗教 ③

花子：宗教なんて持たないほうが本当はいいのかしら……。

太郎：僕は特にどの宗教も信じていなくてよかったよ。

教授：さっき花子も言っていたが、本当に信仰心を持っていないと言えるかな？
年初めの祈願に初詣に行くんじゃないの？

花子：それは行きますけど、神道を信仰しているということではないですね。

教授：仏教徒であるとも思ってないけれども、お彼岸やお盆の頃には一家のお墓
参りに行っているよね。

花子：そうですね。

教授：だから、私は、大多数の日本人は無宗教であると言うのは必ずしも正しい
とは思わない。多くの日本人は、人は死んだ後に無になる、とは思っていない。
それだから、君のように、ご先祖のことを思って大切にしているんだよ。

花子：う〜ん。そう言われてみれば、漠然とだけれど、神様っているのかなって
思ったりすることはありますね。

教授：キリスト教のように明確な教義を持っていなくても、死後に世界があると
思っていたり、自然に対する畏敬の念を感じたりすることは、かなり宗教的
なんじゃないかな。そうした態度は「いい加減」に見えたり、曖昧に映ることが
あるかもしれない。だがそこに、私たちの信仰が頑なになり過ぎるのを防いで
いるメリットがあるように、私は思うんだ。

▌熟語・慣用句（表現）

it doesn't mean that...　…というわけではない

now that you say that　そう言われてみれば

◀》 0872 - 0883

0872 □□□

**religious** [rɪlɪ́dʒəs]　　形 信仰心を持っている、信心深い

He used to be very religious and attended church every week.

彼は以前はとても信心深くて毎週教会に行っていた。

0873 □□□

**prayer** [préər]　　名 祈願、祈り

He would always say prayers before bed every night.

彼は毎晩寝る前に祈りを捧げたものだった。

0874 □□□

**equinox** [íːkwənàːks]　　名 お彼岸

The autumnal equinox is celebrated around the world.

秋分（秋のお彼岸）は世界中で祝われる。

0875 □□□

**accurate** [ǽkjərət]　　形 正しい、正確な

His account of the event was not entirely accurate.

その出来事に対する彼の説明は完全に正確というわけではなかった。

0876 □□□

**cherish** [tʃérɪʃ]　　他 大切にする

The people cherished their freedom after the war.

国民は戦争のあと、自由を大切にした。

0877 □□□

**ancestor** [ǽnsestər]　　名 先祖

Her ancestors had migrated to the States from Italy.

彼女の先祖はイタリアからアメリカに移住していた。

0878 □□□

**quite** [kwáɪt]　　副 かなり

It is quite difficult to make accurate market forecasts.

市場の動きを正確に予報することはかなり難しい。

0879 □□□

**awe** [ɔ́ː]　　名 畏敬

Many children feel awe and respect for their grandparents.

たくさんの子どもたちが祖父母に畏敬と尊敬の念を抱く。

# 日本人と宗教 ③

0880 ☐☐☐

**doctrine** [dá:ktrən]

His beliefs completely contradicted the Church's doctrine.

彼の信念は教会の教義と完全に矛盾していた。

0881 ☐☐☐

**loose** [lú:s]

He had a loose understanding of the problem.

形 いい加減な、大雑把な

彼はその問題を大雑把に理解していた。

0882 ☐☐☐

**vague** [véig]

Several clauses are too vague and need clarification.

形 曖昧な

いくつかの条項が曖昧すぎて、明確にする必要がある。

0883 ☐☐☐

**rigid** [rídʒid]

His rigid application of the rules was unpopular with staff.

形 頑なな、厳格な

彼はルールを厳格に適用し、それはスタッフには不評だった。

---

**文法・構文**

- I wonder whether it's actually better not to have any religion at all... （宗教なんて持たないほうが本当はいいのかしら……。）

■ to不定詞を否定するときは原則的にtoの前にnotやneverなどの否定語を置きます。時折to notやto neverといった語順も見かけますがあえて原則をやぶる必要性はありません。

- Hmm... I suppose now that you say that, I do find myself vaguely wondering whether there is a God now and again. （う〜ん。そう言われてみれば、漠然とだけれど、神様っているのかなって思ったりすることはありますね。）

■ このdoは助動詞で、「確かに」という意味を持ち、後ろに続く動詞を強調します。音声ではこのdoは強く発音されます。

■ find ... wondering は、find O C 「O が C であることに気づく」という表現で、C（補語）のところに現在分詞（wondering）が来ています。

宮崎哲弥著／筑摩書房

　仏教の基本教理でありながら、明確な定義が
定まっているとは言い難い「縁起」という概念。

　そんな縁起について、1920年頃から30年
頃までのおよそ10年にわたって繰り広げられ
た「第一次縁起論争」と1970年代後半から
80年代初頭に掛けておこなわれた「第二次縁
起論争」を柱に考察したのが本書である。

　二回おこなわれた論争のうち、より重要なの
は「第一次縁起論争」である。この第一次縁起
論争に参加したのは、木村泰賢、宇井伯寿、赤
沼智善、和辻哲郎という日本の仏教学を代表す
る4人の学者だ。

　従来、この第一次縁起論争は、「ゴータマ・ブッダは輪廻を説いた」と考え
る木村泰賢と、「ゴータマ・ブッダは輪廻を説かなかった」と考える和辻哲郎
の対立という構図で捉えられてきた。そして、木村が昭和5年に49歳の若さ
で没してしまったこともあり、論争は和辻の勝利という形で終結。その結果、
「ゴータマ・ブッダは輪廻を説かなかった」というのが日本の仏教学界におけ
る定説となったと言われてきた。

　だが、本書の著者である宮崎は、和辻が「ゴータマ・ブッダは輪廻を説かな
かった」と考えていたというのは誤解であると喝破する。和辻は、輪廻の存在
を認めていたのだ。

　さらに宮崎は、木村と和辻の仏教理解には、本質的な意味では対立点が無い
とも指摘をする。二人の思想の背景には、当時の思想界を席捲していた「大正
生命主義」という共通のバックボーンがあるというのだ。

「大正生命主義」とは、明治後期から日本の思想界に広まった思潮で、あらゆ
る現象の基底に「生命」という共通原理を見出そうとしたものである。ニー
チェやショーペンハウアーの思想をも取り込んだ大正生命主義は、日本独自の
哲学的成果と見做されることも多い、西田幾多郎の哲学にも影響を与えている
という。

だが、大正生命主義を含め、あらゆる現象の基底に、何らかの「実体」を見出そうとする思想は、仏教とは真逆の考え方である。なぜなら、仏教はその根本原理にあらゆる現象の「無常」を掲げ、常住の実体を否定するものだからである。

　宮崎は、そうした意味で、一見論争をしているように見えても、木村と和辻は実体論者という意味では同じ穴の狢であり、仏法の基本の理解を踏み外していると指摘する。だが、戦前の論争とはいえ、当時一流の仏教学者であった木村や和辻が仏教の基礎教理を誤解することなどありえるだろうか？

　宮崎は彼らが謬見に陥った理由を、知識人の言語に対する批判的意志の弱さに見る。言語とは無論、虚構に過ぎない。だが、私たちの社会は、そうした言語によって築かれた家族、国家、神といった概念を、あたかも実体のあるものであるかのように見做すことによって成り立っている。

　そうしたあらゆる実体視されたものに「無常」を突き付けるものこそ、仏教であると宮崎は語る。私たちは、言語なくして他者と共同生活をすることはできない。だが、言語は常に、概念を含むあらゆるものを実体化する傾向を持つ。であるならば、私たちは常にそうした言語の性質に自覚的であり、虚構を虚構と気づいている必要がある。

　戦前の論争という具体的な話題から説き起こされた本書は、「無常」という仏教の根本原理に切り込む、壮大な射程を持った作品となっている。

## 関連図書

- ●『仏教思想のゼロポイント』魚川祐司著／新潮社
  仏教の基本教理について、これ以上ないくらい明快に説いた解説書。『仏教論争』で取り上げられた木村と和辻の論争についても触れられている。

- ●『日本人はなぜ無宗教なのか』阿満利麿著／筑摩書房
  無宗教の人が多いと考えられがちな日本人だが、自然宗教（先祖や村の鎮守への敬虔な心）という形で信仰を持つことを指摘している。

- ●『一神教の誕生』加藤隆著／講談社
  日本人にはなじみの薄い、ユダヤ教とキリスト教について、その誕生から発展までを明晰に解説。両者の関係性がわかると、国際政治への理解も深まる。

# Chapter 6

# 科学と技術
## Science and Technology

いよいよ最後の Chapter です。ここでは、科学と技術をテーマとして取り上げます。cervical、symptom といったやや難しめの単語も登場しますが、ここまで本書を読み進めてきた皆さんなら大丈夫でしょう。

科学の分野は日進月歩です。そのため、日々新しい用語が生まれることになりますが、そうした中でも常に使用されるような基本的な科学用語があります。この Chapter では、そうした基本的な科学用語を英単語として多く収録したので、ぜひそれらの単語を覚え、これからの英語学習に活用してください。

また、ここでは、Chapter 3 で学んだメディアリテラシーの応用として、科学的リテラシーについて学びます。データに基づいて、客観的に物事を判断する科学的リテラシーを身につければ、デマやニセ医学といったものに騙されることもなくなるでしょう。

　人生には様々な出来事が起こるものです。そうした際に、情報の波に翻弄されず、正しい選択をするためにも、科学的リテラシーは欠かせないものなのです。

# Fake Science and Education ①

**Hanako**: I recenely read a really interesting book about science.

**Taro**: Oh really? What was it about?

**Hanako**: It **discussed** a really interesting experiment with water. First of all, they **prepared** two **empty** glass bottles and **filled** them both with water. On one of the bottles, they **stuck** a piece of paper with the words 'thank you' written on it, and they stuck a piece of paper with the word 'stupid' written on the other bottle, **so that** water can "see" the word.

**Taro**: Oh, I see, it's a book about science experiments. And then what happened?

**Hanako**: Then, they **poured** some water from each bottle into **separate** petri dishes to be frozen. What they found was that the water from the bottle with the words 'thank you' written on it formed beautiful crystals as it froze.

**Taro**: And what about the bottle with the word 'stupid' on it?

**Hanako**: **Apparently** that one didn't form beautiful crystals. It only contained **scattered** crystals.

**Taro**: Hmm… interesting. I wonder why that was.

**Hanako**: Apparently, this **phenomenon** occurred **as a result of** the 'wave **motions**' that each word has. It said that positive words like 'thank you' have good wave motions, so beautiful crystals can be formed.

# ニセ科学と教育 ①

花子：最近すごく面白い科学の本を読んだの。

太郎：へぇ、どんな本？

花子：水について、とても興味深い実験が論じられている本なのよ。まず、空の
　　　ガラスの瓶を２本用意して、そこに水を入れるの。片方の瓶には「ありがとう」
　　　という言葉の書かれた紙を貼り付けて、もう片方には「ばかやろう」という言
　　　葉の書かれた紙を貼り付けて、水がその言葉を「見る」ことができるようにす
　　　るの。

太郎：あぁ、それじゃあ、科学の実験についての本なんだね。それでどうなるの？

花子：それから、それぞれの瓶から水を少しずつ別々のシャーレに注いで凍らせ
　　　るの。わかったのは、「ありがとう」という言葉が書かれた瓶の方の水は、凍る
　　　ととても美しい結晶ができたということよ。

太郎：「ばかやろう」という言葉が書かれた瓶の方は？

花子：見たところ、そっちの方は、きれいな結晶ができなかったの。バラバラの
　　　結晶しかなかったんだって。

太郎：ふ〜ん、面白いね。なぜなんだろう？

花子：どうやら、そうした現象は、それぞれの言葉が持つ「波動」によって起こ
　　　るそうよ。「ありがとう」といった肯定的な言葉は良い波動を持っているから、
　　　美しい結晶ができるんですって。

▌**熟語・慣用句（表現）**

so that... …となるように

as a result of　〜の結果として

🔊 0884 - 0894

**0884** ☐☐☐

**discuss** [dɪskʌs]

他 論じる、議論する

Details of the appraisal process will be discussed tomorrow.

評価プロセスの詳細については明日議論される。

**0885** ☐☐☐

**prepare** [prɪpéər]

他 用意する

We will prepare all the documents for you to sign.

署名していただく全ての書類は私たちが用意するつもりだ。

**0886** ☐☐☐

**empty** [émpti]

形 空の、空いている

The house was empty after they moved to LA.

彼らがロサンゼルスに引っ越した後、その家は空き家になった。

**0887** ☐☐☐

**fill** [fɪl]

他 入れる、いっぱいにする

The room was filled with journalists from around the world.

その部屋は世界中のジャーナリストたちでいっぱいだった。

**0888** ☐☐☐

**stick** [stík]

他 貼り付ける

He stuck the meeting reminder note on his laptop.

彼は会議のリマインダーの付箋をノート型パソコンに貼り付けた。

**0889** ☐☐☐

**pour** [pɔ́ːr]

他 注ぐ、かける

He poured the sauce over the pasta and added chopped basil.

彼はパスタにソースをかけて刻んだバジルを添えた。

**0890** ☐☐☐

**separate** [sépərət]

形 別々の

Four separate diseases have been diagnosed in the favela.

貧民街で4つの別の病気が診断されている。

**0891** ☐☐☐

**apparently** [əpérəntli]

副 見たところ、どうやら

Apparently, she will join the team at the end of the month.

どうやら彼女は月末にチームに加わるようだ。

# ニセ科学と教育 ①

0892 ☐☐☐
## scattered [skǽtərd]

形 バラバラの、散発する

The forecast is for scattered thunderstorms early next week.

この予報は来週初めに散発する激しい雷雨に関するものだ。

0893 ☐☐☐
## phenomenon [fɪnáːmənàːn]

名 現象

Scientists developed theories to explain the phenomenon.

科学者たちはその現象を説明するために理論を展開した。

0894 ☐☐☐
## motion [móuʃən]

名 動き

The motion of cars and ships can make some people sick.

車や船の動きによって一部の人たちが気持ち悪くなることがある。

## ▌文法・構文

● On one of the bottles, they stuck a piece of paper with the words 'thank you' written on it, and... （片方の瓶には「ありがとう」という言葉の書かれた紙を貼り付けて、……）

■ with O C 「OがCの状態で」という表現です。Oがthe words 'thank you'でCがwritten on itです。

● What they found was that the water from the bottle with the words 'thank you' written on it formed beautiful crystals as it froze.（わかったのは、「ありがとう」という言葉が書かれた瓶の方の水は、凍るととても美しい結晶ができたということよ。）

■ 接続詞のasには色々な意味があります。ここでは「〜するときに、〜につれて」くらいの意味で用いられています。基本的には同時の、あるいは時間差がほとんどないような内容を並べるときに使われます。

**Taro**: Oh, I get it. Words like 'stupid' have bad wave motions, so that's why it didn't form beautiful crystals.

**Hanako**: That's right. So, I guess it's important for us to use nice, positive language.

**Prof.**: Hmm... I'm quite skeptical about that. I don't think that this theory about the shape of ice crystals changing as a result of the 'wave motions' coming from words contains any scientific merit.

**Taro**: Really?

**Prof.**: It's impossible for an inorganic substance like water to respond or react to words. Also, water doesn't have the ability to retain information.

**Hanako**: But, they conducted a proper experiment, and the result was that the water in the bottle with 'thank you' written on it produced beautiful crystals, and the water in the bottle with 'stupid' written on it produced scattered crystals...

**Prof.**: I guess that the person who was photographing this experiment assumed that the water in the bottle with 'thank you' written on it would produce beautiful crystals. So, they deliberately looked for crystals that were beautiful to photograph. It would have been the same case for the bottle with 'stupid' written on it, where they would have deliberately looked for scattered crystals to photograph.

# ニセ科学と教育 ②

太郎：へぇ、そういうことなのか。「ばかやろう」みたいな言葉は悪い波動を持っ
　　　ているから、きれいな結晶ができないんだ。

花子：その通り。だから、きれいな、いい言葉遣いをすることが大事なのかしら。

教授：さて……、私はそれにはかなり疑問があるね。言葉が発する「波動」によっ
　　　て氷の結晶の形が変わるという説に、科学的な価値は含まれていないよ。

太郎：そうなんですか？

教授：水のような無機物質が、言葉に応答したり反応したりすることはありえな
　　　いよ。それに、水には情報を記憶に留める力はないよ。

花子：でも、きちんとした実験を行って、その結果、「ありがとう」と書かれた瓶
　　　の水はきれいな結晶が生じて、「ばかやろう」と書かれた瓶の水はバラバラの結
　　　晶が生じたって……。

教授：それはおそらく、この実験の撮影をしていた者が「ありがとう」と書かれ
　　　た瓶の水はきれいな結晶ができると思い込んだのだろう。だから、意図的に美
　　　しい結晶を探して撮影したんだ。「ばかやろう」と書かれた瓶の場合も同じで、
　　　意図的にバラバラの結晶を探して撮影したんだろう。

◀)) 0895-0905

0895 ☐☐☐
## crystal [krístl]
名 結晶

Salt crystals form as the salt water evaporates.

塩水が蒸発すると塩の結晶ができる。

0896 ☐☐☐
## skeptical [sképtɪkl]
形 疑問がある、懐疑的な

He was skeptical about the effectiveness of the plan.

彼はその計画の有効性について懐疑的だった。

0897 ☐☐☐
## theory [θí:əri]
名 説、理論

The theory is being tested in laboratory experiments.

その理論は研究室での実験で検証されている。

0898 ☐☐☐
## contain [kəntéɪn]
他 ～が含まれる

The think tank contains members from all parties.

そのシンクタンクには全ての関係団体のメンバーが含まれる。

0899 ☐☐☐
## inorganic [ɪnɔːrɡǽnɪk]
形 無機質の

The spring term starts with lectures on inorganic chemistry.

春学期は無機化学の講義で始まる。

0900 ☐☐☐
## substance [sʌ́bstəns]
名 物質

Steel is a substance that can withstand high temperatures.

鋼は高温に耐えることができる物質だ。

0901 ☐☐☐
## respond [rɪspáːnd]
自 応答する、対応する

After the allegations, he hired a PR team to respond.

そうした申し立ての後、彼は対応するために PR チームを雇った。

0902 ☐☐☐
## react [riǽkt]
自 反応する

Even after aggressive questioning, she did not react.

激しい尋問を受けても彼女は反応しなかった。

# ニセ科学と教育 ②

0903 ☐☐☐
## retain [rɪtéɪn]

He couldn't retain the allegiance of all party members.

他 記憶に留める、保持する

彼は党員全員の忠誠を保持できなかった。

0904 ☐☐☐
## proper [prɑ́:pər]

Proper preparation will ensure an effective presentation.

形 きちんとした、適切な

適切な準備をすれば確実に効果的なプレゼンテーションができる。

0905 ☐☐☐
## deliberately [dɪlíbərətli]

It was ruled that he had deliberately mislead the Queen.

副 意図的に、故意に

彼が女王を故意に誘導したという判決が下った。

---

**┃ 文法・構文**

● I guess that the person who was photographing this experiment assumed that the water in the bottle with 'thank you' written on it would produce beautiful crystals.（それはおそらく、この実験の撮影をしていた者が「ありがとう」と書かれた瓶の水はきれいな結晶ができると思い込んだのだろう。）

■ このwouldはwillが時制の一致（主節の動詞が過去形assumedであるため）を受けて過去形になったものです。

● It would have been the same case for the bottle with 'stupid' written on it, where they would have deliberately looked for scattered crystals to photograph.（「ばかやろう」と書かれた瓶の場合も同じで、意図的にバラバラの結晶を探して撮影したんだろう。）

■ このwould have...は単に「～したのだろう」という過去の推測です。

# Fake Science and Education ③

◀)) 78

**Taro**: Does that mean that this experiment is a sham?

**Prof.**: Well, I'm not sure whether we could call it a sham, but I can definitely say that it's an experiment with no scientific basis.

**Hanako**: Won't publishing a book with incorrect information like this be an issue?

**Prof.**: It's not an issue for a person to publish a book expressing their own opinions because it's important for people to have their own thoughts and beliefs, and the law also guarantees freedom of expression, too. But there are cases when books like these can cause a problem.

**Taro**: Like when?

**Prof.**: If a teacher at a school reads this book and they tell their students about the experiment like it was scientific truth, it would be a problem. Some students might believe that water crystals can change shape in response to words, and even if some students don't believe it, it would be difficult for them to oppose it publicly.

**Hanako**: What should they do?

**Prof.**: A guideline to say that teachers should avoid teaching their students anything that is not scientific is needed. Each teacher is free to believe the 'wave motions' that words have, but bringing this idea into the classroom should be strictly prohibited and penalized.

# ニセ科学と教育 ③

太郎：この実験はインチキということなんですか？

教授：まぁ、インチキと言えるかどうかはわからないが、科学的根拠のあるもの
　　　ではないということは断言できるよ。

花子：そんな間違った情報を記載した本を出版して問題にならないのかしら？

教授：個人が思想や信条を持つことは大切だし、自らの主張を表した本を出版す
　　　ることは問題ないよ。法律も表現の自由を保障しているからね。ただ、こうし
　　　た本が問題を引き起こすケースもあるんだ。

太郎：どんな場合ですか？

教授：学校の教員がこの本を読んで、生徒たちにその実験が科学的事実であるか
　　　のように伝えてしまった場合、問題になるね。言葉に反応して水の結晶は形が
　　　変わると信じてしまう生徒もいるかもしれないし、信じない生徒がいたとして
　　　も先生に表立って逆らうことは難しいだろう。

花子：どうすればいいのかしら？

教授：教員は非科学的なことを生徒に教えることを避けなければならない、とい
　　　うガイドラインが必要だ。教師個人が言葉の持つ「波動」を信じることは自由
　　　だが、その考えを教室に持ち込むことは、厳しく禁じ、罰せられるべきだね。

# Fake Science and Education ③

0906 ☐ ☐ ☐

**experiment** [ɪkspérəmənt]　　名 実験

The researchers conducted a series of experiments.

その研究者たちは一連の実験を行なった。

0907 ☐ ☐ ☐

**sham** [ʃǽm]　　名 インチキ、見せかけ

Their marriage had started to become a complete sham.

彼らの結婚は完全な見せかけになり始めていた。

0908 ☐ ☐ ☐

**basis** [béɪsɪs]　　名 根拠、基礎

The basis of a good friendship is trust and honesty.

友好関係の基礎は信頼と正直さだ。

0909 ☐ ☐ ☐

**guarantee** [gèrəntíː]　　他 保障する、保証する

The journalist guaranteed that his source was reputable.

そのジャーナリストは自分の情報源が信頼できるものであると保証した。

0910 ☐ ☐ ☐

**response** [rɪspáːns]　　名 反応、対応

The product was recalled in response to safety fears.

その製品は安全性への懸念の対応としてリコールされた。

0911 ☐ ☐ ☐

**publicly** [pʌ́blɪkli]　　副 表立って、公に

They publicly denied all knowledge of the bribe.

彼らは公に賄賂の認識を完全に否定した。

0912 ☐ ☐ ☐

**avoid** [əvɔ́ɪd]　　他 避ける

He wanted to avoid meeting his old boss at the conference.

彼は会議で昔の上司に会うのを避けたかった。

0913 ☐ ☐ ☐

**strictly** [stríktli]　　副 厳しく、完全に

The data collected in the survey is strictly confidential.

その調査で収集されたデータは完全に内密なものだ。

# ニセ科学と教育 ③

0914 □□□

## prohibit [prouhíbət]

他 禁じる、禁止する

Authorities have prohibited the dumping of household waste.

当局は家庭ごみの投棄を禁止している。

0915 □□□

## penalize [pí:nəlàɪz]

他 罰する

Police will penalize smokers with on-the-spot fines.

警察は即座に罰金を課して喫煙者を罰することになる。

---

### ┃ 文法・構文

- Won't publishing a book with incorrect information like this be an issue? （そんな間違った情報を記載した本を出版して問題にならないのかしら？）

- ■ Won't <publishing a book [with incorrect information like this]> be an issue? という構造で、<　>が主語です。その中で[　]がa bookを修飾しています。

- But there are cases when books like these can cause a problem. （ただ、こうした本が問題を引き起こすケースもあるんだ。）

- ■ caseは関係副詞whenを従えることができます。このwhenはin whichで言い換えることもできます。

- Some students might believe that water crystals can change shape in response to words, and... （言葉に反応して水の結晶は形が変わると信じてしまう生徒もいるかもしれないし、……）

- ■ mightは「～かもしれない」という意味で、現代英語ではmayよりも日常的に使われます。とくに「確信度が低い」ということはないので注意してください。

- A guideline to say that teachers should avoid teaching their students anything that is not scientific is needed. （教員は非科学的なことを生徒に教えることを避けなければならない、というガイドラインが必要だ。）

- ■ 「～することを避ける」と言うとき、avoidは目的語に動名詞を取ります。同じように動名詞を目的語に取る動詞としてはmind, enjoy, considerなどがあります。

- ■ 一つ目のthatは接続詞で「～ということ」という意味です。一方、二つ目のthatは関係代名詞でanythingを修飾しています。

79

**Hanako**: I saw on the news that Riko Muranaka, a doctor and a journalist, won the John Maddox **Prize**.

**Taro**: John Maddox Prize? I know about the Nobel Prize, but I've never heard of that one.

**Prof.**: John Maddox is the name of a person who was the **chief** editor of the **world-renowned** science **journal** called 'Nature' for many years. This prize is **awarded** to people who **spread** science for public **benefit**.

**Taro**: What did she achieve to win this prize?

**Prof.**: To understand her **achievements**, you'll first have to understand an illness called **cervical** cancer. Have you heard of this illness before, Taro?

**Taro**: No, I haven't.

**Prof.**: Cervical cancer is a cancer which only occurs in women, and in Japan alone, over 10,000 people are affected by it each year. **In addition**, approximately 3,000 people die every year as a result of this cancer, and the number of **patients** and deaths have been **on the increase** recently.

**Hanako**: That's frightening.

**Prof.**: Yes, I agree. But, a **vaccine** to **prevent** this cancer has been developed.

# 子宮頸がんとワクチン ①

花子：医師でジャーナリストの村中璃子さんが、ジョン・マドックス賞を受賞したとニュースで見たわ。

太郎：ジョン・マドックス賞？　ノーベル賞なら知っているけど、そんな賞知らないなぁ。

教授：ジョン・マドックスというのは、世界的に有名な科学雑誌『ネイチャー』の編集長を長年務めた人の名前だよ。この賞は、公共の利益のために科学を世に広めた人物に授与されるものなんだ。

太郎：彼女は、どんなことを成し遂げて、その賞を受賞したの？

教授：彼女の業績を理解するためには、まず子宮頸がんという病気について理解する必要があるね。太郎は、この病気のことを聞いたことがあるかな？

太郎：いいえ、聞いたことありません。

教授：子宮頸がんは、女性がかかるがんで、日本だけでも、年間約 1 万人が罹患（りかん）している。さらに、このがんによって毎年約 3 千人が死亡していて、患者数、死亡者数とも近年増加傾向にあるんだ。

花子：それは怖いですね。

教授：そうだね。ただ、このがんを予防するワクチンが開発されているんだ。

▌熟語・慣用句（表現）

in addition　加えて
on the increase　増加傾向で

# Cervical Cancer and Vaccines ①

0916 ☐☐☐
**prize** [práɪz]

名 賞

Cash prizes were awarded to loyal customers.

ひいきの客に賞金が授与された。

0917 ☐☐☐
**chief** [tʃíːf]

形 長官の、首席の

The CEO's chief advisors warned against such a position.

CEO の首席顧問たちはそのような立場を取らないように警告した。

0918 ☐☐☐
**world-renowned** [wə́ːrldrɪnáʊnd]

形 世界的に有名な

A world-renowned architect has won the skyscraper contract.

世界的に有名な建築家が超高層ビルの契約を獲得した。

0919 ☐☐☐
**journal** [dʒə́ːrnl]

名 (学術) 雑誌

The psychology journal is available in most libraries.

その心理学の学術雑誌はほとんどの図書館で利用できる。

0920 ☐☐☐
**award** [əwɔ́ːrd]

他 授与する

The organization will award a range of academic prizes.

その組織は様々な学術賞を授与する予定だ。

0921 ☐☐☐
**spread** [spréd]

他 広める

He was fired for spreading false information to coworkers.

彼は同僚たちに間違った情報を広めたことで解雇された。

0922 ☐☐☐
**benefit** [bénəfɪt]

名 利益

Actions taken now are for the benefit of future generations.

現在取られている措置は将来の世代の利益のためだ。

0923 ☐☐☐
**achievement** [ətʃíːvmənt]

名 業績

Her achievements in e-commerce are widely recognized.

電子商取引における彼女の業績は広く認識されている。

# 子宮頸がんとワクチン ①

0924 ☐☐☐
## cervical [sə́ːrvɪkl]

It's vital for women to get cervical smear tests every year.

形 子宮頸部の

女性が子宮頸部塗抹検査を毎年受けることは非常に重要だ。

0925 ☐☐☐
## patient [péɪʃənt]

The patients complained about the hygiene standards.

名 患者

その患者は衛生基準について不満を述べた。

0926 ☐☐☐
## vaccine [væksíːn]

All children must receive the vaccine before the age of six.

名 ワクチン

全ての子供は6歳になる前にそのワクチンを接種する必要がある。

0927 ☐☐☐
## prevent [prɪvént]

Education may be the best way to prevent teenage pregnancy.

他 予防する、防ぐ

教育が10代の妊娠を防ぐための最善の方法だ。

---

**▌文法・構文**

● John Maddox Prize? I know about the Nobel Prize, but I've never heard of that one.（ジョン・マドックス賞？　ノーベル賞なら知っているけど、そんな賞知らないなぁ。）

■ that oneと言うとき、話し手は通常その対象について距離を感じています。一方、距離が近い場合はthis oneを用います。

● But, a vaccine to prevent this cancer has been developed.（ただ、このがんを予防するワクチンが開発されているんだ。）

■ 現在完了が用いられています。いくつか用法がありますがここでは「～されてきている」という継続の意味でとらえるのが妥当です。

# Cervical Cancer and Vaccines ②

◀)) 80

**Prof.**: **In most cases**, cervical cancer occurs as a result of being infected with a virus called the human papillomavirus, HPV **in short**. The HPV vaccine **aims to** prevent people from being infected by HPV so that precancerous lesions and cervical cancer do not form.

**Hanako**: So, if you're vaccinated against HPV, you won't get cervical cancer?

**Prof.**: It is thought that 60–70% of cervical cancers can be prevented by getting the HPV vaccine.

**Taro**: I see. So, everyone should be vaccinated.

**Prof.**: The Ministry of Health also thought this, and they started periodical inoculation in April of 2013. However, they received accusations against the vaccine having side effects, so after only 2 months, they withdrew the recommendation to be vaccinated. As a result of this, the vaccination rate for HPV fell from 70% to 1%.

**Taro**: 1%!? That means that most people now aren't vaccinated, right?

**Prof.**: Riko Muranaka was unhappy with this situation, so for many years, she continued to appeal that the inoculation against HPV should be actively encouraged through the vaccine. This effort was recognized, and that is how she won the John Maddox Prize.

# 子宮頸がんとワクチン ②

教授：多くの場合、子宮頸がんは、ヒトパピローマウイルス、略して HPV という ウイルスの感染が原因となって起こるんだ。HPV ワクチンは、HPV の感染を 予防して、前がん病変や頸がんを発生させないようにすることが狙いだ。

花子：HPV に対抗するワクチンを打っておけば、子宮頸がんにならないんです か？

教授：HPV ワクチンを接種することによって、子宮頸がんの約 6 〜 7 割を予防で きると考えられている。

太郎：そうなんですか。じゃあ、皆、ワクチンを接種したほうがいいね。

教授：厚生労働省もそう考えて、2013 年 4 月から定期接種を始めた。だが、ワ クチンには副反応があるという訴えを受けて、わずか 2 カ月後に接種勧奨を撤 回したんだ。その結果、HPV ワクチンの接種率は 70％から 1％に激減してし まったんだ。

太郎：1％！？　じゃあ、今ではほとんどの人がワクチンを接種していないという ことですね。

教授：村中璃子さんはこうした現状を憂いて、長年、ワクチンによる HPV に対す る予防接種を積極的に勧めるべきであると訴え続けた。その努力が認められて、 ジョン・マドックス賞を受賞したんだよ。

▌熟語・慣用句（表現）

in most cases　多くの場合　／　in short　簡単に言えば、略して
aim to *do*　〜することを狙う

🔊) 0928 - 0939

0928 ☐ ☐ ☐

**infect** [ɪnfékt]

他 感染させる

The drug ensured that the virus could not infect new cells.

その薬によってウイルスが新しい細胞に感染できないようになった。

0929 ☐ ☐ ☐

**virus** [váɪrəs]

名 ウイルス

The virus can be passed on through any form of contact.

そのウイルスはどのような形態の接触でも伝染する可能性がある。

0930 ☐ ☐ ☐

**precancerous** [pri:kǽnsərəs]

形 前がんの

The vaccines prevented precancerous cell growths.

それらのワクチンは前がん細胞の増殖を防いだ。

0931 ☐ ☐ ☐

**lesion** [líːʒən]

名 病変

The MRI scan revealed a large brain lesion.

MRI スキャンによって大きな脳病変が明らかになった。

0932 ☐ ☐ ☐

**vaccinate** [vǽksənèɪt]

他 ワクチンを打つ、予防接種する

Doctors started to vaccinate all children against measles.

医師たちは全ての子どもにはしかの予防接種をし始めた。

0933 ☐ ☐ ☐

**ministry** [mínəstri]

名 省

The ministry of education will propose several new reforms.

教育省はいくつかの新しい改革を提案するだろう。

0934 ☐ ☐ ☐

**periodical** [pìəriɑ́ːdɪkl]

形 定期的な

He made periodical visits to his chiropractor.

彼は定期的にカイロプラクターの施術を受けた。

0935 ☐ ☐ ☐

**inoculation** [ɪnɑ̀ːkjəléɪʃən]

名 接種

Routine inoculation of all children is required.

全ての子どもの定期的な接種が必要だ。

# 子宮頸がんとワクチン ②

0936 ☐☐☐

## accusation [æ̀kjəzéɪʃən]

Accusations were made of inappropriate use of medical data.

名 訴え、告発

医療データの不適切な使用が告発された。

0937 ☐☐☐

## withdraw [wɪðdrɔ́ː]

The firm withdrew their sponsorship after allegations.

他 撤回する、撤退する

その会社は申し立ての後にスポンサーから撤退した。

0938 ☐☐☐

## encourage [ɪnkə́ːrɪdʒ]

The campaign tried to encourage people to exercise more.

他 勧める、奨励する

そのキャンペーンは人々がもっと運動することを奨励しようとした。

0939 ☐☐☐

## recognize [rékəgnàɪz]

He is recognized as a leading expert on nuclear technology.

他 認める

彼は核技術の第一人者として認められている。

**Chapter 6 科学と技術 (Science and Technology)**

## ▮ 文法・構文

● The Ministry of Health also thought this, and they started periodical inoculation in April of 2013.（厚生労働省もそう考えて、2013年4月から定期接種を始めた。）

■ thinkは「〜のことを考える」と言うとき、代名詞を直接目的語に取ることがあります。普通の名詞を直接目的語に取ることは非常にまれです。

● ...they received accusations against the vaccine having side effects, so after only 2 months, they withdrew the recommendation to be vaccinated.（……ワクチンには副反応があるという訴えを受けて、わずか2カ月後に接種勧奨を撤回したんだ。）

■ the vaccine が having side effects の意味上の主語になっており、全体として「ワクチンが副作用を持っていること」という意味であることが一読してわかればこの文法項目は定着していると考えられます。

**Hanako**: I see. The HPV vaccine was **no longer** recommended because of the side effects... Does this mean that the vaccine is unsafe?

**Prof.**: Well, no. The World Health Organization have concluded that the HPV vaccine is very safe. In addition, many developed countries are encouraging people to be vaccinated with the HPV vaccine.

**Hanako**: Are the people complaining about the side effects lying then?

**Prof.**: No, they're not lying. Many of these people have developed conditions **such as** chronic pain triggered by the pain endured when getting the vaccination. This is a refractory symptom called functional somatic syndrome.

**Taro**: So, the risk of being vaccinated isn't 0.

**Prof.**: That's right. **To be specific**, it is thought that there are approximately 1 in 8.6 million cases where heavy side effects such as Complex Regional Pain Syndrome, **shortly called** as CPRS, can occur. On the other hand, however, this vaccine could prevent cancer. So, it's important for us to consider the advantages and disadvantages of vaccines and decide for ourselves whether we will be vaccinated or not.

# 子宮頸がんとワクチン ③

花子：なるほど。副反応があるために、HPV ワクチンはもう推奨されていなかったんですね。ということは、HPV ワクチンは危険なんですか？

教授：いや、そうではない。世界保健機関（WHO）は、HPV ワクチンは極めて安全であると結論付けているよ。それに、多くの先進国では、HPV ワクチンを接種するように勧めているんだ。

花子：それじゃあ、副反応があると言っている人たちは嘘をついているということですか？

教授：いや、彼らは嘘をついているわけではないんだ。彼らの多くは、HPV ワクチン接種時に耐えた痛みが引き金となって、慢性疼痛などの症状を起こしている。これらは機能性身体症状と呼ばれる、難治性の症状だ。

太郎：すると、ワクチン接種のリスクは、ゼロではないんですね。

教授：そうだ。具体的には、約 860 万のケースに 1 回の頻度で、複合性局所疼痛症候群、略称 CRPS、という重い副反応が起こると考えられている。だが、その一方で、このワクチンはがんを予防できる。したがって、私たちはワクチン接種の長所と短所をよく検討して、自分で接種するかどうかを決めることが大切だ。

▌熟語・慣用句（表現）

no longer　もはや〜でない　／　such as　〜など

to be specific　具体的に言うと　／　shortly called　略称されて

# Cervical Cancer and Vaccines ③

◀)) 0940 - 0950

0940 ☐ ☐ ☐

**recommend** [rèkəménd]　　　　他 推奨する、薦める

She recommended her own doctor who was a spine specialist.

彼女は脊椎の専門家である自分の医師を薦めた。

0941 ☐ ☐ ☐

**conclude** [kənklúːd]　　　　他 結論付ける

The scientists concluded that further research was needed.

科学者たちはさらなる研究が必要だと結論付けた。

0942 ☐ ☐ ☐

**chronic** [kráːnɪk]　　　　形 慢性の

Risk of chronic diseases is reduced through a balanced diet.

バランスの取れた食事によって慢性疾患のリスクが軽減される。

0943 ☐ ☐ ☐

**trigger** [trígər]　　　　他 引き金となる、引き起こす

The invasion triggered a quick military response.

その侵略は即座に軍事的な対応を引き起こした。

0944 ☐ ☐ ☐

**endure** [ɪnd(j)úər]　　　　他 耐える

He endured constant suffering after the accident.

彼は事故後の絶え間ない苦痛に耐えた。

0945 ☐ ☐ ☐

**refractory** [rɪfrǽktəri]　　　　形 難治性の

Refractory headaches may be a serious side effect.

難治性頭痛は重大な副作用の可能性がある。

0946 ☐ ☐ ☐

**symptom** [símptəm]　　　　名 症状

Fever is one of the first symptoms of a lot of illnesses.

発熱は多くの病気の最初の症状の一つだ。

0947 ☐ ☐ ☐

**functional** [fʌŋkʃənl]　　　　形 機能性の

Functional heart disease runs in their family.

機能性心疾患が彼らの家系に遺伝している。

# 子宮頸がんとワクチン ③

0948 ☐☐☐

## somatic [səmǽtɪk]

形 身体の

Low energy and insomnia are somatic symptoms of stress.

元気のなさや不眠症はストレスの身体症状だ。

0949 ☐☐☐

## syndrome [síndroʊm]

名 症状、症候群

This kind of syndrome mainly affects men over 60.

この種の症候群には主に60歳以上の男性がかかる。

0950 ☐☐☐

## advantage [ədvǽntɪdʒ]

名 長所

The advantages must be weighed against the disadvantages.

長所は短所と比較して評価する必要がある。

## ▌文法・構文

● Are the people complaining about the side effects lying then?（それじゃあ、副反応があると言っている人たちは嘘をついているということですか？）

■ thenで最も馴染みがあるのは「その時」という意味かもしれませんが、このように「だとした場合」「そうすると」という意味で何かを前提にして続きの発言をするときにもよく用いられます。

● So, it's important for us to consider the advantages and disadvantages of vaccines and decide for ourselves whether we will be vaccinated or not.（したがって、私たちはワクチン接種の長所と短所をよく検討して、自分で接種するかどうかを決めることが大切だ。）

■ whether SV (or not)で「SがVするかどうか」という意味の名詞節です。or notの部分は省略可能です。この形は他にも「SがVするかどうかに関わらず」という譲歩の意味の副詞節になることもできます。

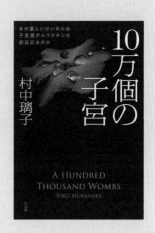

世界で毎年、27万人もの人が命を落としている子宮頸がん。けれども、今はこのがんを予防するワクチンが存在しており、近い将来、この病気によって亡くなる人は、ほとんどいなくなるのではないかと考えられている。

日本でも2013年4月、子宮頸がんワクチンが定期接種の対象となった。子宮頸がんの根絶に、一歩近づいたのである。ところが、わずか二カ月後の6月、ワクチンを接種した一部の人々からの「子宮頸がんワクチンには、深刻な副反応があるのでは？」との訴えを受け、政府は子宮頸がんワクチンの「積極的な接種勧奨の一時差し控え」を決定した。

子宮頸がんワクチンの副反応として引き起こされると一部の医師によって主張される疾病の一つに、HANS（子宮頸がんワクチン関連神経免疫異常症候群）がある。HANSとは、子宮頸がんワクチン接種によって狂わされた免疫系が引き起こす、脳の障害である。その症状は慢性通や精神症状、自律神経障害といった様々な範囲に及ぶが、発生機序を裏付ける科学的エビデンスは、現在のところ存在しない。

本書の著者の村中は、HANSを含む子宮頸がんワクチン接種の副反応と指摘される症状は、身体表現性障害ではないかと推測している。身体表現性障害とは、身体的な異常はないのに起きる、身体の症状のことである。

子宮頸がんワクチンの副反応として引き起こされると言われる症状は、一部の医師が主張するように、HANSが原因なのだろうか？　それとも、村中が主張するように、身体表現性障害なのだろうか？

ワクチンと疾患との因果関係を判断する基準に、白木4原則というものがある。元東京大学医学部長で、神経病理医の白木博次が作ったものだ。この4原則は、

① ワクチン接種と接種後の事故（疾病）が時間的・空間的に密接している

こと

② 疾病についてワクチン接種以外の原因が考えられないこと

③ 接種後の事故と後遺症（折れ曲がり）が原則として質量的に強烈であること

④ 事故発生のメカニズムが実験、病理、臨床などの観点から見て科学的、学問的に実証妥当性があること

から成り、この４条件が満たされることによって、はじめてワクチンと疾患との因果関係があると立証されることになる。そして村中は、様々な臨床データを見る限り、少なくとも現時点の HANS は４原則を満たしていないと結論する。

現在、日本のみならず、世界中の多くの国々で、反ワクチンの運動が展開されている。そして、その賛同者の中には、アメリカのトランプ大統領や、俳優のロバート・デ・ニーロなど、極めて強い影響力を持つ人々も含まれている。

日本でもかつて、様々な薬害事件があった。そのため、多くの人々が医学界に対して、多少なりとも不信感を抱いていることは否めない。また、どのような薬にも、副反応というものはある。副反応をゼロにすることはできない以上、私たちはワクチンの接種に対して、コストとベネフィットを十分に比較衡量した上で、その導入の可否を決めなければならない。

子宮頸がんワクチンの積極的接種勧奨が停止してから、丸６年の月日が流れた。積極的接種勧奨が再開する目処が立たない以上、ワクチンを接種するか否かの判断は、私たち一人一人の手に委ねられている。その判断を下す際に、本書は大いに参考になるだろう。

## ▌関連図書

● 『ワクチンは怖くない』岩田健太郎著／光文社
　「ワクチンとは何か」といった基本的な知識から、予防接種の利点と欠点の双方を詳しく解説。「結論ありき」ではない、バランスのとれた好著。

● 『水はなんにも知らないよ』左巻健男著／ディスカヴァー・トゥエンティワン
　波動水やマイナスイオン水などの「怪しい水ビジネス」を、科学的見地から一刀両断。教育現場に蔓延するニセ科学を憂える。

🔊 82

**Taro**: What are you reading?

**Hanako**: I'm reading a book written by Shinya Yamanaka, a Nobel prize winner. He's really amazing. He made a discovery that can help the medical world globally.

**Taro**: What did he achieve to win the Nobel prize?

**Hanako**: Shinya Yamanaka won the prize for being the first person in the world to create iPS cells.

**Taro**: What are iPS cells?

**Prof.**: The 'iPS' in iPS cells is an acronym for 'induced pluripotent stem' cells.

**Taro**: Why is the 'i' **lower case**? Is there a reason for this?

**Prof.**: Shinya Yamanaka wanted people around the world to become familiar with iPS cells, so he wanted to give it a name that people can learn easily. At the time, the company Apple had a very popular product called the 'iPod,' so he made the 'i' in iPS lower case so that it was similar to this. This plan worked for him, and the existence of iPS cells spread around the world in the blink of an eye.

**Taro**: I thought that people who win Nobel prizes would be serious, but **it sounds like** he has a good sense of humor.

# iPS細胞とは何か ①

太郎：何を読んでいるの？

花子：ノーベル賞受賞者の、山中伸弥先生の本よ。彼は本当にすごいわ。世界的に医学界の役に立つ発見をしたんだもの。

太郎：山中先生は、どんなことを成し遂げてノーベル賞を受賞したの？

花子：山中先生は、世界で初めて iPS 細胞を作り出したことによって、ノーベル賞を受賞したのよ。

太郎：iPS 細胞って、どんなものなの？

教授：iPS 細胞の「iPS」とは、induced pluripotent stem cells（人工多能性幹細胞）の頭文字から取ったものだ。

太郎：何で「i」は小文字なのかな。何か理由があるんですか。

教授：山中先生は、世界中の人に iPS 細胞を知って親しんでもらいたかったので、覚えやすい名前にしたかったんだ。当時、アップル社に「iPod」というとても流行っていた製品があったから、彼はそれに似せて、iPS の「i」を小文字にしたんだ。その作戦は功を奏して、瞬く間に iPS 細胞の存在は世界中に広まっていったんだ。

太郎：ノーベル賞を取る人は真面目かと思っていたけど、彼は優れたユーモア感覚の持ち主のようですね。

❚熟語・慣用句（表現）

lower case　小文字

it sounds like...　…のようだ、…みたいだ

# What iPS cells are ①

0951 ☐☐☐

**discovery** [dɪskʌ́vəri]

名 発見

The discovery of oil in the Arctic could lead to conflict.

北極で石油が発見されれば紛争につながるかもしれない。

0952 ☐☐☐

**medical** [médɪkl]

形 医学の、医療の

She wants to enter the medical profession after graduation.

彼女は卒業後は医療職に就きたいと思っている。

0953 ☐☐☐

**globally** [glóʊbli]

副 世界的に、世界中で

The new product range will be marketed globally.

新しい取扱商品が世界中の市場に出ることになっている。

0954 ☐☐☐

**achieve** [ətʃíːv]

他 成し遂げる、取る

Teachers must achieve a balance of praise and discipline.

教師は褒めることとしつけのバランスを取らなければならない。

0955 ☐☐☐

**cell** [sél]

名 細胞

The human body consists of trillions of cells.

人間の体は数兆個の細胞で構成される。

0956 ☐☐☐

**product** [prɑ́ːdəkt]

名 製品

The product is still in the development stage.

その製品はまだ開発段階だ。

0957 ☐☐☐

**similar** [símələr]

形 似ている、同様の

We have similar views on education policy.

私たちは教育の方針に関して同様の考え方を持っている。

0958 ☐☐☐

**blink** [blíŋk]

名 瞬き、瞬目

The blink reflex is a protective movement.

瞬目反射は防御運動だ。

# iPS細胞とは何か ①

0959 □□□

**humor** [hjúːmər]

名 ユーモア

His style of humor was very controversial. 彼独特のユーモアは非常に物議を醸した。

## ▎文法・構文

● Shinya Yamanaka won the prize for being the first person in the world to create iPS cells.（山中先生は、世界で初めてiPS細胞を作り出したことによって、ノーベル賞を受賞したのよ。）

■ このforは理由または原因を表す用法で、「～のことで／～が原因で」くらいの意味です。前置詞なので後ろには名詞もしくは動名詞が来るのが基本です。

■ ここでのto不定詞はthe first person in the worldを修飾する形容詞的用法です。the first ... to doで「初めて～する人」という意味です。

● Shinya Yamanaka wanted people around the world to become familiar with iPS cells, so he wanted to give it a name that people can learn easily.（山中先生は、世界中の人にiPS細胞を知って親しんでもらいたかったので、覚えやすい名前にしたかったんだ。）

■ このthatは関係代名詞で、直前のnameを修飾しています。もちろん、thatをwhichで置き換えることも可能です。

● ...he made the 'i' in iPS lower case so that it was similar to this.（……彼はそれに似せて、iPSの「i」を小文字にしたんだ。）

■ so that SVは「SVするように」（目的）と「その結果SV」（結果）の二つの意味があります。その区別は文脈で判断するしかありません。ここでは一つ目の意味で用いられています。

● This plan worked for him, and...（その作戦は功を奏して……）

■ ここでのforは「～にとって有利に、～にとって良い方向に」という肯定的な意味を表します。類例としてvote for「～に賛成票を投じる」があります。

Chapter 6 科学と技術 (Science and Technology)

# What iPS cells are ②

**Taro**: I understand that the lowercase 'i' in iPS came from the 'iPod,' but I still don't know what kind of cell this is.

**Prof.**: Taro, do you know what human bodies are made of?

**Taro**: Umm... oh, cells.

**Prof.**: That's right. Human bodies are composed of over 200 different types of cells. But all of these types of cells were originally formed from one particular cell, the fertilized egg. This cell differentiated into many other types of cells. One fertilized egg divides, multiplies, and eventually, the cells develop into different roles. **In the end**, they turn into 200 different types of cells.

**Taro**: I see.

**Prof.**: For example, if cells are given the role to be muscles, creating iPS cells can artificially reverse these cells back to a similar state as a fertilized egg where they didn't have a role. **To put it differently**, iPS cells refer to cells that have been 'formatted.'

**Taro**: When cells are 'formatted,' what can be done?

# iPS細胞とは何か ②

太郎：iPS細胞の「i」がiPodから取られたことはわかったけど、まだどんな細胞なんだかわからないや。

教授：太郎は人間の身体は、何からできているか知っているかい？

太郎：う～ん、あっ、細胞からですね。

教授：そう。人間の身体は、200以上の異なる種類の細胞から成っているんだ。ところが、これらの種類の細胞の全ては、もともと受精卵という一個の特定の細胞から生じたものだ。この細胞が、様々な種類の細胞に分化したんだ。たった一個の受精卵が分裂し、数を増やし、やがてその細胞が異なる役割を持つようになってゆくわけだ。最後には、200の異なる種類の細胞に変化するんだよ。

太郎：なるほど。

教授：例えば、筋肉になる役割を与えられている細胞があったら、iPS細胞を作ることで、そうした細胞を、役割がまだ決まっていない受精卵に近い状態に人工的に戻すことができるんだ。別の表現をするなら、iPS細胞とは、「初期化」された細胞と言うことができるだろう。

太郎：細胞を「初期化」すると、何ができるんですか？

▌熟語・慣用句（表現）

in the end　最後には

to put it differently　別の言い方をすると

# What iPS cells are ②

0960 ☐☐☐
### human [hjú:mən]
形 人間の

Ancient human remains were discovered at the site.

その遺跡で古代の人間の遺体が発見された。

0961 ☐☐☐
### compose [kəmpóuz]
他 成る、構成する

The team was composed of 2 managers and 4 assistants.

そのチームは2人のマネージャーと4人のアシスタントで構成されていた。

0962 ☐☐☐
### originally [ərídʒənəli]
副 もともと

I live in Vancouver, but I'm originally from Toronto.

私はバンクーバーに住んでいるがもともとはトロント出身だ。

0963 ☐☐☐
### fertilize [fə́:rtəlàɪz]
他 受精させる

Only one sperm is needed to fertilize an egg.

卵子を受精させるのに必要なのはたった一つの精子だ。

0964 ☐☐☐
### differentiate [dìfərénʃièɪt]
自 分化する

Stem cells can differentiate in their size and shape.

幹細胞は大きさや形の点で分化することができる。

0965 ☐☐☐
### divide [dɪváɪd]
自 分裂する、分割される

The treaty declared the country would divide into two zones.

その条約は当国が2つの区域に分割されるものだと宣言した。

0966 ☐☐☐
### multiply [mʌ́ltəplàɪ]
自 数を増やす、増殖する

Warm conditions help bacteria to multiply quickly.

暖かい環境はバクテリアが急速に増殖するのを促す。

0967 ☐☐☐
### role [róʊl]
名 役割

She had to perform a number of roles at the ceremony.

彼女はその式典で数多くの役割を果たさなければならなかった。

# iPS細胞とは何か ②

0968 ☐☐☐
## turn [tə́ːrn]
The regional conflict could turn into a global war.

自 変化する、なる

地域紛争が世界的な戦争になる可能性がある。

0969 ☐☐☐
## muscle [mʌ́sl]
She went to the doctor after experiencing muscle spasms.

名 筋肉

彼女は筋肉のけいれんが起きてから医師の診察を受けに行った。

0970 ☐☐☐
## artificially [àːrtəfíʃəli]
He was being kept alive artificially against family wishes.

副 人工的に

彼は家族の望みに反して人工的に生命を維持させられている。

0971 ☐☐☐
## reverse [rɪvə́ːrs]
New policies were meant to reverse economic decline.

他 戻す、挽回する

新しい政策は経済の衰退を挽回することを意図したものだった。

0972 ☐☐☐
## state [stéɪt]
Regular therapy sessions calmed her state of mind.

名 状態

定期的なセラピーセッションによって彼女の精神状態が落ち着いた。

0973 ☐☐☐
## format [fɔ́ːrmæt]
The disk needs to be formatted to the new operating system.

他 初期化する

そのディスクは新しいOSに初期化される必要がある。

Chapter 6 科学と技術 (Science and Technology)

## 文法・構文

- Taro, do you know what human bodies are made of? （太郎は人間の身体は、何からできているか知っているかい？）

■ what human bodies are made ofの箇所は間接疑問文です。このように動詞の目的語の位置に埋め込むと語順は疑問詞＋SVになります。

◀)) 84

**Prof.**: If cells can be 'formatted,' they can be differentiated again to be turned into a cell that is needed.

**Hanako**: I see. That's why iPS cells are considered to be a great contribution to the regenerative field of medicine, right?

**Prof.**: That's right. For example, let's say there is a patient suffering from an illness in their liver. If there's no medicine that can cure the illness, what can be done?

**Hanako**: Hmm... if it can't be cured with medicine, they'll probably need a transplant.

**Prof.**: You're right. Liver transplant surgeries are done in Japan too, but it doesn't mean that a liver for a transplant is available when one is needed. As a result, it's very common for people not to be able to undergo surgery even if they want to.

**Hanako**: And that's when iPS cells can **play their part**.

**Prof.**: That's right. Organs can be created by using iPS cells, and if these organs could be transplanted, **many more** patients could be saved. But at the moment, the process of making organs with iPS cells is still **being developed**, so it's not yet at the point where it can be used practically in the medical field. We can assume that research will certainly continue in this area.

# iPS細胞とは何か ③

**教授**：細胞を「初期化」することができれば、その細胞を再び分化させて、必要な細胞を作り出すことができるんだ。

**花子**：なるほど。だから、iPS 細胞は再生医療の分野に大きく貢献すると見なされているんですね。

**教授**：そうなんだ。例えば、肝臓を患っている患者がいたとしよう。その病を治すことのできる薬がない場合、どうしたらいい？

**花子**：う〜ん。薬で治せないのなら、移植かしら。

**教授**：そうだね。日本でも肝臓移植手術は行われているね。でも、必ずしも必要な時に移植可能な肝臓が手に入るわけではない。だから、手術をしたくてもできないことがよくある。

**花子**：そこで、iPS 細胞の出番になるわけですね。

**教授**：その通り。iPS 細胞から臓器を作り、それを移植することができれば、より多くの患者さんを助けることができるね。ただ今現在は、iPS 細胞から臓器を作り出す過程は発展途上で、まだ医療の場で実際に使用できる段階ではないんだ。この分野においては、これからも研究が確実に進んでいくと思っていいだろう。

▌熟語・慣用句（表現）
play one's part　役目を果たす　／　many more　より多くの
being developed　開発中で、発展途中で

🔊 0974 - 0984

0974 ☐☐☐

**contribution** [kà:ntrəbjúːʃən]　名 貢献

His contributions to the field have been outstanding.

彼のこの分野への貢献は傑出している。

0975 ☐☐☐

**regenerative** [rɪdʒénərətɪv]　形 再生の

She decided to focus her studies on regenerative processes.

彼女は自分の研究で再生過程に焦点を当てることにした。

0976 ☐☐☐

**medicine** [médəsn]　名 医療

Alternative medicine is growing in popularity in the west.

代替医療は西洋で人気が高まっている。

0977 ☐☐☐

**suffer** [sʌ́fər]　自 患う、さいなまれる

Many students suffer from anxiety before tests.

多くの生徒はテストの前に不安にさいなまれる。

0978 ☐☐☐

**liver** [lívər]　名 肝臓

Decades of alcohol abuse often leads to liver disease.

何十年も飲酒ばかりしていると多くの場合肝臓の病気につながる。

0979 ☐☐☐

**cure** [kjúər]　他 治す

The treatment plan completely cured him of the disease.

その治療計画は彼の病気を完全に治した。

0980 ☐☐☐

**transplant** [trǽnsplænt]　名 移植

He was second on the list to receive a kidney transplant.

彼は腎臓移植待ちリストの最初から二番目だった。

0981 ☐☐☐

**surgery** [sə́ːrdʒəri]　名 手術

The emergency surgery was performed at the local hospital.

その緊急手術は地元の病院で行われた。

# iPS細胞とは何か ③

0982 ☐☐☐
## organ [ɔ́ːrgən]

名 臓器

Many people today donate their organs after death.

今日では多くの人たちが死後に臓器を提供している。

0983 ☐☐☐
## process [prάːses]

名 過程

We need to make the process as simple as possible.

私たちは過程をできるだけシンプルにする必要がある。

0984 ☐☐☐
## practically [prǽktɪkəli]

副 実際に

Management will practically put these findings into action.

経営陣は実際にこれらの調査結果を行動につなげるだろう。

---

**文法・構文**

● ...but it doesn't mean that a liver for a transplant is available when one is needed. (……でも、必ずしも必要な時に移植可能な肝臓が手に入るわけではない。)

■ oneはa＋名詞の代わりに使います。ここではoneはa liverを指しています。

● As a result, it's very common for people not to be able to undergo surgery even if they want to. (だから、手術をしたくてもできないことがよくある。)

■ forによってpeopleがnot to be able to...の意味上の主語であることが示されています。また、to不定詞を否定の形にするには原則notをtoの前に入れるということも確認しておきましょう。

● ...it's not yet at the point where it can be used practically in the medical field. (……まだ医療の場で実際に使用できる段階ではないんだ。)

■ the point where SVで「SVする段階／時点」という意味です。このwhereは場所以外を修飾する関係副詞でin whichで書き換え可能です。

# Correctly Understanding Fukushima Using Scientific Data ①

🔊) 85

**Hanako**: It's already been over five years since the Great East Japan Earthquake and Tsunami. I wonder if the restoration of Fukushima is going well.

**Prof.**: I think the restoration is progressing steadily. However, we need to note that as this incident involved an accident of a nuclear power plant **as well as** natural disasters, there was so much conflicting information. Also, there was a lot of incorrect information being reported in the mass media **as well**, so it's an issue that even now has incorrect ideas diffused about Fukushima.

**Hanako**: What do you mean when you say incorrect ideas about Fukushima?

**Prof.**: At the time of the incident, some people decided to move away from Fukushima to other prefectures. Taro, what percentage of the Fukushima population at the time do you think are now living in other prefectures?

**Taro**: Hmm… A lot of people moved to other prefectures because they were scared of the radiation. But it's been over five years since the incident now, so I'm sure there are a lot of people who have returned too. So, maybe 20%?

**Prof.**: The correct answer is around 2.5% as of 2014.

**Taro**: What!? That's only about a tenth of what I thought!

**Prof.**: Reports in the media tend to focus on the people who have left the prefecture, so **it might seem like** there are more who didn't come back than there actually are.

# 科学的データを基に、福島を正しく理解する ①

花子：東日本大震災と津波から、もう5年以上経つのね。福島の復興は順調なのかしら？

教授：着実に復興が進んでいると思うね。ただ、この出来事は、自然災害のみならず、原子力発電所事故も含んでいたため、相反する情報がたくさん飛び交っていた面があることに注意が必要だ。また、多くの間違った情報がマスメディアで報道されたせいもあって、現在でも福島に関する間違った見解が流布してしまっているのが問題だ。

花子：福島についての間違った見解って、どんなことですか？

教授：震災当時、福島を離れて他県へ引っ越す決心をした人がいた。太郎は、その当時の福島の人口のどのくらいが、今現在、他県で暮らしていると思う？

太郎：ええと……、放射能が怖いから、たくさんの人が他県に引っ越したんですよね。でも、もう震災から5年以上経っているから戻ってきている人もたくさんいますよね。だから、二割かな？

教授：正解は、2014年の段階で約2.5％だ。

太郎：ええっ！　想像していた数字のほぼ10分の1だけだ。

教授：マスコミによる報道では、福島県を去った人に焦点を当てることが多いから、実際より戻ってきていない人が多くいるように見えてしまうんだろうね。

---

▌熟語・慣用句（表現）

as well as　〈A as well as B〉BのみならずAも
as well　その上　／　it might seem like...　…のように見えるかもしれない

## Correctly Understanding Fukushima Using Scientific Data ①

◀)) 0985 - 0994

0985 ☐☐☐

**progress** [prəgrés]

自 進む、進行する

Many interruptions ensured the meeting progressed slowly.

多くの中断によってその会議は進行が遅くなった。

0986 ☐☐☐

**incident** [ínsədənt]

名 出来事

The diplomatic incident created tension and mistrust.

その外交の出来事は緊張感と不信感を生み出した。

0987 ☐☐☐

**involve** [ɪnvá:lv]

他 含む

The new strategy will involve input from every department.

その新しい戦略は全ての部署からの意見を含むことになるだろう。

0988 ☐☐☐

**nuclear** [n(j)ú:kliər]

名 原子力

Division remains over the safety of nuclear power.

原子力の安全性をめぐる意見の分裂が残っている。

0989 ☐☐☐

**plant** [plǽnt]

名 （製造）所

A new power plant will be constructed in the north.

北部に新しい発電所が作られる。

0990 ☐☐☐

**disaster** [dɪzǽstər]

名 災害

The aviation disaster was the worst recorded in history.

その航空災害は記録されている中で史上最悪だった。

0991 ☐☐☐

**conflicting** [kɑːnflíktɪŋ]

形 相反する

There were conflicting reports in the media.

メディアでも相反する報告があった。

0992 ☐☐☐

**incorrect** [ɪnkərékt]

形 間違った、誤った

He based his findings on incorrect assumptions.

彼は誤った仮定に基づいて調査結果を作成した。

# 科学的データを基に、福島を正しく理解する ①

0993 ☐☐☐
## diffuse [dɪfjúːz]

📗 流布する、広まる

Across Europe, nationalist ideologies had diffused quickly.

ヨーロッパの至る所で、民族主義のイデオロギーがすぐに広まった。

0994 ☐☐☐
## focus [fóʊkəs]

📗 焦点を当てる、集中する

We need to focus first on the key issues.

私たちはまず主要な問題に集中する必要がある。

---

## ▎文法・構文

● ...there was a lot of incorrect information being reported in the mass media as well, so...（……多くの間違った情報がマスメディアで報道されたせいもあって、……）

■ being reported は、意味上は受け身の進行形です。There is X -ing.「〜しているXがある」という言い方があり、その ing の部分にはめこまれています。

● Taro, what percentage of the Fukushima population at the time do you think are now living in other prefectures?（太郎は、その当時の福島の人口のどのくらいが、今現在、他県で暮らしていると思う？）

■ Taro, what percentage of the Fukushima population (at the time) <do you think> are now living in other prefectures? という構造です。（　）はpopulation にかかり、<　>はwhat ... areという疑問文に挿入されています。

● That's only about a tenth of what I thought!（想像していた数字のほぼ10分の1だけだ。）

■ a tenth of は、a＋助数詞 ofで「〜分の一」を示す表現です。

■ whatは関係代名詞で「もの・こと」という意味です。なお、what I think/thought は「自分の考え」くらいの意味です。

● ...it might seem like there are more who didn't come back than there actually are.（……実際より戻ってきていない人が多くいるように見えてしまうんだろうね。）

■ 比較のthanの後ろに来ることができる要素は比較的自由です。名詞だけが来るものもあれば、今回のようにSVが来ることもあります。

# Correctly Understanding Fukushima Using Scientific Data ②

◀)) 86

**Prof.**: **Apart from** the mass media, **a number of** people write false rumors on the Internet, and this can contribute to the incorrect understanding people have about Fukushima, too.

**Taro**: It's so wrong to spread false rumors. What kinds of rumors were they?

**Prof.**: There was a rumor **saying that** a large number of deformed babies were being born in Fukushima.

**Hanako**: Actually, I've seen that posted and shared on social media, too.

**Prof.**: It is said that the incidences of congenital anomalies and malformation are approximately 3% in general. The information gathered by the Japan Association of Obstetricians and Gynecologists regarding the incidences of congenital anomalies and malformation in Fukushima in 2012 stated that the rate of these occurrences in Fukushima was approximately 2.3%. This showed that it was no different from the general occurrence rate. By looking at data like this, it becomes obvious that the information on the Internet is not true.

**Hanako**: I see, so there's no evidence for the information that's being spread on the Internet. Are there other false rumors too?

**Prof.**: There's also a persistent rumor saying that the rice produced in Fukushima is contaminated with radiation.

**Hanako**: Right after the incident, my mother used to say something like that, too. That's why we avoided buying rice from Fukushima.

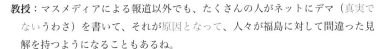

# 科学的データを基に、福島を正しく理解する ②

**教授**：マスメディアによる報道以外でも、たくさんの人がネットにデマ（真実でないうわさ）を書いて、それが原因となって、人々が福島に対して間違った見解を持つようになることもあるね。

**太郎**：デマを流すなんてひどいですね。どんなデマなんですか？

**教授**：福島では奇形児が多く生まれている、というデマがあった。

**花子**：実際、そんなことがソーシャルメディアに投稿されて、シェアされているのを見たこともあるわ。

**教授**：先天奇形・異常の発生率は一般的に 3% 程度と言われている。福島における先天奇形・異常の発生率について日本産婦人科医会がまとめた情報では、2012 年の福島でのこれらの発生率は約 2.3% であった。これは、一般的な発生率と変わらないことを示したものだ。こうしてデータを確認すれば、ネットに流されている情報が本当でないと、一目瞭然にわかるね。

**花子**：ネットで流れている話には、まったく根拠がないんですね。他にもデマはあるんでしょうか？

**教授**：福島で生産されたお米は、放射線に汚染されている、といったデマも根強いね。

**花子**：震災直後、うちの母親もそんなようなことを言っていました。だから、福島産のお米を買うのを避けていました。

Chapter 6 科学と技術 (Science and Technology)

---

**┃熟語・慣用句（表現）**

apart from　〜とは別に、〜の他に　／　a number of　たくさんの〜
saying that...　…と言っている

# Correctly Understanding Fukushima Using Scientific Data ②

---

0995 ☐ ☐ ☐

**false** [fɔːls]

形 真実でない、間違った

Projections for a rise in net profit were false.

純利益が増加するという予想は間違っていた。

---

0996 ☐ ☐ ☐

**contribute** [kəntríbjuːt]

自 原因となる、一因になる

Changes in management contributed to worker uncertainty.

経営陣の交代が従業員の不安の一因になった。

---

0997 ☐ ☐ ☐

**deform** [dɪfɔːrm]

他 奇形させる、変形させる

He was facially deformed after the horrific accident.

彼はその恐ろしい事故の後に顔が変形した。

---

0998 ☐ ☐ ☐

**incidence** [ínsədəns]

名 発生率

There was an increase in the incidences of heart disease.

心臓病の発生率が上昇した。

---

0999 ☐ ☐ ☐

**congenital** [kəndʒénətl]

形 先天的な、先天性の

He was hospitalized due to his congenital heart defect.

彼は先天性心疾患のために入院した。

---

1000 ☐ ☐ ☐

**anomaly** [ənάməli]

名 奇形、特殊

The researcher regarded the result as a statistical anomaly.

その研究者はその結果を統計的に特殊だと考えた。

---

1001 ☐ ☐ ☐

**malformation** [mælfɔːrméɪʃən]

名 異常、奇形

The spinal malformation caused him a lot of pain.

脊椎奇形は彼に多大な苦痛を与えた。

---

1002 ☐ ☐ ☐

**gather** [gǽðər]

他 まとめる、集める

The data gathered is from a reliable source.

その集められたデータは信頼のできるソースによるものだ。

# 科学的データを基に、福島を正しく理解する ②

1003 ☐☐☐

## association [əsòusiéɪʃən]

名 協会

He did not renew his membership to the association.

彼はその協会の会員資格を更新しなかった。

1004 ☐☐☐

## regarding [rɪɡáːrdɪŋ]

前 ～について、～に関する

Six points were raised in the lecture regarding stereotypes.

ステレオタイプに関する講義で6つのポイントが挙げられた。

1005 ☐☐☐

## occurrence [əkɔ́ːrəns]

名 発生

The occurrence of the disease is related to lifestyle.

その病気の発生は生活スタイルに関係している。

1006 ☐☐☐

## radiation [rèɪdiéɪʃən]

名 放射線

Radiation exposure can lead to serious illness.

放射線被曝は深刻な病気につながる可能性がある。

---

### ▌文法・構文

- Actually, I've seen that posted and shared on social media, too.（実際、そんなことがソーシャルメディアに投稿されて、シェアされているのを見たこともあるわ。）

■ see O C「OがCであるのを見る」が用いられています。Oがthat、Cがposted and sharedです。

- I see, so there's no evidence for the information that's being spread on the Internet.（ネットで流れている話には、まったく根拠がないんですね。）

■ 関係代名詞のthatが主格で用いられ、その後に続くisが縮約されてthat'sになっています。このパターンはくだけた話し言葉でしばしば見られます。

- Right after the incident, my mother used to say something like that, too.（震災直後、うちの母親もそんなようなことを言っていました。）

■ used to do「かつては～したものだ」には同じような意味のwould (often)と比べて、「今はそうではない」という対比のニュアンスが強く出ます。

◀)) 87

**Prof.**: To dispel these anxieties held by consumers, Fukushima prefecture inspects over 10 million bags of rice produced in Fukushima prefecture each year. The legal standard radiation value is 100 becquerels per kilogram in Japan. Taro, **out of** these inspected bags of rice, how many bags do you think were over the legal standard radiation value?

**Taro**: Hmm… **It's been a while since** the nuclear power station accident happened, so I think the effects have reduced too. Maybe about 5% of them were over the limit, so maybe around 500,000 bags?

**Prof.**: Out of the 10 million bags, in 2013, 28 of them were over the limit, and in 2014, none of them were over the limit.

**Taro**: What!? Does that mean that the rice in Fukushima prefecture isn't contaminated by radiation??

**Prof.**: That's right. The rice from Fukushima prefecture isn't contaminated at all.

**Hanako**: But, are you sure that the legal standard in Japan of 100 becquerels per kilogram isn't too high?

**Prof.**: In the EU, the legal standard radiation value is 1,250 becquerels per kilogram. The standard in Japan is actually about 10 times stricter than western countries.

**Hanako**: This is so different from the idea I had about Fukushima. Now I understand how important it is to look for scientific evidence before we believe what appears on the Internet or in the mass media.

# 科学的データを基に、福島を正しく理解する ③

**教授**：そうした消費者の不安を払拭するために、福島県では放射線について、年間 1,000 万袋を超える県内産米の検査を行っているんだ。放射線の法定基準値は、日本では 1kg あたり 100 ベクレルだ。太郎は、検査したお米のうち、放射線の法定基準値を超える袋はどれくらいあったと思う？

**太郎**：う～ん、もう原子力発電所の事故からだいぶ経っているから、影響も減っていますよね。限度を超えている袋が 5% くらいとすると、50 万袋くらいかな？

**教授**：1,000 万袋のうち、2013 年度に限度を超えたのは 28 袋、2014 年度に限度を超えたのは 0 袋だ。

**太郎**：ええー！？　じゃあ、福島産のお米は、放射能に汚染されていないっていうことですか？

**教授**：ああ、福島産のお米は、まったく放射能に汚染されていないよ。

**花子**：でも、その 1kg あたり 100 ベクレルという日本の放射線の法定基準値が高すぎるということはないのかしら？

**教授**：EU の放射線の法定基準値は、1kg あたり 1,250 ベクレルだ。日本の基準は、欧米より実に約 10 倍以上厳しいんだよ。

**花子**：自分が福島に対して持っていた見解とは全然違いました。やっぱりネットやマスメディアに登場する情報を鵜呑みにする前に、科学的な証拠を見つけることが大切ですね。

▌熟語・慣用句（表現）

out of　～の中から、～のうちから

it's been a while since...　…以来しばらく経つ

Chapter **6**　科学と技術 (Science and Technology)

# Correctly Understanding Fukushima Using Scientific Data ③

1007 ☐☐☐

**dispel** [dɪspél]　　　　他 払拭する

We hope to dispel any misunderstandings about the disease.

私たちはその病気に関する誤解を払拭することを願っている。

1008 ☐☐☐

**anxiety** [æŋzáɪəti]　　　　名 不安

Cognitive behavioral therapy is used to treat anxiety.

認知行動療法は不安を治療するために使用される。

1009 ☐☐☐

**inspect** [ɪnspékt]　　　　他 検査を行う

Customs officers inspect thousands of bags every day.

税関職員は毎日何千ものバッグを検査している。

1010 ☐☐☐

**becquerel** [békərèl]　　　　名 ベクレル

The becquerel is named after a French physicist.

ベクレルという単位はフランスの物理学者の名前にちなんでつけられた。

1011 ☐☐☐

**legal** [líːgl]　　　　形 法定の

The legal age for drinking alcohol in the UK is 18.

イギリスで飲酒が許可される法定年齢は18歳だ。

1012 ☐☐☐

**reduce** [rɪd(j)úːs]　　　　自 減る、減少する

Reports of harassment have significantly reduced.

ハラスメントの報告はかなり減少した。

1013 ☐☐☐

**limit** [límət]　　　　名 限度、制限

There is a strict limit on how much cash you can take.

引き出せる現金の額には厳しい制限がある。

1014 ☐☐☐

**contaminate** [kəntǽmənèɪt]　　　　他 汚染する

Fertilizers used in farming can contaminate the environment.

農業で使用される肥料には環境を汚染する可能性がある。

# 科学的データを基に、福島を正しく理解する ③

1015 ☐☐☐

## strict [stríkt]

We have strict rules for the attendance policy.

形 厳しい

出席の方針に関して私たちは厳しいルールがある。

1016 ☐☐☐

## evidence [évədəns]

Evidence clearly showed that he was indeed guilty.

名 証拠

彼が実際に有罪であることが証拠によって明らかになった。

1017 ☐☐☐

## appear [əpíər]

The actor appeared on the show for the final time.

自 登場する

その俳優は最後にそのショーに登場した。

---

**┃ 文法・構文**

● The standard in Japan is actually about 10 times stricter than western countries.（日本の基準は、欧米より実に約10倍以上厳しいんだよ。）

■ 比較級の前にX timesをつけることで「X倍だけ多い／少ない」という意味を表すことができます。

● This is so different from the idea I had about Fukushima.（自分が福島に対して持っていた見解とは全然違いました。）

■ the idea <I had> about...という形が見抜けましたか。なお、ideaの直後には関係代名詞のthatあるいはwhichが省略されていると考えてください。

● Now I understand how important it is to look for scientific evidence before we believe what appears on the Internet or in the mass media.（やっぱりネットやマスメディアに登場する情報を鵜呑みにする前に、科学的な証拠を見つけることが大切ですね。）

■ how＋形容詞＋it is to do...で「…することがどれほど～か」という意味になります。itはもちろんto do以下を指しています。

# AI and Our Future ①

**Hanako**: I heard that Artificial Intelligence, AI **for short**, won a game of shogi against an expert!!

**Prof.**: Ah yes. You're talking about the match between Amahiko Sato, an expert at shogi, and ponanza, a shogi software program. It was a match that made everyone realize the amazing potential of AI because it was able to beat a shogi expert with top class abilities.

**Taro**: I wonder if AI is strong at other games, too.

**Prof.**: In 1997, the world champion grandmaster chess player at the time, Garry Kasparov, lost against the chess software made by IBM called Deep Blue. Also, in 2016, AlphaGo, a game of go software developed by Google, won against Lee Sedol, a world class game of go expert.

**Hanako**: AI is amazing, isn't it? I wonder how it became so strong.

**Prof.**: In 2006, a researcher named Geoffrey Hinton developed a method called 'deep learning' which enabled the capability of AI to develop significantly.

**Taro**: What is the difference between deep learning and the AI technology **up until then**?

**Prof.**: The original AI learned and grew its knowledge and understanding when humans input that information into its system; however, deep learning allows AI to learn by itself, using its own abilities.

# AIと私たちの未来 ①

花子：人工知能、つまり AI が、将棋の名人を破ったんですって！！

教授：佐藤天彦名人と、将棋ソフトの ponanza との対局の話だね。トップクラスの力を持つ棋士を打ち負かしたことによって、AI の可能性のすごさを世に知らしめた一戦だったね。

太郎：将棋以外のゲームでも、AI は強いんですか。

教授：1997 年、当時世界最強のチェスプレイヤーであったガルリ・カスパロフは、ディープ・ブルーという IBM が作ったチェスソフトに負けた。また、2016 年、グーグルが開発した囲碁ソフトの AlphaGo が世界トップクラスの棋士である李世乭に勝っているね。

花子：AI ってすごいんですね。どうしてそんなに強くなれたのかしら？

教授：2006 年に、ジェフリー・ヒントンという研究者が「ディープラーニング（深層学習）」という方法を開発した。それによって、AI の能力は飛躍的に発展することができるようになったんだよ。

太郎：ディープラーニングは、それまでの AI 技術とどう違うんですか。

教授：従来の AI は、人間がシステムに知識を入力することによって、知識と理解力を身に付けて伸ばしていった。ところが、ディープラーニングによって、AI は自分自身の力で自己学習していくことが可能になったんだ。

▍熟語・慣用句（表現）

for short　略して

up until then　それまで

🔊 1018 - 1027

1018 ☐☐☐

**intelligence** [ɪntélɪdʒəns]　　名 知能

Several tests are used to evaluate someone's intelligence.

いくつかの試験が人の知能を評価するために使われている。

1019 ☐☐☐

**match** [mǽtʃ]　　名 対局、試合

The match ended goalless after extra time.

その試合は延長の末に得点が入らずに終わった。

1020 ☐☐☐

**potential** [pəténʃəl]　　名 可能性、将来性

The graduate has great potential in neuroscience.

その大学院生は神経科学の分野で大きな将来性がある。

1021 ☐☐☐

**beat** [bíːt]　　他 打ち負かす

A stronger team is more likely to beat weak opposition.

より強いチームの方が弱い対戦相手を打ち負かす可能性が高い。

1022 ☐☐☐

**ability** [əbíləti]　　名 力、能力

The students all had a high level of ability.

学生たちは全員高いレベルの能力を持っていた。

1023 ☐☐☐

**method** [méθəd]　　名 方法

He adopted a qualitative approach for his research method.

彼は研究の方法に質的なアプローチを採用した。

1024 ☐☐☐

**enable** [ɪnéɪbl]　　他 できるようにする

His detailed guidelines enabled the staff to do their job.

彼の詳細なガイドラインによってスタッフは仕事をすることができた。

1025 ☐☐☐

**capability** [kèɪpəbíləti]　　名 能力

We have the capabilities to adapt to changing market needs.

我々には変化する市場のニーズに適応する能力がある。

# AIと私たちの未来 ①

1026 ☐☐☐

**significantly** [sɪɡnífɪkəntli]

副 飛躍的に、大幅に

Conditions improved significantly after the meeting.

その会議の後で状況は大幅に改善した。

1027 ☐☐☐

**input** [ínpʊt]

他 入力する

It took him weeks to input the data into the spreadsheet.

彼がデータをスプレッドシートに入力するのに何週間もかかった。

---

## 文法・構文

● ...because it was able to beat a shogi expert with top class abilities.（トップクラスの力を持つ棋士を打ち負かしたことによって……）

■ be able toを過去形で使うと「実際にそうした」という意味が含意されます。一方、couldの場合は必ずしもそうしたかどうかまでは含意しません。

● I wonder how it became so strong.（どうしてそんなに強くなれたのかしら？）

■ howはwhyと似たような意味で使うことがありますが、whyが直接的な原因・理由を聞くのに対して、howはそうなったいきさつや話の流れに焦点をあてます。

● In 2006, a researcher named Geoffrey Hinton developed a method called 'deep learning,' which enabled the capability of AI to develop significantly.（2006年に、ジェフリー・ヒントンという研究者が「ディープラーニング（深層学習）」という方法を開発した。それによって、AIの能力は飛躍的に発展することができるようになったんだよ。）

■ 関係代名詞 which の非制限用法です。手前の名詞を受けて「そして、それは…」と話をつなぎます。

# AI and Our Future ②

🔊)) 89

**Taro**: AI can learn all by itself? That's amazing!

**Prof.**: That's right. In addition, AI doesn't need food or sleep like us humans do, so AI can utilize that time to learn more **as well**.

**Hanako**: So, that's why those programs became so good at the game of go and shogi so quickly.

**Prof.**: The knowledge that people and experts acquire over many decades can be learned by AI **in a matter of** years.

**Hanako**: But, there must be things that AI isn't good at too, right?

**Prof.**: It shows great strength in things which have regular rules **such as** the game of go and shogi, but **it seems that** it's not very good with abstract ideas yet. The National Institute of Informatics, or NII, had been attempting to develop an AI called the 'Todai Robot' from 2011, which aimed to pass the entrance exam for the University of Tokyo.

**Taro**: An AI was going to take the entrance exam for the University of Tokyo? It can beat experts in the game of go and shogi, so it sounds like it'd be able to pass the exam too.

# AIと私たちの未来 ②

太郎：AI は自律的に学習できるんですか？　すごい！

教授：そうなんだ。さらに、AI は私たち人間がするように食事をしたり、寝たりする必要もない。だから、その時間を利用して、もっと学習することも可能なんだ。

花子：だから、そうしたプログラムはとても急速に囲碁や将棋に強くなっていったんですね。

教授：人間や名人が数十年以上かかって獲得した知識も、AI は数年のうちに習得することが可能というわけだね。

花子：でも、AI にも苦手なことはあるんですよね。

教授：将棋や囲碁などのように、定型的なルールがあるものには圧倒的な強さを発揮することは明らかだが、抽象的な思考などはあまり得意でないようだよ。国立情報学研究所（NII）では、東大入試に合格することを目標に、2011 年から「東ロボくん」という AI の開発を試みてきた。

太郎：AI が東大受験をしようとしたんですか？　囲碁や将棋の名人に勝っちゃうくらいだから、試験にも合格できちゃいそうですね。

Chapter 6　科学と技術 (Science and Technology)

▌**熟語・慣用句（表現）**

as well　その上　／　in a matter of　およそ〜の間に
such as　〜など　／　it seems that...　…のようだ

🔊 1028 - 1037

---

1028 ☐☐☐

**utilize** [júːtəlàɪz]　　　　他 利用する

They utilize a range of sources for their energy needs.

彼らはエネルギーの必要性に応じるために様々なエネルギー源を利用している。

---

1029 ☐☐☐

**knowledge** [nάːlɪdʒ]　　　　名 知識

She had a wealth of knowledge on the subject.

彼女はこの科目に関して豊富な知識があった。

---

1030 ☐☐☐

**decade** [dékeɪd]　　　　名 十年

He has lived in Yokohama for over a decade now.

彼はもう十年以上横浜に住んでいる。

---

1031 ☐☐☐

**show** [ʃóʊ]　　　　他 明らかにする、示す

We showed them that the deal would be mutually beneficial.

私たちはその取引が双方にとって有益であることを彼らに示した。

---

1032 ☐☐☐

**regular** [régjələr]　　　　形 定期的な

Regular exercise can assist with weight loss.

定期的な運動は減量に役立つことができる。

---

1033 ☐☐☐

**abstract** [æbstrǽkt]　　　　形 抽象的な

Students couldn't understand the abstract concepts.

学生たちは抽象的な概念を理解することができなかった。

---

1034 ☐☐☐

**institute** [ínstət(j)ùːt]　　　　名 研究所

The Institute of Management has an excellent reputation.

その経営研究所は非常に高い評価を得ている。

---

1035 ☐☐☐

**attempt** [ətémpt]　　　　他 試みる、努力する

We will attempt to meet the demands of our clients.

私たちは顧客の要求に沿うように努力する。

# AIと私たちの未来 ②

**aim** [éɪm]

他 目標にする、目指す

The company aimed to promote the brand in Asian markets.

その会社はアジアのマーケットでそのブランドの販売促進を目指した。

**sound** [sáʊnd]

自 ～そうだ、～に聞こえる

It sounds as if the final decision had been made.

まるで最終決定が下されたかのように聞こえる。

---

## ▌文法・構文

● It shows great strength in things which have regular rules such as the game of go and shogi, but it seems that it's not very good with abstract ideas yet.（将棋や囲碁などのように、定型的なルールがあるものには圧倒的な強さを発揮することは明らかだが、抽象的な思考などはあまり得意でないようだよ。）

■ whichからshogiまでが関係代名詞節としてthingsを修飾しています。節内はさらにhave regular rules <such as the game of go and shogi>という構造になっています。

● An AI was going to take the entrance exam for the University of Tokyo?（AIが東大受験をしようとしたんですか？）

■ be going toは現在形では使えても、過去形で使うのは意外と難しいかもしれません。「～しようとしていた」と言いたいときにwas/were going toが出てくるように意識的に練習してみましょう。

● It can beat experts in the game of go and shogi, so it sounds like it'd be able to pass the exam too.（囲碁や将棋の名人に勝っちゃうくらいだから、試験にも合格できちゃうそうですね。）

■ 'dが出てきたらまずwouldかhadの省略を疑います。後ろが原形になっていればwould、過去分詞になっていればhadだということになります。

# AI and Our Future ③

**Prof.**: Yes, but actually, in 2016, the NII stated that they would be **giving up on** the Todai Robot passing the exam.

**Hanako**: So, I wonder if this means that the abilities of AI don't amount to human abilities.

**Prof.**: Overall, the knowledge had improved to enter high-level private universities, so it was definitely getting closer to the ability of humans. It was extremely strong in areas **such as** mathematics and world history where logical thinking and memorizing facts were necessary, but it was weak in subjects which require understanding sentences such as English and Japanese language studies.

**Taro**: I thought that perhaps I wouldn't be able to get a job if AI continues to develop, so I'm a little relieved.

**Prof.**: Some jobs such as driving could be **taken up** by AI in the future, but I think **it's highly unlikely that** there will be no jobs left for people. It's important to develop and build critical thinking skills throughout your life so that you don't become obsolete **due to** AI.

# AIと私たちの未来 ③

教授：ああ、だが実は、2016年、国立情報学研究所は、東ロボくんによる試験合格を諦めると公式に述べたんだ。

花子：それじゃあ、AIの能力は人間の能力には達しないということかしら。

教授：総合的には、私立大学の上位校に入学できる程度に知識は向上していたので、間違いなく人間の能力に近づいていただろう。数学や世界史といった、論理的思考や事実の暗記が求められる分野には滅法強いが、英語や国語といった文章の理解を必要とする教科は苦手だったんだ。

太郎：AIが発達していったら、就職できなくなるんじゃないかと心配していたので、少し安心しました。

教授：今後は運転など、AIに取られてしまう仕事もあるだろうが、人間のする仕事がすべてなくなってしまうことはほぼないだろうと思う。AIのせいで使われなくなってしまわないためにも、生涯を通して批判的に物事を考える力を身に付けていくことが大切だね。

▍熟語・慣用句（表現）

give up on 〜を断念する、〜を諦める ／ such as 〜など

take up 〜を取る

it's highly unlikely that... …ということは全くありそうにない

due to 〜のせいで、〜が原因で

# AI and Our Future ③

1038 ☐☐☐
## state [stéɪt]

他 公式に述べる

MEXT has stated that new requirements will be introduced.

文部科学省は新しい要件が導入されると公式に述べている。

1039 ☐☐☐
## amount [əmáʊnt]

自 達する

Total sales amounted to just over $500,000.

総販売額は 50 万ドルあまりに達した。

1040 ☐☐☐
## overall [òʊvərɔ́:l]

副 総合的には、全体として

Overall, education standards in the country have declined.

全体としてその国の教育水準は低下した。

1041 ☐☐☐
## definitely [défənətli]

副 間違いなく

The proposals have definitely been given final approval.

その提案には間違いなく最終承認が与えられている。

1042 ☐☐☐
## extremely [ɪkstrí:mli]

副 滅法、相当に

He was extremely grateful for all of the help and guidance.

彼は全ての支援と助言に相当に感謝していた。

1043 ☐☐☐
## logical [lá:dʒɪkl]

形 論理的な

It was a logical decision for us to move into cosmetics.

私たちが化粧品の分野に行くというのは論理的な決定であった。

1044 ☐☐☐
## memorize [méməràɪz]

他 暗記する、覚える

He memorized the list of companies quickly.

彼は素早く会社の一覧を覚えた。

1045 ☐☐☐
## require [rɪkwáɪər]

他 必要とする、求める

The job requires you to travel frequently to Latin America.

その仕事では頻繁にラテンアメリカに行くことが求められる。

# AIと私たちの未来 ③

1046 ☐☐☐
## relieve [rɪlíːv]

I was relieved to find out that my job was safe.

他 安心させる

私は自分の仕事が安定したものだとわかって安心した。

1047 ☐☐☐
## critical [krítɪkl]

Critical analysis revealed a surprising discovery.

形 批判的な

批判的な分析によって驚くべき発見が明らかになった。

1048 ☐☐☐
## obsolete [àːbsəlíːt]

Rapid advances in technology quickly make products obsolete.

形 使われなくなった、廃れる

テクノロジーの進歩が早いので製品はすぐに廃れてしまう。

---

## ▌文法・構文

- It was extremely strong in areas such as mathematics and world history where logical thinking and memorizing facts were necessary, but... (数学や世界史といった、論理的思考や事実の暗記が求められる分野には滅法強いが……)

■ この関係副詞whereは場所以外にも使えるもので、in whichに置き換え可能なものです。

- It's important to develop and build critical thinking skills throughout your life so that you don't become obsolete due to AI. (AIのせいで使われなくなってしまわないためにも、生涯を通して批判的に物事を考える力を身に付けていくことが大切だね。)

■ so that SVは「SVするように」をこのようにso that S do not Vの形にすると「SがVしないように」という意味になります。in order for S not to doという言い方をすることもできます。

# 人工知能と経済の未来

井上智洋著／文藝春秋

　日本の論壇で、かつて 2008 年頃盛り上がりを見せたベーシック・インカム（BI）に関する議論。

　その後、東日本大震災などを経る中でその議論はやがて下火になっていったが、欧州ではその後も BI への関心は静まるどころか活発化し、スイスでは 2016 年に導入の是非を問う国民投票まで行われるにいたった（結果は否決）。

　だが、スイスで導入に失敗した後も、欧州での BI 熱は収まることがなかった。2018 年、イタリアでは BI を公約にした「五つ星運動」が連立与党となり、2019 年から失業者を対象とした最低所得保障制度が実現した。

　また、2018 年、フランスのマクロン大統領は 2020 年に BI の法制化を目指す考えを表明した。

　こうした BI と共に、近年世界で注目されているのが人工知能（AI）である。AI の発達にともなって、現在世界的な規模で、従来では考えられなかったような技術革新が起きている。

　具体例を挙げれば、トヨタやホンダは、2020 年を目処に、人口知能が人間に代わって運転をする自動運転車の開発を目指している。また、2025 年頃には、AI が意味を正確に理解して、自動翻訳や自動通訳をすることが可能となるという予測もされている。

　本書の著者井上智洋は、人口知能にも造詣の深いマクロ経済学者。経済学者である井上は、AI が導入されていく今後の日本社会では、雇用が減少し、失業者が増大するのではないかと予想する。

　例えば、自動運転車が完成すれば、多くのタクシーやバスのドライバーが失職することが予想される。また、自動翻訳技術が完成すれば、翻訳家や通訳は失業するだろう。

　これまでの技術革新なら、特定の職業の需要がなくなっても、新たに生み出

された職業が存在したため、職業訓練を受けた上で転職をすればよかった。人力車の時代に自動車が発明されても、人力車夫はタクシードライバーに転職すればよかったのである。

だが、AIがあらゆる職業を担おうとする時代において、新たに創出される職業は少ない。タクシードライバーや翻訳家は、新たな職業に転職しようにも、働き口を見つけることは困難だろう。

井上は、人口知能が普及する近未来においては、大量の失業の存在は避けられないものだと語る。そして、失業者が貧困に陥らないためには、全国民に対するBIの支給が不可欠であると分析する。

本書の中で様々な具体例を挙げて説明されるAIの力は、井上がAIの登場を「第四次産業革命」と呼ぶだけのことはあると思わせる説得力に満ちている。井上は第四次産業革命の到来を、汎用AIが実現する2030年頃と予測している。そして、2030年の段階で、就業者は現在の半分になると推定している。

就業者が現在の半分になるというだけでも衝撃だが、AIの産業界への進出は、その段階で留まるものではない。井上の予想によれば、2045年の段階で、就業者は全人口の一割程度になってしまうのだ。

では、仕事に就けない残りの九割はどうすればいいのか？ その解決策が、BIなのである。高い失業率が恒常化するような社会では、社会保障のあり方も抜本的に見直さざるを得ない。技術の進歩と共に、社会システムも進歩していかなければ、明るい未来を築くことはできないのである。

### ▍関連図書

- 『人工知能は人間を超えるか』松尾豊著／KADOKAWA
  人工知能について学ぶ際に、入門書として最初に読むのにおすすめの一冊。最先端の人工知能技術「ディープラーニング」について詳述されている。

- 『ベーシック・インカム』原田泰著／中央公論新社
  日本銀行政策委員会審議委員による、ベーシックインカム（BI）の入門書。他の関連書に比べ、BIが実現可能かどうかの試算が充実している。

- 『ベーシックインカムへの道』ガイ・スタンディング著／プレジデント社
  著者はベーシックインカム（BI）の世界的権威。BIの賛成論と反対論双方の様々な意見が丁寧に紹介されている。

## Chapter 1

- 安達誠司『円高の正体』（光文社、2012年）
- 飯田泰之『世界一わかりやすい 経済の教室』（中経出版、2013年）
- ぐっちーさん・高橋洋一『勇敢な日本経済論』（講談社、2017年）
- グレゴリー・マンキュー『マンキュー経済学Ⅰミクロ編（第3版）』足立英之他訳（東洋経済新報社、2013年）
- グレゴリー・マンキュー『マンキュー経済学 Ⅱ マクロ編（第3版）』足立英之他訳（東洋経済新報社、2014年）

- 世界経済のネタ帳
  http://ecodb.net/exec/trans_image.php?type=EXCHANGE&b=JPY&c1=USD&ym=Y（為替レートの推移（1980–2018年））
  http://ecodb.net/exec/trans_image.php?type=STOCK&d=NIKKEI&ym=Y（日経平均株価の推移（1980–2018年））
  http://ecodb.net/exec/trans_image.php?type=WEO&d=LUR&c1=JP（失業率の推移（1980–2018年））

## Chapter 2

- 飯田泰之・田中秀臣・麻木久仁子『「30万人都市」が日本を救う!』（藤原書店、2015年）
- 芦部信喜『憲法 第六版』（岩波書店、2015年）
- 小川和久『日本人が知らない集団的自衛権』（文藝春秋、2014年）
- 加藤久和『8000万人社会の衝撃』（祥伝社、2016年）
- 久米郁男他『政治学 補訂版』（有斐閣、2011年）
- 篠田英朗『ほんとうの憲法』（筑摩書房、2017年）
- 西田亮介『ネット選挙とデジタル・デモクラシー』（NHK出版、2013年）
- 西田亮介『メディアと自民党』（角川書店、2015年）

- NHK政治マガジン　ネット投票 なぜできない
  https://www.nhk.or.jp/politics/articles/feature/4975.html

## Chapter 3

- 加藤秀一『はじめてのジェンダー論』（有斐閣、2017年）
- 原田泰『震災復興 欺瞞の構図』（新潮社、2012年）
- 森山至貴『LGBTを読みとく』（筑摩書房、2017年）
- ルトガー・ブレグマン『隷属なき道』野中香方子訳（文藝春秋、2017年）

## Chapter 4

- 金成隆一『ルポ トランプ王国』（岩波書店、2017年）
- 国枝昌樹『テレビ・新聞が決して報道しないシリアの真実』（朝日新聞出版、2016年）
- 墓田桂『難民問題』（中央公論新社、2016年）
- 林望『習近平の中国』（岩波書店、2017年）
- 平野克己『経済大陸アフリカ』（中央公論新社、2013年）

## Chapter 5

- 阿満利麿『日本人はなぜ無宗教なのか』（筑摩書房、1996年）
- 池内恵『イスラーム国の衝撃』（文藝春秋、2015年）
- 加藤隆『一神教の誕生』（講談社、2002年）
- 末木文美士『日本仏教史』（新潮社、1996年）

## Chapter 6

- 井上智洋『人工知能と経済の未来』（文藝春秋、2016年）
- 岩田健太郎『ワクチンは怖くない』（光文社、2017年）
- 開沼博『はじめての福島学』（イースト・プレス、2015年）
- 京都大学iPS細胞研究所『iPS細胞が医療をここまで変える』（PHP研究所、2016年）
- 左巻健男『水はなんにも知らないよ』（ディスカヴァー・トゥエンティワン、2007年）
- 松尾豊『人工知能は人間を超えるか』（KADOKAWA、2015年）
- 松永和紀『メディア・バイアス』（光文社、2007年）
- 村中璃子『10万個の子宮』（平凡社、2018年）

## Chapter 1

- 飯田泰之『歴史が教えるマネーの理論』（ダイヤモンド社、2007年）
- 野口旭・田中秀臣『構造改革論の誤解』（東洋経済新報社、2001年）

## Chapter 2

- 篠田英朗『ほんとうの憲法』（筑摩書房、2017年）
- 飯田泰之・田中秀臣・麻木久仁子『「30万人都市」が日本を救う!』（藤原書店、2015年）

## Chapter 3

- 芹沢一也・荻上チキ編『経済成長って何で必要なんだろう？』（光文社、2009年）
- 加藤秀一『はじめてのジェンダー論』（有斐閣、2017年）

## Chapter 4

- 池内恵『イスラーム国の衝撃』（文藝春秋、2015年）
- 仲正昌樹『悪と全体主義』（NHK出版、2018年）

## Chapter 5

- 佐藤哲朗『大アジア思想活劇』（サンガ、2008年）
- 宮崎哲弥『仏教論争』（筑摩書房、2018年）

## Chapter 6

- 村中璃子『10万個の子宮』（平凡社、2018年）
- 井上智洋『人工知能と経済の未来』（文藝春秋、2016年）

# INDEX （索引）

# D

## E

# F

## J

## K

**INDEX**

INDEX

## S

**INDEX**

427

## T

## U

**INDEX**

[ 著者 ]

**星 飛雄馬**（ほし・ひゅうま）

1974 年、長野県生まれ。著述家・翻訳家。東京都立大学大学院社会科学研究科
修士課程修了。東京大学社会情報研究所教育部修了。修士（社会学）（東京都立
大学、2001 年）。専門は宗教社会学、社会政策。東方学院にてパーリ語を学ぶ。
著書に『45 分でわかる！ 数字で学ぶ仏教語。』（マガジンハウス）、『やさしいベー
シック・インカム』（サンガ）、訳書にアーチャン・チャー『[増補版] 手放す生
き方』、マハーシ・サヤドー『ヴィパッサナー瞑想』（以上、サンガ）などがある。
E-mail: infohoshi@gmail.com
Blog: https://huma.hatenablog.com/


[ 執筆協力 ]

**トフルゼミナール**

1979 年に英米留学専門予備校として設立以来、TOEFL、IELTS、SAT、GRE、
GMAT など海外留学のための英語資格試験対策や渡航準備などを通し、多くの
海外留学を目指す学習者をサポートしている。国内大学受験においては、東京
外国語大学、早稲田大学国際教養学部、上智大学国際教養学部、国際基督教大学
（ICU）など英語重視難関校対策や、AO・推薦入試のための英語資格試験対策、エッ
セイ指導等を行っている。

| 編集 | ：飯塚 香 |
| 執筆協力 | ：小倉 雅明、山田 広之 |
| ／英文翻訳 | ：Richard Paulson、株式会社 CPI Japan |
| ／英文作成 | ：Cameron High |
| 英文校閲 | ：Matthew Wright、Zachary G. Kelly |
| 本文デザイン・DTP | ：戸塚 みゆき（Isshiki） |
| 装幀 | ：石山 智博 |
| 録音・音声編集 | ：ELEC 録音スタジオ |
| ナレーター | ：Howard Colefield、Jack Merluzzi、<br>Karen Haedrich、水月 優希 |
| 写真 | ：Cris Foto/Shutterstock.com |

## 「知」への英単語

| 発行 | 2020年3月30日　第1版第1刷 |
| 著者 | 星 飛雄馬 |
| 発行者 | 山内 哲夫 |
| 発行 | テイエス企画株式会社 |
| | 〒169-0075　東京都新宿区高田馬場1-30-5 千寿ビル6F<br>TEL　(03)3207-7590<br>E-mail　books@tsnet.co.jp<br>URL　https://www.tofl.jp/books |
| 印刷・製本 | 図書印刷株式会社 |

ISBN 978-4-88784-253-3　　　　　　　　　　　　　　Printed in Japan
乱丁・落丁は弊社にてお取り替えいたします。